法治建设与法学理论研究部级科研项目
（项目编号：17SFB2016）

雾霾治理区域合作机制法治化研究

杨　帆　林果丰　著

法律出版社
LAW PRESS · CHINA

目　录

绪　论

改革开放这么多年来,中国经济发展取得了令全球瞩目的成效。人们在享用经济发展带来物质水平提升的同时,也要面对经济高速发展时产生的严重的环境污染。长期以来,在寻求经济高速发展的同时,我国粗放型的经济发展模式对大气环境造成了非常大的污染。随着经济的快速崛起,能源的消耗日益增长,大气污染物的排放逐年增多,大气环境的质量也每况愈下。目前我国面临着日益严重的雾霾污染问题,并且有逐渐从区域性大气污染演变为全国性大气污染的态势。雾霾给我们的生产生活带来了极大威胁,面对跨行政区域的复合型大气污染,传统的以单一行政区划为界,各自为政的属地管辖治理模式达不到真正的治理目的,甚至严重影响了区域污染的整体治理的效果。因此,我国迫切需要根据雾霾污染的具体情况,探求一条符合我国雾霾治理实际的有效路径。由于雾霾污染具有流动性,其产生和影响都不只是特定的地区,往往形成联动效应,交叉感染,造成更严重的后果。雾霾治理需要加强区域合作,并通过法律建构一种常态化的、制度化的治理模式。西方国家在面对严重雾霾污染时,通过采取有效的法治协作治理成功解决了这一难题,而我国目前尚未形成完备且法治化的雾霾治理区域合作机制。鉴于在雾霾防治区域合作机制的构建方面存在的诸多障碍与阻滞，直接影响了我国雾霾治理工作富有成效地开展。本书以雾霾治理区域合作机制法治化为研究对象，首先对法治化、区域合作、协同治理、气候系统论等相关概念和理论进行阐述。其次以京津冀、长三角为范本，全面剖析我国雾霾法治治理区域合作的现状。最后，本书通过对典型国家如英国、美国、德国以及区域合作最具代表性的组织如欧盟的考察，并结合中国的实际情况，力图探索我国雾霾治理区域合作的法治化道路，以期对中国大气治理有所启示和促进。

第一章　雾霾治理区域合作机制法治化概述

第一节　雾霾治理区域合作机制法治化的基本概念与理论基础

在人类社会的发展中，雾霾并不是新鲜事物。随着工业化的推进，对能源的消耗量爆炸式的增长，在获取工业进步和物质满足的过程中，人类忽视了环境的承受能力，消耗大量的资源，排放大量的废弃物，自然环境无法在短期内代谢这些突如其来的污染物，终而导致雾霾污染的出现。雾霾最早开始于英国，蔓延开来波及欧洲大陆、北美乃至日本等工业化国家和地区。近年来，随着我国经济的发展，工业化的推进，传统的先污染后治理的错误观念的影响，自 2013 年以来，我国也出现雾霾现象。由北到南，由点到面，雾霾问题在全国各主要区域频繁出现，由此引发我国对雾霾污染的广泛关注。在此背景下，探索一条符合我国国情的雾霾治理之路势在必行。很多学者对雾霾作了深入研究，研究表明我国的雾霾是自然和人为原因共同作用的结果，雾霾由多种物质形态构成，其中可吸入颗粒物（PM2.5）对人体的危害最大。因此，我们时常提到的雾霾主要是指 PM2.5。由于空气的流动性，蔓延在大气中的污染物随着气流规律而产生移动，因而雾霾发生时，其影响范围通常较大，联动整个区域。

要科学地治理雾霾污染，就必须对相关的基础概念、基础理论有一个全面的、准确的认识，以便于规范标准、统一思路，构建从内到外、行之有效的机制与范式。

一、雾霾治理区域合作机制法治化的概念

（一）雾霾

对于作为自然天气现象的雾，人类早已习以为常。但是作为灾害性天气现象的雾霾，对其科学的理解，经历了一个逐步的认识发展过程。研究结果显示，雾霾其实是雾和霾的总称。雾通常呈现为乳白色，由悬浮在近地面空气层的水蒸气以及遇冷凝结的小水滴组成，属于一种气溶胶系统。而霾通常呈现为灰褐色，是由悬浮在空气中的细颗粒物、硫氧化合物、氮氧化合物等导致的浑浊天气。雾霾的主要成分包含二氧化硫、氮氧化合物以及其他可吸入颗粒物。可以说，雾霾是对大气中各种悬浮颗粒物含量超标的综合产物，颗粒物的英文缩写为 PM，PM2.5（空气动力学当量直径小于等于 2.5 微米的颗粒物）被认为是造成雾霾天气的“元凶”。PM2.5 的可吸入颗粒物，可以通过呼吸直接进入支气管和肺泡及血液循环，从而影响人体健康，对人体的危害最大。[1]研究表明，PM2.5 在中国所有健康危险因素中排名第 4。世界卫生组织 2005 年《空气质量准则》则指出，当 PM2.5 浓度达到每立

---

[1] 李博、张晓峰、秦铜：《雾与霾天气现象的辨别》，载《现代化农业》2018 年第 7 期。

方米 25 微克时，人的死亡风险比每立方米 10 微克的情形约增加 15%。因此，本书提到的雾霾主要是指 PM2.5 等核心指标。

雾霾通常是多种污染源混合作用形成，只是在不同的国家和地区、不同的历史时期，各污染源的作用程度各有差异。总的来说，雾霾天气的形成有自然的原因，如沙尘暴、火山爆发、扬尘、花粉，但是更多的来自人类自身的生产和生活活动。大规模的工业化、城市化导致人口高度集中、大量的能源耗费、生态环境破坏，燃煤燃料、汽车尾气、建筑扬尘、工业排放等活动，都为雾霾天气的形成埋下伏笔。雾霾对人类的身体健康、生产生活，甚至生态环境的影响是全方位的，人类最终会为自己的选择付出代价。大范围严重雾霾给全社会敲响警钟，我们必须反思自己的所作所为，为了人类的可持续发展和子孙后代的福祉，积极主动在雾霾治理上有所作为，留给后世一片蓝天。

（二）区域合作

什么是区域？不同学科对区域有不同的界定。社会学认为，具有共同语言、共同文化、共同信仰、民族特征的人类聚集地，就是一个区域。地理学认为，区域就是地表上的一定范围。行政学上强调的地域是国家按照行政区划划分的不同层级的国家管理单位。经济学中，区域被看作人类经济活动空间的载体，是指人们在经济活动中所造就的，具有特定地域构成要素不可无限分割的经济、社会综合体。[1] 就区域本质而言，它是地球表面上占有一定空间，以不同的物质客体为对象的地域结构形式。

什么是区域合作？从文字上理解区域合作，就是不同的地区间跳出行政分割，摒弃画地为牢、人为阻隔的做法，尽可能地实现

---

〔1〕 陈秀山、张可云：《区域经济理论》，商务印书馆 2004 年版，第 12 页。

人、财、物等要素的自由流动和优化组合。区域合作按内容分类，可包含立法合作、执法合作、司法合作(协助)；从区域范围来看，包含大区合作、一般区域合作、小区域合作；从涉及事项来看，分为综合合作、专项合作。从参与主体来看，包含民间合作、官方合作等。区域合作并不排除竞争，是在竞争中实现双赢互利，避免资源的重复配置、无序的规划、盲目的竞争。理论研究对区域合作持续进行关注，形成丰富的成果。关于区域合作，学者从不同角度提出了不同的定义。如有的学者从协同治理理论来强调政府间的合作治理，认为合作治理是为了克服新公共管理改革带来的碎片化、空心化，必须注重全局战略、强调政府内府际合作。[1]或有学者认为区域合作是基于一定的经济、政治、社会、文化和自然因素紧密相连的地理空间内，以政府、非政府组织以及社会公众为依托的各种组织化的网络体系，对区域公共事务进行的协调和自主治理的过程。[2] 与区域合作治理机制内涵较为类似的是地方政府合作机制。后者通常是指为了更加顺畅地完成区域间的治理问题，几个独立的行政区域之间展开合作，如不同省级部门之间、同一个省级以下的不同市或县级行政机关之间的合作。在本书中，雾霾治理区域合作主要强调地市级以上主体之间的合作治理，包含立法、执法、司法，属于全方位的合作。因而，本书认为的区域合作应该是指联系密切的不同行政区间之间，通过立法、执法、司法等多种手段，实现在基础设施、发展规划、生态保护、市场激励、要素流动等方面的统筹协调，促进区域一体化发展。

从世界范围来看，全球化背景下的区域一体化发展趋势不断

---

〔1〕 李礼：《区域治理国内研究的回顾与展望》，载《学术论坛》2010 年第 7 期。

〔2〕 马海龙：《区域治理：一个概念性框架》，载《理论月刊》2007 年第 11 期。

增强。欧盟是区域合作的成功典范，欧盟政治、经济的高度一体化发展也惠及了欧盟的雾霾治理，使欧盟尽早摆脱了雾霾的梦魇。此外，各种形式的自由贸易区、关税同盟、共同市场、经济联盟等，也为区域合作提供了有效的平台。显然，区域合作与发展是任何一个国家和地区都必须面对的重要战略问题，中国也不能够置身于区域发展模式之外。实际上，中国一直致力于寻求有效的区域合作模式。在国际社会，积极参与了二十国集团、上合组织、中亚区域经济合作、东盟与中日韩、大湄公河次区域合作等区域合作机制，通过合作实现区域共同繁荣、共同发展。在国内，提出了西部开发、东北振兴、中部崛起、特区经济、粤港澳大湾区、自贸区等区域性发展战略，成功建设了京津冀、泛珠三角、长江三角洲、环渤海经济区、中原城市群、大西南综合经济区等特色区域，促进了我国经济社会的协调发展，并将成为今后我国很长一段时期内重要的发展模式。雾霾污染治理，同样必须从协同治理的角度来加强区域合作。

（三）雾霾法治治理区域合作机制的内涵

静态化的法律制度、规范必须通过一定的方式、方法的运转，才能最终形成动态化的机制。机制与制度不同，机制强调有机性、整体性、动态性、协作性。机是指事物各要素之间的结构、相互关系和运行方式。社会学中，机制的内涵一般表述为：在重视事物各个部分存在的前提下，必须协调各个部分之间的关系以使其更好发挥作用的具体运行方式。可以说机制是制度化了方法或者说制度加上方法。法治机制，是法律实施的保障，强调在立法、执法、司法、守法等各个环节，所有的主体按照程序，从系统的角度，各司其职，形成良好的法治运行状态。就雾霾法治治理区域合作机制而言，在法治的指引下，各区域、各主体、各行业、各领域通过广泛的合作，形成稳定的、长效的雾霾治理有机体，促进国家雾霾治理水平的提升和治理能力的现代化。

(四)法治化

法治是人类社会发展过程中所形成的、经过实践检验的最成熟、最为文明、有效的社会治理模式，对于这一点，人类默契地达成了共识。在诸多问题的解决上，法治成了当仁不让的选择。在现代社会，法律制度已经成为维护社会稳定和经济社会健康发展的一项重要制度并且不可或缺，法律制度之所以能产生这种作用，其首要原因在于法律本质上具有权威性、预测性和指引性。以我国目前的雾霾治理立法状况来看，从《环境保护法》到《大气污染防治法》《环境影响评价法》《可再生能源法》等基本法律，再到各个地方制定的地方性法规，显示出我国越来越重视环境污染和预防法律法规的制定，多层次的立法为我国开展环保事业提供了法律保障，同时可引导社会主体增强环保意识。雾霾治理作为环境保护问题的一项重要举措，要想使合作获得成效，必须有相关的法律制度支撑，通过法律规定明确各方的职责与任务及权威性协调机构的设立。"治理雾霾"是需要各地共同应对的环境问题，加强区域合作，防止雾霾的蔓延，各地已经形成强有力的共识。

雾霾治理的法治化，包含两层含义：在科学的基础上、专业的指引下，制定完备的雾霾治理法律制度；这些法律文件得到有效的执行、普遍的遵守，形成民众内心对法律的信仰和守法的习惯，产生良好的法律效能。

二、雾霾治理区域合作机制法治化的理论基础

(一)自然科学理论基础：气候系统动力学理论

气候系统动力学是大气科学研究中的一个前沿领域。系统

动力学(system dynamics),由美国麻省理工学院(MIT)的福瑞斯特(J. W. Forrester)教授于1956年提出。系统动力学是一门认识系统问题和解决系统问题的交叉综合学科。系统动力学本着"凡系统必有结构,系统结构决定系统功能"的思想,根据系统内部组成要素互为因果的关系,主张从系统的内部寻找问题的根源和解决问题的方法。系统动力学强调整体地考虑系统,了解系统的组成及各部门的交互作用,观察系统在不同参数下的不同状态,从而科学地进行系统的调整。[1] 根据反馈控制原理,应注重系统组成和各部分相互作用的整体考虑。同时,可使用计算机仿真技术作为在系统进行动态模拟实验的手段。当系统输入不同的参数或不同的战略因素时,研究系统动力学行为和趋势系统动力学可以帮助决策者在各种情况下尝试不同测量的模拟结果,然后通过模拟结果寻求最佳决策。[2] 系统动力学强调系统的整体性,并对系统进行实时的调整。用气候系统动力分析府际协同治理气候问题,是环境保护学的最新探索。气候系统也是一个很复杂的系统,气候变化不仅仅是由发生在大气内部的动力、热力所造成的,更重要的是受到海洋、冰雪圈、岩石圈、生物圈和人类活动的影响。这些各自不同的"圈"之间相互影响,影响气候变化。气候系统动力学不仅研究气候系统状态和演变特征,而且还要研究系统的各个"圈"相互作用产生的动力、热力、化学、生物作用,从而预测天气,为人类适应和减缓气候变化问题作出精确的预判,为气

---

〔1〕 张波、虞朝晖等:《系统动力学简介及其相关软件综述》,载《环境与可持续发展》2010年第2期。

〔2〕 彭本红、屠羽、周倩倩:《雾霾跨域治理——行为博弈、风险分析及协同治理机制》,科学出版社2017年版,第39页。

候治理决策提供科学的依据。[1] 气候问题的府际协同治理,同样必须是一个整体的系统,各个区域内任何主体、行业、领域的活动必定是相互作用,相互影响,在不同程度上冲击气候变化的系统状态。因此,各区域必须整合资源,摒弃环境机会主义和"搭便车"的狭隘观念,全国上下一盘棋,形成合力,共同推动气候系统向着良性的方向发展。

(二)经济学理论基础:公共产品理论

公共产品理论属于经济学领域的概念,由美国经济学家保罗·A. 萨缪尔森(Paul A. Samuelson)提出,他认为:"公共产品就是这样一些产品,无论每个人是否愿意购买它们,它们带来的好处都与整个社会密不可分。"[2] 他强调公共产品的必需性,不以我们的需求与否为转移。大气环境正是典型意义上的公共产品,它超越了所有的行政区域,且具有非排他性和非竞争性。正是由于这两个属性,很难找到一个有效的价格体系来控制这一公共产品的消费。虽然所有人对大气有着紧迫的利益诉求,但是不同行政区域内人们对大气环境的消费与保护的能力、动力存在差异,加上人性利己的本性和"搭便车"的想法,各辖区或各区域在气候问题上就会各行其是、自说自话,区域内气候治理此消彼长,难见成效。再加上狭隘的地方保护主义,过分强调各地方的利益和当前的利益,导致面对大气问题,各主体之间相互推诿,协调困难。上述原因使得各地雾霾治理的政策措施效果差强人意,这表明了在政府主导之下,建立区域间协作治理机制和公共产品多层次联

---

〔1〕 黄荣辉、徐飞亚:《大气科学研究的一个前沿领域——气候系统动力学与气候预测》,载《地球科学进展》1996 年第 3 期。

〔2〕 [美]保罗·A. 萨缪尔森、[美]威廉·D. 诺德豪斯:《经济学》,首都经济贸易大学出版社 1996 年版,第 571 页。

合供应和分配模式尤为重要。

（三）社会学理论基础：协同治理理论

协同治理理论属于社会学概念，源于德国物理学家哈肯于1971年提出的系统理论——协同学。它探究子系统之间如何协同工作，并在宏观尺度上创建出不同的组合系统，该理论在解决复杂和困难的公共事务方面扮演着重要角色。由于空气的流动性，蔓延在大气中的污染物随着气流规律而产生移动，因而雾霾发生时，其影响范围通常较大，联动整个区域。因此，要科学地治理雾霾污染就要加强整个区域的合作，走一条区域合作治理之路尤为重要。要走一条合作治理之路，需要运用协同治理思维，研究系统内各要素之间的相互作用以及带来的影响。只有理解其内在精髓，才能把该理论运用到大气的合作治理当中来。[1] 后来，哈肯的协同思想被引入社会学领域，形成了社会治理的协同理论。

协同是通过与系统中的子系统或相关元素间的协作，使整个系统处于稳定有序的状态。使系统在质和量两方面产生更大功效进而演绎出协同功能，实现系统整体增值。不同学者尽管对于协同学中的对协同治理应用领域和概念有不同的理解，但对上述名词的解释均含有“参与”“协商”“谈判”“合作”“共同行动”等关键词。协同治理是解决复杂公共事务的有效方法和新思路。[2] 该理论在解决复杂和困难的公共事务方面扮演着重要角色。单一的政府管理模式，已经不能满足社会的需求，市场和人们参与社会管理的积极性很高，协同治理已成为一种新的社会管理模

---

〔1〕［德］赫尔曼·哈肯：《高等协同学》，郭治安译，科学出版社1989年版，第35页。

〔2〕彭本红、屠羽、周倩倩：《雾霾跨区域治理——行为博弈、风险分析及协同治理机制》，科学出版社2017年版，第26页。

式。大气污染治理具有非常复杂的系统性特征，仅在几个地区和部门很难开展工作。作为气候系统的子系统，各治理主体必须相互合作、紧密合作，并根据统一部署形成协同作用。此时，协同治理将使气候问题的解决更加富有成效。[1]

（四）法学理论基础：府际合作理论

20 世纪后期中央与地方关系发展的重要特征是探讨如何扩大政府间合作，在这方面的研究取得了一定的成就。政府间合作打破了政府主导和严格分区治理的传统模式，提供了新的治理模式，那就是网络治理模块，要求各级政府之间以及政府与社会组织之间协调与合作，形成多元互动的治理系统。

根据学者论述来看，政府间合作具有几个方面的目标：一是促进政策传导，政府间的合作是一种网络治理。通过促进沟通协调，整合利益分歧，形成合力，使政策带来整体效益。二是通过建立整合机制，发展政策能力。由于系统体系和程序的束缚，资源无法共享，政策很难在传达过程中发挥整合的作用。三是通过协作，达到资本积累的目的。随着伙伴和网络的建立，政府实现了积累社会资本的目标。四是建立有效的政策工具，也是政府间合作的最终目标。只有通过主体间的协调合作，才能达到最大的效益。也就是说，任何政府机构或组织都可以采取可能由其他地区的组织或公民采取的行动或措施。[2] 气候治理问题本身的特征与府际合作治理的特点存在高度的契合性，府际合作理论在解决大气治理过程中遇到的问题将发挥极为重要的作用。

---

〔1〕 杨帆：《应对气候变化的区域合作与法治治理研究》，载《岭南学刊》2018 年第 1 期。

〔2〕 何精华：《府际合作治理：生成逻辑、理论涵义与政策工具》，载《上海师范大学学报（哲学社会科学版）》2011 年第 6 期。

第二节　雾霾治理区域合作机制法治化的必要性

一、气候的复杂性与特殊性决定了区域协同是大气治理的必然选择

在气象平均状态统计学上,如果气候有大的改变或变动,则称为气候变化。气候变化通常表现为一系列的极端恶劣天气,如在全球频频上演的飓风、暴雪、雾霾、洪水、干旱等。引起气候变化的原因有自然原因和人为的外在原因,人类对大自然的破坏即属外在原因。《联合国气候变化框架公约》将自然原因与外在原因引发的气候变化区分开来,其第 1 条第 2 项明确规定,"气候变化"是指除在类似时期内所观测的气候的自然变异之外,由于直接或间接的人类活动改变了地球大气的组成而造成的气候变化。因而,气候治理所针对的对象仅仅是人类外在活动引起的气候变化。

(一)气候变化环境问题的特点

气候变化是近年来最棘手也是最引人关注的环境问题。与其他环境问题相比,气候变化问题具有鲜明特征:

1. 影响的差异性。气候变化直接影响到季节变化、自然灾害、动植物的生长、人类的生态环境等自然因素,进而对社会的安全、政治、经济、秩序等造成极大的威胁。气候变化对自然环境的影响在不同的区域有不同的表现。如在工业发达地区表现为雾霾、大气污染,在沿海区域表现为海平面上升,在水源丰富的区域表现为暴雨或干旱。但气候变化造成的社会影响却基本相同,即

经济的损失以及社会的混乱。大量关于气候变化的自然科学研究和社会科学研究虽然在诸多方面存在分歧,但关于气候变化影响的差异性的结论却是惊人的一致,即贫穷地区适应气候变化的能力较差,对气候变化造成的影响更为敏感。960 万平方公里的国土内,因地理位置、人口分布、经济类型等因素的不同,社会发展呈现出巨大的差异。因而,在国土范围内,气候变化对不同区域的影响存在明显的差异性。

2. 影响的无形性。气候变化是化石燃料燃烧排放温室气体而造成的,这些温室气体的排放看不见、摸不着,难以被察觉。固体污染会存在较明显实物,液体污染会从颜色或气味上容易感知。一旦气候变化问题被感知,便是灾难已经产生,只能被动地进行适应和防范。在治理的问题上,基于其影响的无形性,人类应提前作出预判,并采取相应的具有针对性的监控和防范措施。

3. 长期性。气候问题不是一朝一夕形成的,是人类几百年工业发展的衍生品。气候问题的治理也不能一蹴而就,它将始终伴随人类发展。已经排放的温室气体在大气中顽固地存在,少则几年,多则上百年,要消除其影响是一个长期的过程。此外,人类的发展必然是一个工业化与环保不断博弈的过程,任何一个区域或政府都不可能承诺将停止一切向大气层排放温室气体的生产活动,否则,社会就会停滞不前。在气候治理的效果评价上,人类必须有足够的耐心来为自己的行为负责,也许,需要几代人的努力,才能恢复近 20 年人类对大气的破坏。

4. 整体性。气候变化是一个全局性、综合性的问题。大气圈是一个整体,大气的无界性和溢出性决定了无论你在哪个区域、无论温室气体从何处排放,只要气候发生变化,所有个人、单位、组织,都无法摆脱气候变化的影响。气候变化治理是一个综合性问题,其政策的制定不仅事关环保、能源行业,同样关乎人口、经济体制等多个方面。身处地球，气候治理属于人类必须共同解决的生存问题。

气候变化问题自身的复杂性与特殊性，决定了其治理不能简单照搬一般的环境污染治理方法。单一主体、单一政策永远无法彻底解决气候变化问题，需要在中央的统一布局之下，多层次主体进行资源的整合和交换，以实现“1 + 1 > 2”的治理效应。[1]

（二）区域协同治理是大气治理的必由之路

自气候问题在国际上被提出，中国一直以积极的姿态参与国际层面的会谈与合作。1992 年中国签署《联合国气候变化框架公约》，并于 1993 年 1 月批准实施。1998 年签署《联合国气候变化框架公约的京都议定书》并于 2002 年 8 月批准实施。此外，中国还和许多国家签订了一系列的双边或多边协定，如《中英气候变化联合声明》《中澳气候变化合作谅解备忘录》等。从整体上看，中国政府对大气问题在国际社会上表现出来的积极、主动，更多的是出于政治或外交利益的考虑。国内法层面上对大气气候问题的态度一直是被动应对，缺乏具有前瞻性和切实有效的治理机制。基于人类应对气候问题研究的深入和中国治理雾霾的有限经验，国内对气候治理已达成共识，即区域合作，具体而言，要求国内地方政府之间真诚有效合作，共同应对和减缓气候问题。

二、雾霾治理的现实困境凸显法治需求

（一）“公地悲剧”：中国国内大气治理遭遇现实困境

1968 年，英国学者哈丁（Hardin）教授在《科学》杂志上发表了一篇题为《公地的悲剧》的文章，他例证指出，作为理性人，每个牧

---

〔1〕 参见李辉：《雾霾协同治理需解决三大问题》，载《中国机构改革与管理》2015 年第 3 期。

羊者都希望自己的利益最大化。在公共草地上，每增加一只羊，牧羊人会增加收入，但同时会加重草地的负担，甚至可能使草地过度放牧。但逐利的欲望使牧羊者不顾草地的承受能力而肆意增加羊群数量，看到有利可图，其他牧羊者也纷纷加入这一行列。由于羊群的进入不受限制，牧场被过度使用，草地状况迅速恶化，最后导致大家无法使用草场，悲剧就这样发生了。"公地的悲剧"是一种比喻，是对某类现象的典型描述。大气作为人类的"最大公地"，每个人都是所有者、使用者，且没有权利阻止其他人使用。每个当事人都知道大气的污染、滥用可能会导致人类的灭亡，但每个人对阻止事态的继续恶化都深感无能为力。而且怀着"及时捞一把"或依赖他人的侥幸心理而眼睁睁地看着事态的恶化。

作为最大的发展中国家和全球最大的经济实体，中国在经济快速增长的同时，在大气环境问题上却不可避免地走上了西方发达国家工业革命的老路，尤其当雾霾在中国日益频发且肆虐范围呈快速扩大之势时，中国社会从上到下，深刻地感受到了气候变化治理的紧迫性。面对紧迫的气候变化环境问题，除了可资借鉴的国际经验外，国内的现实情况更是中国政府治理气候问题的重要考量。面对突发的气候环境问题，中国政府迅速采取了多项举措，也取得一定的成果，延缓了气候恶劣变化的趋势。但除去最初的激情和坚定的决心，冷静下来，理性地盘点，在大气治理问题上中国只是开了一个头，仅仅是发现了问题，但论及找出解决问题的方案，为时尚早。从当前中国大气治理的现实情况来看，中国在大气治理问题上的努力，从中央到地方以及各地方政府，措施多为内生的、自发的、本能的，整体格局较为凌乱，区域合作还处于摸索与起步阶段，一些地方的大气治理甚至陷入流于形式的僵局。

(二)雾霾治理多表现为行政命令式的协定模式,收效甚微

盘点我国近年来的雾霾治理实践,从整体上看,雾霾治理区域合作并非以法律为基础,更多的是不同区域主体之间就某一项目或者事件的协商。大多数措施具有阶段性、临时性。典型事例如:为迎接抗战胜利70周年阅兵式,2015年8月20日到9月3日,环境保护部[1]和京津冀及周边地区大气污染防治协作小组通过联防联控,协同治污,确保阅兵期间空气质量最优。2016年9月在杭州召开的二十国集团领导人年度峰会,长三角区域大气污染防治协作小组办公室严密部署了峰会期间空气质量保障工作,保证了会议期间良好的空气质量。此外,还有2014年北京"APEC蓝"、2015年郑州"上合蓝"、2018年青岛"上合蓝"、北京"中非峰会蓝"等。显然,在这些个体性事件中,雾霾当时得到及时、立竿见影的清理,但是这种完全依靠强大的行政命令建立起来的雾霾治理措施,不具有法治性和常态性,无法可持续发展,只能临时应急。我国雾霾治理的非法定性主要表现为:(1)治理机构的非法定性,大多为因事设立的临时机构,这些机构的职权、编制、经费、地位都不在法律范围之内。(2)治理措施的非法定性,如在大型活动中,尤其是在全国性或国际性的大型活动中,往往凭借一纸通知或者口头行政命令,要求企业停产停工,限制相关出行。为确保空气质量的阶段性好转,停滞相关的生产、生活,诸多做法存在法律上的风险。(3)治理责任及评估监管的非法定性,雾霾治理是一项持久的、综合工程,需要几代人的努力。各级政府必须以极大的耐心、决心,明确主体责任、监管评估方式,以法治建立雾霾治理的长效机制。(4)区域合作的非法定性,在区

[1] 环境保护部现为生态环境部。全书中所涉部委根据时间表述为当年正式名称,不再特别说明。——编者注

域协作的协商中，各行政主体会更多关注本行政区域在当前的具体利益，缺乏进行实质合作的诚意，使诸多雾霾治理的计划、方案最终流于形式，或不了了之，雾霾治理收效甚微。[1]

三、机制在雾霾治理上凸显成效

机制强调个体之间的协作、有机融合，以形成一个功效良好的运作系统。从对系统的研究来看，一般认为，系统由要素集合与关系集合组成。“要素”是系统中的有形构成，是指组成系统的个体元素或子系统。要素或子系统的来源决定了系统的特性。如果要素具有多元性、层次性，那么系统就会呈现多样性、复杂性和层次性；“关系”是系统中的无形构成，是指系统内部各要素之间、子系统之间、要素与系统之间、系统与系统之间的联系。“关系”决定了系统内的具体结构形态，良性的关系可以激发系统的功能，实现“整体大于部分之和”的功效；“集合”则是指系统的要素以及建立在要素之上的系统关系所形成的多元性和层次性。[2]

在国际上，欧盟在全球雾霾治理行动中无疑是最活跃、最具影响力的行为体之一，其雾霾治理最重要的经验和特色就是多层网络治理机制。在这一机制之下，私人、政府、国家、超国家、跨国家等不同主体，尽量地将各种主义、利益纷争抛在一边，在气候变化问题上进行深度、广度、密度的互动与合作，形成雾霾网络治理格局。虽然欧盟在雾霾治理方面也走过弯路，但是实践证明，法治机制在雾霾治理中发挥了引导性作用。

在国内，京津冀、长三角、珠三角等地区在雾霾法治治理区域合作的机制建设方面逐步探索，并取得阶段性成果。以京津冀为

---

〔1〕 参见徐骏：《雾霾跨域治理法治化的困境及其出路——以 G20 峰会空气质量保障协作为例》，载《理论与改革》2017 年第 1 期。

〔2〕 参见陈建清：《社区矫正系统研究》，载《湖南科技学院学报》2013 年第 6 期。

例,2013 年 9 月,环境保护部等 6 部门联合发布《京津冀及周边地区落实大气污染防治行动计划实施细则》,京津冀地区大气污染防治协作机制正式启动。2015 年 4 月 30 日,中共中央政治局审议通过《京津冀协同发展规划纲要》,要求京津冀协同要把雾霾等环境治理工作提到重要位置。此后,京津冀逐步探索区域合作、联防联控机制,如成立京津冀及周边区域大气污染防治协作小组以及协调机构、建立工作机制及信息共享平台、联合执法检查等。通过一系列机制安排,京津冀地区雾霾治理取得明显成效。数据调查显示,自 2014 年至今,京津冀地区的污染和重度污染天数稳步下降,优良以上天数逐年上升。

第二章　京津冀雾霾治理区域合作机制法治化考察

第一节　京津冀地区雾霾治理区域合作法治化现状

京津冀地区包括北京市、天津市、河北省的石家庄、唐山、保定、邯郸、秦皇岛、邢台、承德、衡水等10个地级市以及定州、辛集2个省直管市以及河南省的安阳市。其中北京、天津、廊坊、保定为中部核心功能区。作为中国的“首都经济圈”，京津冀地区因频繁遭受严重雾霾，所以主动探索雾霾法治治理的区域合作机制。京津冀地区雾霾治理通常被重点关注，成为研究样本，起到全国雾霾治理“风向标”的引领作用。

一、雾霾污染的现状

京津冀是中国雾霾最严重的区域，雾霾已经成为严重影响区域内生产、生活的重大隐患。经过十多年的集中整治，雾霾治理呈现一定效果，但仍未从整体上根本解决。从数据统计的结果来

看,京津冀地区雾霾污染的现状较为复杂,表现为以下一些特征:

(一)区域内雾霾污染持续严重

一直以来,京津冀地区的单位面积雾霾污染远超全国平均水平。京津冀冬季供暖期的雾霾尤其严重,成为压垮空气质量的“最后一根稻草”,雾霾面积急剧扩大,多地出现了橙色预警。以2016年、2017年的数据为例:2016年,在全国74个城市空气质量排名相对较差的10个城市中,京津冀占据其中9个名额。该区域内重度及以上污染天数比例为9.2%,比全国平均比例高出6.6%。PM2.5高出全国平均水平51.1%,优良天数比例为56.8%,比全国平均比例低22%。根据环境保护部环境监察司2017年6月公布的数据,截至2017年6月,京津冀区域13个城市PM2.5平均浓度为47μg/m^3,1月至6月PM2.5浓度同比上升14.3%,PM10浓度同比上升13.2%。显然,京津冀地区是全国雾霾最严重的区域之一,这个趋势在短时期内难以改观。[1]

(二)雾霾成因的差异性

京津冀地区内部发展程度、经济、文化、社会结构不尽相同,导致三地的雾霾成因具有鲜明的地域特色。从行业分布来看,煤炭、化工、玻璃、钢铁、焦化等污染严重的重工业主要分布在河北省境内,以钢铁产量为例,有“世界看中国,中国看河北”一说,惊人的钢铁产能靠煤炭的消耗支撑,污染排放量也就可想而知。因此,河北省的工业污染对雾霾的贡献度最大。作为国际科教文化中心、国际交往中心、高端制造业中心的北京,重工业基本外迁,但人口集中,机动车总数最多,因此汽车尾气排放量已经超过了京津冀三区的平均水平,汽车尾气超过炭和化石燃料的燃烧,对

---

〔1〕 数据来源于原环境保护部2017年AQI实时报、日报统计结果。

雾霾的贡献度最大，此外交通运输业、居民生活、餐饮业PM2.5排放也非常严重。天津作为一个港口城市，介于北京和河北之间，产业结构不尽合理，煤炭使用量、机动车保有量、城市规模失衡也加剧了雾霾的形成。[1]

（三）雾霾治理逐步取得成效

2013年9月，国务院印发了《大气污染防治行动计划》（又可称大气十条），针对京津冀区域的雾霾治理，明确提出京津冀区域PM2.5浓度平均下降四成的明确目标。实施5年后，到2018年，这一目标全面完成，雾霾蔓延的态势被控制。自2013年到2017年，京津冀区域内空气质量优良天数不断增长，重度或严重污染天数逐年下降，如图2－1所示：

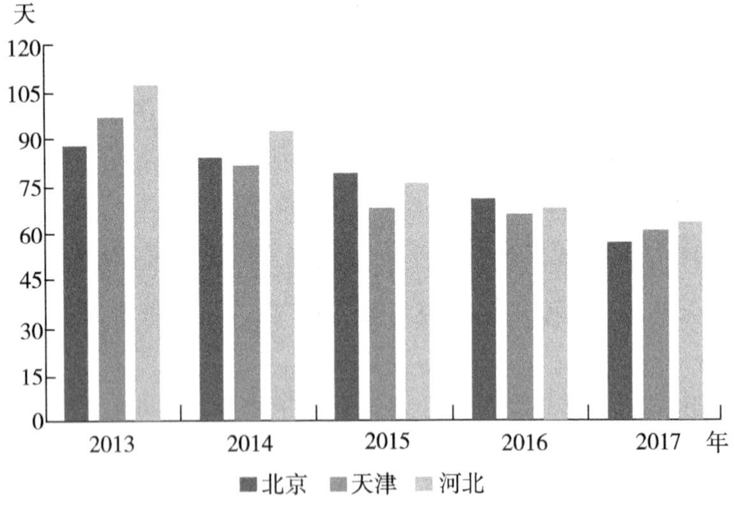

图2－1　京津冀PM2.5年平均浓度

---

〔1〕李云燕、殷晨曦：《京津冀雾霾影响因素的三维分析与对策探讨》，载《工程研究——跨学科视野中的工程》2016年第6期。

(四)雾霾治理能力和效果存在差距

京津冀三地的发展定位和行政级别不同,决定了资源配置能力的高低。北京作为中国的首都,历史名城,可以获得大量的优质资源和政策、制度优势。北京在雾霾治理上依靠政策、资源等优势,采取对机动车“靶向治霾”等措施,使北京雾霾治理取得最为显著的成效。河北省的雾霾治理重点在化解钢铁、煤炭落后产能以及重点行业大气污染治理,涉及经济结构调整与转型,加之河北省本身经济相对落后,因而雾霾治理难度较大。天津作为直辖市,雾霾治理重点在石化行业的工业污染,作为滨海城市,其雾霾治理也具有一定的地理位置上和经济上的优势。

二、雾霾污染的成因

京津冀近年来雾霾污染严重,引起了各界的广泛讨论和政府的关注,三地政府都出台了相应的法规政策来应对严重的雾霾污染,但只有知道了雾霾的形成原因,才能在政策的制定上对症下药。雾霾形成的原因从各个角度分析都是多种多样的,主要原因包括经济结构因素、地理环境因素、气候因素。

(一)经济结构因素

经济结构包含产业结构、能源结构、技术结构、投资结构等,其中产业结构、能源结构、技术结构对雾霾污染的影响最大。研究者利用环境库兹涅茨曲线分析框架以及联立空间面板模型研究雾霾污染和经济结构之间的关系,发现:当存在拐点时,在拐点左侧的区间内,经济的增长会导致雾霾污染的加剧;当超越了拐点,来到在拐点右侧区间,经济的增长会缓解雾霾污染。[1] 从近

---

〔1〕 张玉、赵玉:《经济结构调整对雾霾污染的影响——基于联立空间面板环境库兹涅茨曲线的实证》,载《生态经济》2020 年第 8 期。

年来全国经济普查的情况来看,京津冀地区经济发展程度差异较大,产业结构不合理,缺乏深层次的分工协作、能源利用率低,产业的科技化水平整体低下。在很长的一段时间内,京津冀的经济发展都处在拐点的左侧区域,粗放式的经济发展导致雾霾的加剧。如果没有经济结构的调整和转型,京津冀的雾霾治理就会和经济发展处于相对紧张的关系,这也正是一些地方政府担心治理雾霾影响经济发展的症结之所在。事实上,只有调整经济结构,越过拐点,才能获得经济发展与雾霾治理的良性循环。

(二)地理环境因素

京津冀地区属于海陆交接地带,东临渤海,西有太行山脉,北有燕山山脉,形成不利于污染物扩散的"弧状山脉"。而霾天气易出现偏南气流,在"弧状山脉"的包围下,只能将污浊空气吹向华北平原,由此加剧了京津冀污染物和水汽的聚集。可见,地理因素是除大气污染物之外,雾霾形成的一个必不可少的"帮凶"。此外,西北地区黄土高原、内蒙古高原风沙大,秋冬季在西北季风的影响下,形成沙尘暴天气,季风携带扬尘等超细颗粒物输入京津冀等地,造成 PM2.5 含量超标。

(三)气候因素

如果说污染是雾霾形成的内因,那么气候条件则是雾霾形成的外因,甚至在某些时候气候对雾霾的形成起到驱动作用。京津冀地区属于温带季风气候,冬季寒冷干燥,春秋干旱少雨。在全球气候变暖背景下,冬季温度升高大于夏季,高纬度温度升高大于低纬度,不利于冷空气南下,南北的空气流动减少。冬季的风不仅越来越少,而且越来越小。国家气候中心的监测结果显示,京津冀地区的年平均风速正逐年减小,自 1961 年以来,平均风速减小了 37%。此外,京津冀地区的大气环境容量降低,大气对污染物的自净能力减弱。根据国家气候中心的监测结果显示，自1961年以来，京津冀地区11月至12月大气环境容量下降了42%。如果遇到污染天气来袭，京津冀地区的天气显然相对脆弱，无法抵御。

三、区域合作的法治保障

（一）全国层面上的法治保障

当前在全国层面的立法，雾霾污染防治领域形成了在《宪法》指导下，以《环境保护法》为核心，《大气污染防治法》专项治理，《环境影响评价法》《清洁生产促进法》《固体废物污染环境防治法》《循环经济促进法》配套支持的中央法律体系。上述法律体系建立了系列具体的法律制度，包括：控制雾霾源头的排污申报许可制度、产业政策目录制度、环境标准制度、环境影响评价制度、"三同时"制度；过程监管的排污费收费制度、环境监测制度、总量控制制度、环境目标考核责任制、大气污染突发事件应对机制等；雾霾污染事后的纠纷解决、责任追究、环境司法专门化等救济制度。[1]

雾霾污染协作治理是治理区域大气污染的有效途径，国家通过相应的规范性文件来落实区域合作。2010年5月11日环境保护部、发展改革委、科技部等9部门联合发布《关于推进大气污染联防联控工作改善区域空气质量的指导意见》，就区域大气治理的这一问题，做出了整体规划；2013年9月，国务院颁布了《大气污染防治行动计划》，提出了京津冀地区2017年PM2.5浓度比2012年下降25%，北京市PM2.5年均浓度控制在60μg/m^{3}左右

---

〔1〕 程雨燕：《地方政府应对气候变化区域合作的法治机制构建》，载《广东社会科学》2016年第2期。

的目标。《大气污染防治行动计划》实施以来，北京、天津、河北相继出台了“控煤”“控车”“控工业污染”“控尘”“控新建项目污染”等对应的行动计划。

（二）北京市的法治保障

北京市针对严重雾霾，率先作出了立法应对。2014 年 1 月，《北京市大气污染防治条例》的颁布标志着北京开始了雾霾法治治理的具体实践。随后，北京颁布系列地方性法规，创设多项行之有效的制度。为贯彻落实国家《大气污染防治行动计划》，北京出台了《北京市 2013—2017 年清洁空气行动计划》《北京市 2013—2017 年清洁空气行动计划实施情况考核办法（试行）》。依据该计划，北京市成立专门机构——北京市大气污染综合治理小组负责雾霾治理区域协作的相关工作，并以治理 PM2.5 为主要目标建立区域协作机制。在具体措施方面，2015 年 2 月，北京首次启动空气重污染红色预警。2016 年，北京将雾霾纳入《北京市气象灾害防治条例（草案）》，强调综合治理。2017 年 9 月出台《北京市促进高排放老旧柴油货运车淘汰方案》，通过政府补贴形式推动对 2013 年 6 月 30 日以前注册登记的老旧柴油车的置换工作。

为进一步推动区域协作，北京积极主动与天津、河北沟通，先后签订了推动雾霾治理区域合作的《北京市—天津市关于加强经济与社会发展合作协议》《北京市—河北省 2013 至 2015 年合作框架协议》。2017 年 9 月，北京市、天津市、河北省三地共同制定实施《建筑类涂料与胶粘剂挥发性有机化合物含量限值标准》，这是京津冀三地在环保领域的首个统一标准，对改善大气质量意义重大。

（三）天津市的法治保障

2013 年 10 月，《天津市重污染天气应急预案》正式发布。

2015 年 1 月通过的《天津市大气污染防治条例》，以专章规定区域大气污染防治协作以及具体的联合工作协调机制、重污染天气应急联动机制。2017 年，天津出台了《关于“四清一绿”行动 2017 年重点工作的实施意见》《天津市 2017—2018 年秋冬季大气污染综合治理攻坚行动方案》《天津市 2017 年大气污染防治工作方案》。2018 年，为贯彻环保法，《天津市大气污染防治条例》《天津市建筑节约能源条例》《天津市矿产资源管理条例》等 7 部规范性文件进行了修订，进一步严格了大气治理的法律责任。2020 年 1 月通过的《天津市机动车和非道路移动机械排放污染防治条例》，是我国第一部区域协同对有关污染防治作出全面规定的区域性立法，为省级层面的区域协同立法提供了制度范本。

（四）河北省的法治保障

作为雾霾大省，河北省的雾霾治理任务非常艰巨。雾霾大省也挥起了法治重拳，向雾霾宣战。2013 年，河北省公布《大气污染防治行动计划实施方案》，对河北地区主要污染物采取有针对性的措施。2015 年 1 月，河北省实施全国首部环境保护公众参与的地方性法规——《河北省环境保护公众参与条例》。该条例明确规定了环境信息的公开与获取、公众参与的范围、途径、促进措施、保障、法律责任、救济等内容，有效地保障了公众对环境保护的知情权、参与权、监督权，为联防联控主体的公众参与提供了法律依据。[1] 为了明确大气治理的目标与任务，河北省同年出台了《河北省大气污染深入治理三年（2015—2017）行动方案》《河北省达标排污许可管理办法（试行）》，通过法律文件实现对污染源的控制。2016 年 3 月，《河北省大气污染防治条例》开始实施，该

〔1〕 马幼松：《河北省环境保护中公众参与制度研究》，载《化工管理》2017 年第 16 期。

条例系统规定了大气污染防治的规划与标准、不同污染的防治、重点区域联合防治等内容。2017 年，河北出台《关于强力推进大气污染综合治理的意见》及 18 个配套专项方案、《河北省 2017—2018 年秋冬季大气污染综合治理攻坚行动方案》，对大气污染治理进行深化。河北省还率先在全国实现生态环境正面清单制度，力争以最小的代价换取减排的最大效益。

（五）京津冀区域合作的法治保障

雾霾治理的实践证明，传统依靠地方政府各自为政的治霾方式很容易陷入高投入、低回报的困境。尤其是遭受雾霾严重影响的京津冀地区，一直在探索协同治理、整体推进的法治路径。2013 年 9 月 17 日环境保护部、发展改革委等 6 部门联合发布了《京津冀及周边地区落实大气污染防治行动计划实施细则》，给出了具体的关于减少大气污染排放的有关措施：强化污染物协同减排；防治机动车污染，统筹城市交通管理；调整产业结构，优化区域经济发展布局；推动能源清洁化利用，控制煤炭消耗数量；健全监测预警应急体系，强化基础设施能力等。2015 年 12 月，国家发展改革委发布《京津冀协同发展生态环境保护规划》，提出到 2017 年，京津冀地区 PM2.5 年平均浓度要控制在 73μg/m^{3}左右。到 2020 年，PM2.5 年平均浓度要控制在 64μg/m^{3}左右。2017 年 3 月，环境保护部会同其他部委及六省（直辖市）联合发布《京津冀及周边地区 2017 年大气污染防治工作方案》，治理范围涉及北京、天津 2 个直辖市以及京津冀大气污染传输通道上的 26 个城市，即“2 + 26”城市。

2017 年是《大气污染防治行为计划》收官之年、决战之年，京津冀能否达到《大气污染防治行为计划》的目标，取决于当年秋冬季的雾霾应对情况。为此，环境保护部联合 10 部委以及京津冀晋鲁豫6省市，推出“1+6”方案，强力治霾：“1”指的是《京津冀及周边地区2017—2018年秋冬季大气污染综合治理攻坚行动方案》，“6”指的是6个配套方案，包括：《京津冀及周边地区2017—2018年秋冬季大气污染综合治理攻坚行动强化督查方案》《京津冀及周边地区2017—2018年秋冬季大气污染综合治理攻坚行动巡查方案》《京津冀及周边地区2017—2018年秋冬季大气污染治理攻坚行动专项督察方案》《京津冀及周边地区2017—2018年秋冬季大气污染综合治理攻坚行动量化问责规定》《京津冀及周边地区2017—2018年秋冬季大气污染综合治理攻坚行动强化督查信息公开方案》《京津冀及周边地区2017—2018年秋冬季大气污染治理攻坚行动宣传报道方案》。2018年，国务院办公厅国办发〔2018〕54号文件，将京津冀及周边地区大气污染防治协作小组调整为京津冀及周边地区大气污染防治领导小组，并进一步强化其雾霾治理的领导责任。足见，京津冀区域合作正走在法治化的道路上，并越发成熟。

第二节　京津冀雾霾治理区域合作法治化存在的问题

虽然近年来京津冀全力进行雾霾治理，但是其空气质量与长三角、珠三角相比，依然存在较大差距。除了自然、地理等原因以外，京津冀自身在法治治理的区域合作方面，也存在一些问题。主要表现在雾霾法治治理区域合作的立法、执法、司法等方面。

一、雾霾治理区域合作立法中的问题

（一）缺少统一区域大气执行标准

目前，我国的立法体系主要强调纵向联系，而区域内平行地

方立法机关是否有权联合制定跨区域的地方性法规，以及法规的效力问题，尚缺乏法律依据。京津冀雾霾治理的区域合作，也遭遇这一难题。京津冀区域合作治理雾霾大多以重大活动为背景，联合开展“风暴式”“运动式”的合作，短期取得显著效果。但由于各省市区域内的利益冲突缺乏相应法律、法规、政策的指引和协调，长效机制难以建立。区域内统一的法律政策的缺失使雾霾治理区域合作机制运行中缺乏主体思维，区域之间协作困难。显然，立法对大气协同治理的重要作用尚未充分发挥。如京津冀三地都制定了本区域生效实施的环境治理地方法规、规章，但缺少一个三地统一实施的区域性环境法律法规。如果遇到信息沟通不畅，会出现立法矛盾、重叠、抵消的问题。

以大气污染物排放标准、排污收费标准为例，自 2015 年以来，三地一直努力实现大气污染物排放标准的统一。但截至目前的信息查阅来看，三地还各自制定了地方排放标准。由此使得在北京用燃煤锅炉二氧化硫排放限值执行北京地方标准 DB11/139—2015，在天津以及河北执行国家特别排放限值。三地排污费收费标准也不统一，北京的污染物排放标准、污染费征收标准总体上要高于天津、河北。因此，一些省际交界地区的排污企业会向标准“洼地”转移，使雾霾合作治理效果大打折扣。[1] 上述问题产生的根本原因是行政区划导致的政策、法规的差异性，若想从根本上解决该问题，必须尽快完善京津冀雾霾治理区域合作的立法体系。

（二）区域立法协调机制缺乏实质性突破

京津冀协同发展已上升为国家发展战略，但是区域立法的协

[1] 王洛忠、丁颖：《京津冀雾霾合作治理困境及其解决途径》，载《中共中央党校学报》2016 年第 3 期。

调机制并没有同步跟上。京津冀区域一直以来缺乏整体发展的理念,各区域从各自地方利益出发,相互封闭,各自为政,制定了许多具有浓重地方保护主义色彩的法规和规章,从而阻碍区域协同发展。京津冀地区已经开始探索区域协同立法,受各方经济利益的影响,缺少一个有效的立法机制来运作,而主要依靠行政命令来推动。如京津冀高层领导双边互访、多边协商、首长联席会、协调会、合作论坛等初级形式。归纳起来,京津冀的区域协同立法目前存在的主要问题有:实践层面对"协同"的认识存在一定差异,对于哪些事项应坚持同一标准,哪些事项应坚持区别原则,认知不统一;重点领域立法尚待突破,如区域功能定位、空间布局、交通一体化、产业升级转移、环境一体化保护、产业集群发展、统一市场建设、能源管理与供给、农业与农村发展、人才与科技支撑等领域,三地协同立法基本上未实质涉及;京津冀协同的立法项目来源比较单一,立法项目主要源于立法机构、政府及主管部门等,公众参与不足,对与公众密切相关的事项调研论证不充分;缺乏刚性的、有约束力的协同机制,联席会议、信息共享等是京津冀协同立法的重要机制,但这些软约束无法解决立法中的重大分歧。[1]

在国家大力推进京津冀协同发展战略实施的关键时期,构建区域的协同立法机制已成为京津冀雾霾治理区域合作中亟待解决的重大问题。

二、雾霾治理区域合作执法中的问题

(一)地区利益冲突明显

京津冀在生态、气候上是一个完整的单元,但是在利益上却

---

〔1〕 参见梁平、律磊:《京津冀协同立法:立法技术、机制构建与模式创新》,载《河北大学学报(哲学社会科学版)》2019 年第 2 期。

存在各自的地方需求。尤其是当三地的经济发展与雾霾治理处于拐点的左侧,彼此相互牵制,此消彼长,那么各地在雾霾治理的区域合作时都存有私心、私利,在决策以及实施时,都会有所保留。京津冀雾霾协同治理的背后存在多元利益之间的博弈,最为明显突出的是:河北处于工业化的中级阶段,雾霾治理需要花费的经济成本最高,雾霾治理能力相对有限;北京处于后工业化阶段,雾霾治理的决心最大,资源丰富,治理能力强,享受雾霾治理的红利最大;天津处于工业化的高级阶段,雾霾治理的成本支付和环境红利收益居于河北、北京之间。此外,政府、企业、社会组织、公众之间关于雾霾治理的利益追求也存在冲突,如大型工业企业对雾霾治理责任的分担、公众对大气质量的高度关注、社会组织的积极参与要求等,形成了北京—天津—河北三地雾霾治理复杂多元的利益冲突。[1] 这些利益的不平衡、不协调严重影响京津冀三方雾霾治理合作的效能。雾霾治理过程实际上就是京津冀三地地方利益不断冲突、妥协的过程。京津冀协同治理雾霾的成败关键在于能否协调好各地区利益。

(二)区域合作机制运转不畅

目前,京津冀地区空气污染治理主要是以行政区划为界限,各级政府作为雾霾治理责任主体。在限定的区域内治理流动的大气污染,就会使各区域主体抱着侥幸心理,被动应付雾霾治理,在雾霾治理区域合作中有所保留。虽然京津冀地区按照《大气污染防治法》建立了京津冀大气污染防治的联防联控机制,且成立了相关的工作机构。但从实践的运作情况来看,联防联控机制仅仅停留在表面上,如京津冀及周边地区大气污染防治领

---

[1] 参见刘斌、胡天蓉、吕凌纬:《京津冀地区协作性雾霾治理的经验与反思》,载《中国环境管理干部学院学报》2018 年第 6 期。

导小组没有专职的工作人员，会议会期不定，根据工作需要定期或不定期召开，领导小组缺乏采取实质协作措施的权限。设立在北京市环保局，专门负责京津冀及周边地区大气污染防治协作、联防联控的具体联络协调工作的大气污染综合治理协调处，其职责、级别、经费支持缺乏保障，无法支撑其更好地行使职权。

京津冀三地对雾霾污染的合作治理，通常围绕着重大活动、特殊事件、非常时期，通过协商集中展开，即所谓“运动式治霾”或“集中式治霾”或“专项式治霾”，短时效果明显。上述零散的治理，只能治标，不能治本。雾霾治理区域合作需要建立一个打破地区、部门界线，并具有统一协调各行政主体之间利益的、专门的组织管理机构以及运行机制。京津冀地区雾霾治理的联防联控，需要在统一规划、统一标准、统一监测、统一预警、统一监管等方面深化改革，为区域合作具体实践过程中的基础条件建设、管理方案执行、管理手段设计指明方向。[1]

三、雾霾治理区域合作司法中的问题

（一）环境资源审判庭的建制和管辖不合理

当前中国正在积极、稳步推进各级法院系统分步、有序地建立环境资源审判庭。京津冀区域已经基本上实现环境审判专门机构全覆盖。2017 年 8 月 4 日，京津冀法院系统首次召开环境资源审判协作工作会议，共商京津冀环境资源审判协作工作。但从环境资源庭的设置情况来看，建制存在一些不合理的地方，主要表现在：其一，缺乏独立性。现有环保法庭多设在普通法院内部，

---

〔1〕 参见何伟、张文杰、王淑兰等：《京津冀地区大气污染联防联控机制实施效果及完善建议》，载《环境科学研究》2019 年第 0 期。

在人员编制，财政来源方面均依赖于普通法院和地方政府。审判工作也是在原有普通法院工作体制内进行，在一定程度上影响了环境审判的独立性。其二，缺少完整的审判体系，目前我国大多数环境法庭的设置呈地方性分散，而且基本处在试点阶段，尚未形成系统成熟和相对完善的审判体系。其三，职责定位不清，一些环保法庭的责任定位不清，还没有建立同其他普通法院、行政机关较为完善的分工和工作协调机制。

环境资源庭对案件的管辖范围不甚科学，主要体现在我国人民法院在地域管辖方面与行政区域一致。然而，环境问题与环境纠纷多具有跨行政区域的显著特点，这使同一个案件，可能出现多个法院管辖的问题，从而导致管辖冲突。因此，仍然按照传统行政区域来处理环境案件既有可能影响案件的有效解决，也会影响案件的审判效率。同时，传统地域管辖的地方性特点还可能产生地方保护主义和部门保护主义的弊端，影响司法裁判的公正性。

（二）环境案件案源不足

环境资源庭如果没有案源，或者环境纠纷不能进入司法程序，那么其就没有存在意义。因此，案件来源不足是环境资源庭面临的一个主要问题。其主要是因为受案范围有限，一些环境资源庭的受案范围不包括有关生态环境破坏的民事诉讼，但实践中此类案件数量众多，如果公众不能就此案件向法院提起诉讼，自然会大大减少案件来源。环境资源庭对环境行政诉讼案件的管辖仅限于保护公民、组织的利益，若环境行政行为未损害特定人的利益，则无权管辖。受害者起诉意愿不足，在实践中污染受害者主动以诉讼方式维护其合法权益的案件并不多，主要原因是诉讼成本高、程序复杂、耗时长。按照一般诉讼费用承担模式，作为污染受害者的原告,即使胜诉并获得了赔偿,其额度往往只相当于所受到的直接损失,其间接损失、生态破坏而遭受的潜在损失、律师费和诉讼过程中产生的鉴定费等费用,有时难以得到法院的支持,而且环境案件的举证,因果关系证明等还需要当事人付出大量的时间和精力。而一旦败诉,作为污染受害者的原告不仅无法获得相应的赔偿,还要承担高昂的诉讼费,律师费以及诉讼过程中产生的其他费用。

(三)环境审判程序专门性、独立性不足

科学、合理的审判组织及其运行机制,是保障公正、高效地开展司法活动的必要条件。审判机构的设置与诉讼程序的机制相适应,才能保障司法活动的公正和高效。在环境司法领域,三大诉讼类型的划分不一定绝对形成民事、行政和刑事案件三种类型,而是更多地表现出某种复合特性,在个案中形成类型交叉。而环境纠纷,尤其是大气纠纷,利益关系复杂、多元,需要建立与之相适应的审判组织及诉讼机制,否则影响环境司法的功能发挥。我国目前根据案件涉及的法律关系、诉讼主体、调整手段等要素,将案件分为刑事、民事、行政三类并配置相应的诉讼机制。对于环境案件而言,由于机械地适用这种分类,导致一些环境案件中审而不终,判而不决,不能适应环境纠纷解决的需要。显然,我国缺少专门环境案件的特别程序,进而影响环境资源庭的司法功能发挥。

(四)法官的环境司法能力有待提高

环境纠纷的复杂性与技术性决定了环境司法的法官必须具有高度专业素养和较强的司法能力。审判人员的职业技能和专业素养不仅直接决定着案件审理的水平,也直接影响着环境资源庭发挥作用的程度。京津冀地区环境资源庭法官专业能力存在区域性差异,但从整体上来看,环境案件审判人员的专业性不强,也是京津冀环境司法专门化过程中面临的一个突出问题。从京津冀地区环境司法实践来看,司法人员的经济发展与环境保护的协调能力、个体私益与环境公益衡量技术等方面都不能很好地满足解决环境纠纷的需要。在一些具体案件中,不同法官对纠纷事实认定与法律适用还存在不少偏差,影响环境案件的公正司法。2014 年 2 月,河北市民因为雾霾起诉环保局一案,就给当时河北省的法院较大冲击。面对民众日益增长的维权意识,司法必须提升应对能力。

第三节　京津冀雾霾治理区域合作机制法治化的完善

环境问题具有显著的外部性,环境利益具有明显的非竞争性和非排他性,二者均无法通过市场机制实现成本的科学分配和利益的合理分享,需借助于法律的强制性规则体系。雾霾防治本是环境治理问题,到如今转变为社会问题,进而上升成了法律问题。京津冀区域雾霾污染治理问题的解决,在充分发挥京津冀三个独立行政区域内部和相互之间政策协同的同时,更应重视和强化法治在区域合作中的地位和作用,唯有通过区域合作治理政策与法律的有效匹配,立法、执法、司法、守法的无缝对接、协同联动,方能达致京津冀区域雾霾污染治理的目标。

一、雾霾治理区域合作的立法保障

"有法可依"是开展雾霾污染协同治理的前提条件。综观世界上雾霾治理成功的国家(地区),都形成了完备的区域合作法制。如欧盟的 7 部《欧盟环境行动规划》、美国的《清洁空气法案》

等，全方位推动雾霾区域合作治理机制的运行。我国京津冀地区已经走在雾霾治理区域合作的协同立法的道路上，积极探索协同立法新模式。2015 年京津冀出台的《关于加强京津冀人大协同立法的若干意见》，强调三地政府法制部门及时沟通交流、人大定期召开联席会议。2017 年 3 月出台的《京津冀人大立法项目协同办法》，提出针对重点立法项目，在三地关联性较高的项目进行协同立法。2017 年 9 月，第四次京津冀协同立法工作会议通过《京津冀人大法制工作机构联系办法》，为雾霾治理区域合作协同立法开启新的篇章。根据京津冀雾霾治理区域合作的需要，立法保障应从如下几个方面进行。

（一）雾霾治理区域合作协同立法的模式探索

早期京津冀主要通过协商、召开联席会议、签订协议、实行立法信息共享等方式协同立法。但随着区域一体化的深入发展，现有的立法模式难以满足京津冀区域协同发展的法治需求。因此，需要立法机关突破现有的立法体例，开创新型区域协同立法模式。

由于京津冀三地都是省级类别的行政区划，目前我国还未形成统一的区域立法模式。当前学界和实务部门针对京津冀雾霾治理的区域协同立法模式选择，给出了以下三种模式：

模式一：在京津冀三地立法协同经过一段时间的探索，积累了一定的经验后，应向更紧密、更高阶段发展，即成立共同的立法机构进行区域共同立法，形成系统的区域法律协同体制和长效的保障机制。具体协作机构包括：联合成立地方立法机构——京津冀立法委员会，负责京津冀地方性法规制定；联合成立行政立法机构——京津冀行政委员会，负责三地行政规章的制定。上述机构制定的地方性法规、规章在京津冀区域内统一实施，各地方的法规、规章与区域法规、规章冲突的，服从区域法规、规章的效力。对于不成熟的事项，可以由京津冀行政委员会先制定行政规章，采取一些过渡性措施，经过实践检验成功后再由三地联合以地方性法规的形式确立。[1]

模式二：建立京津冀雾霾治理区域联合立法审议制度。该制度要求京津冀三地政府就京津冀雾霾防治立法事宜进行定期或不定期的审议与沟通，并制订一系列的治理计划和措施，具体的区域行政立法工作由一个或几个地方政府承担。

模式三：成立一个具有议事协调性质的京津冀协同立法委员会，由该机构来协调京津冀三地地方性法规、地方政府规章的冲突。该委员会由京津冀三地政府的相关负责人组成，不具有实体立法权，只是作为三地区域雾霾治理的协作机构。京津冀协同立法委员会的主要职能应包括：协同立法委员会应与国家立法机构保持密切联系，以推动改善协同发展的法制环境；协同立法委员会与区域内各个地方立法机构保持密切联系，促进京津冀法律的一体化。京津冀协同立法委员会可下设两个附属部门：一是京津冀立法咨询部，为地方立法提供专家意见；二是京津冀立法信息网站，发布协同立法委员会的各种信息。[2]

上述三种模式各有利弊，但仍需要针对京津冀三地的实际情况全面分析、论证。模式一，成立独立行使立法权的区域立法机构，有利于形成区域内统一立法、统一标准、统一执行，区域协同立法效果最佳，是最理想的状态。但此种模式对国家的行政区划、机构设置冲击最大，实施起来较为困难，短期内难以实现。模

---

〔1〕 参见崔英楠、王辉：《论京津冀协同立法的实现路径》，载《辽宁大学学报（哲学社会科学版）》2018 年第 4 期。

〔2〕 参见宣文俊：《关于长江三角洲地区经济发展中的法律问题思考》，载《社会科学》2005 年第 1 期。

式二操作简单，方便实施。《京津冀人大法制工作机构联系办法》中确立京津冀三地的协作立法机制就是采用的此种模式。但是其弊端也非常明显，容易使京津冀三地联席会议趋同于形式主义，地方在立法过程中，不可避免地偏向本地区的利益，无法兼顾三地的整体利益，不能彻底达到区域协作治理的效果。模式三在实践中使用最为广泛，操作最为简便易行。但模式三仅仅为京津冀三地提供一个法律协调、沟通的平台，协作模式松散，效果有限。据此，京津冀在当前应以模式二、模式三为手段，条件成熟时，最终实现模式一的统一区域协同立法。

（二）雾霾治理区域合作的法制体系完善

京津冀区域协同立法的法治体系完善包含法律文件的出台以及相关法律制度的制定。

1. 制定《京津冀协同发展促进法》。目前京津冀作为国家战略，主要法律文件依据是 2015 年 3 月实施的《京津冀协同发展规划纲要》。《京津冀协同发展规划纲要》属于政策性质的文件，在强化依法治国的今天，重大改革都必须于法有据，仅靠政策治理是不够的。因此，应将其转化为法律，使其具体化、规范化、条文化、定型化，由国家的强制力来保证实施，为京津冀的协同发展提供法制保障。[1] 在《京津冀协同发展促进法》的指引下，可先行探索《京津冀大气污染防治条例》《京津冀产业促进条例》等专项任务的立法，促进雾霾治理区域合作的法治化运行。

2. 出台地方条例，对公众参与进行制度保障。各地要充分发挥法律法规的引导、规制等功能，以法律法规具有的强制性、权威性来保障公民的合法权益。2015 年修订的《环境保护法》明确规

---

〔1〕 参见崔英楠、王辉：《论京津冀协同立法的实现路径》，载《辽宁大学学报（哲学社会科学版）》2018 年第 4 期。

定了公民有保护环境的权利与义务。从京津冀目前出台的法律法规内容来看,只有河北省出台了《河北省环境保护公众参与条例》,天津和北京没有相关条例出台。法律法规的不一致在很大程度上影响京津冀区域大气污染联防联控运行的实效,为保证公民能够充分地参与大气污染联防联控工作,北京和天津应尽快出台相适应的公民参与保障条例,规范公民参与程序及方式,保障公民参与治理大气污染的权利。

3. 雾霾治理区域合作法律制度的健全。法律制度是一套从组织到行为、从局部到整体、从静态到动态,用以降低交易成本,促进社会发展的规范系统。京津冀区域雾霾污染合作治理立法应包含五项基本制度:第一,综合决策制度。京津冀三地的雾霾区域合作治理的政府机构在作出有关环境方面决策时,不可盲目地为了区域协同而协同。要在保证区域可持续发展的同时,综合考虑区域的发展与环境保护进行科学决策。第二,优先保护制度。三地应对各地方的环境实际情况进行综合考察,以当地的实际情况为出发点,统筹协调政策目标。从长远利益出发,在实现保护生态环境的同时注重从根本上改善京津冀区域的产业结构。以具体的措施、机制落实环境优先保护制度。第三,排放权交易制度。以市场经济的思路来协助雾霾治理,因此,市场交易制度是雾霾污染制度立法中的重要组成部分。京津冀地区排放权交易要以京津冀区域重点排放污染物总量控制的范围为界限,通过实行对河北、天津、北京的重点污染物排放指标交易制度,实现节能减排。第四,协同减排制度。统筹考虑京津冀三地的生态环境承载能力以及各地方的具体环境状况,制定京津冀三地明确的减排目标与任务。协同减排不单纯是为了减少总量,而应实现对多种污染物的协同减排措施的统一,以提高区域内的环境空气质量。第五,监督考核制度。为使大气污染雾霾污染治理区域合作落到实处，京津冀应按照《大气污染防治行动计划实施情况考核办法（试行）》的规定，联合成立专门机构，定期对大气治理中包括产业结构调整优化、煤炭管理与油品供应、工业大气污染治理、城市扬尘污染控制、机动车污染防治、建筑节能与供热计量、大气环境管理等重要指标进行考核。考核结果向社会公开，通过对考核结果的奖惩激励，推动京津冀雾霾治理区域合作的责任承担。

二、雾霾治理区域合作的执法保障

（一）探索京津冀区域合作环境管理机构改革

雾霾污染严重的京津冀凭借其特殊的地理位置以及重要的战略地位，在借鉴国内外改革的基础上，完全可以先行先试，探索出大气环境区域合作机构的改革之路，为全国其他地方的改革提供示范。强有力的区域环境管理机构，将广泛凝聚社会力量，提升区域合作的执法力度。美国在雾霾治理方面取得成功，其区域环境管理机构的有效管理起到了巨大作用。美国把属地管理与协同管理结合起来，在联邦中央设立环境署，在各地方设立区域办公室。发生大气污染时，环境署发号施令，通过区域办公室分配任务指标，实现对大气环境的治理。当然，各州在自己的大区域范围内，也可以以此模式设立区域管理机构，如加利福尼亚州、宾夕法尼亚州等，都在州内设置跨区域的管理机构。

在国内，为了加强跨区域环境治理，减少环境部门履职中的地方干预，国家积极推进行政体制改革，探索地方环保机构垂直管理。2016 年中共中央办公厅、国务院办公厅印发了《关于省以下环保机构监测监察执法垂直管理制度改革的试点工作的指导意见》，京津冀地区据此也分别出台了《北京市生态环境机构监测监察执法垂直管理制度改革实施方案》《河北省环保机构监测监察执法垂直管理制度改革实施方案》《天津市环保机构监测监察执法垂直管理制度改革实施方案》。上述改革对解决京津冀各自区域内的横向合作效果明显,但对于三地之间的整体合作,缺乏指引。

在京津冀大区域环境管理机构的探索上,可以借鉴环境保护的区域督查中心的做法。目前生态环境部根据大气环境,设立了华北、华东、华南、西北、西南、东北督察局 6 个派出行政机构。借鉴这一思路,可尝试在京津冀区域设立生态环境部直属局或直接派出机构,实现京津冀跨区域的雾霾治理措施、政策以及目标上的协调一致。

(二)完善联席会议制度

联席会议制度是区域合作沟通、决策的重要渠道。2018 年修订的《大气污染防治法》中第 86 条明确规定:重点区域内有关省、自治区、直辖市人民政府应当确定牵头的地方人民政府,定期召开联席会议,按照统一规划、统一标准、统一监测、统一的防治措施的要求,开展大气污染联合防治,落实大气污染防治目标责任。经过探索,珠三角地区已经建立完善的区域合作联席会议制度。根据广东省 2010 年 2 月出台的《珠江三角洲区域大气污染防治联席会议议事规则》规定,联席会议以专题会议和年度会议的形式召开。年度会议必须达到 2/3 以上的人员出席才可以召开,专题会议对出席人数没有一定的限制。如果涉及非成员的利益,应当允许非成员单位或人员以成员的身份参与。联席会议的第一召集人和第二召集人分别为管理环境治理的副省长和广东省人民政府分管副秘书长和环保厅主要责任人。珠三角区域合作联席会议制度内容明确、具体,促进了区域合作的顺利推进。

需要注意的是,珠三角的区域合作主要是在省内进行,相对容易简单。对于京津冀而言，可根据涉及事项的关切、严重程度，确定临时会议的召集人。年会则由京津冀三地政府负责人或环境保护部门负责人或特别指定的负责人轮流召集和主持。联席会议设立常态化的沟通平台，确保信息及时反馈。具体联席会议议事规则可在京津冀三省（市）环保部门 2015 年 11 月 27 日首次召开“京津冀环境执法与环境应急联动工作机制联席会议”的基础上，对联席会议进行规范和完善。联席会议制度的高效召开，保证了联席会议议题的有效沟通，从而促进京津冀区域合作治理的顺利进行。

（三）健全重点时段、重点区域大气污染联防联控信息共享机制

及时、完整的信息共享，是实现京津冀区域对雾霾污染进行有效应急、预警的前提条件。京津冀雾霾污染的一个重要特征是季节性和区域性。京津冀区域的重污染事件多集中在秋冬季节，重点区域是石家庄、保定、唐山、北京等地区。因此，三地在建立空气质量预报信息共享机制的基础上，应进一步完善空气重污染预警会商、应急联动机制。尤其是针对重点时期、重点区域的雾霾污染，通过统一规划，以网格化方式对各种雾霾信息进行全面监测。京津冀 PM2.5 的形成以及成分十分复杂，原因特殊，应加快建立多污染物、多污染源协同监测预警体系，提高对 PM2.5 及其相关污染物数据的综合分析能力。通过大量的监测数据研究，并借助模型计算实现多污染物的协同监测，对各类污染源提出具体的控制方案。

为便于操作执行，京津冀地区应充分利用现代化的科技手段，依托各地区已有的信息网络系统，建设京津冀及周边地区大气污染防治联防联控信息共享平台，为全国其他区域提供示范。将京津冀区域内各地区的雾霾污染防治工作信息、管理经验、科

研成果、执法情况、预警预报情况等信息综合到平台上，实现信息共享。[1] 通过雾霾信息的共享，京津冀可对空气质量变化趋势、重污染天气预报预警等进行会商、研判，从而针对重点时段、重点区域大气污染联防联控采取及时、高效、科学的应急措施。

（四）确立大气污染治理责任的区域分担

京津冀大气治理的责任需要共同负担，遵守“责任共担、明确划分、成本分担”基本原则。在此原则下，京津冀地区根据自己的发展类型、大气治理的能力、专长等实际情况的不同，分担责任的具体比例和方式有所差异，即“共同而有区别的责任分担”。因此，首先必须通过科学、合理的评估，确定京津冀三地在大气治理中的具体责任，列出责任清单，确定治理目标，并将责任落实到人、落实到事。如京津冀雾霾治理的重要举措是淘汰落后产能，这一重要任务主要将由河北省完成。在河北省承担这一重任的同时，北京和天津则必须在经济补偿、工人失业安置等方面承担一定的责任，共同实现区域产业升级转型的目标。其次，建立区域责任协调谈判机制。“责任共担、明确划分、成本分担”基本原则必须结合各区域的实际情况，动态发展，适时进行调整。所以，需要建立起区域间政府谈判机制。通过谈判，统筹协商防治区域内存在的差异，充分考虑各主体的利益诉求，实现在大气污染防治联防联控整体目标上达成一致。[2] 京津冀区域责任的划分，必须建立在科学的利益评估机制基础上，确保雾霾治理的区域利益均衡。实际上，雾霾治理区域合作的关系，主要是利益关系。只

[1] 参见李云燕、王立华、马靖宇等：《京津冀地区大气污染联防联控协同机制研究》，载《环境保护》2017 年第 18 期。

[2] 参见王喆、周凌一：《京津冀生态环境协同治理研究——基于体制机制视角探讨》，载《经济与管理研究》2015 年第 7 期。

有建立在利益均衡基础上，形成公平合理的责任分担，京津冀地区才能走向积极的雾霾治理区域合作之路。

（五）保障公众参与雾霾治理

饱受雾霾困扰，京津冀地区民众对雾霾治理有着强烈的需求和积极参与的态度。公众参与是大气治污"第一原动力"，京津冀民众参与雾霾治理的决心和态度要转化为实际的行动，需要政府的支持与保障。如何保障公众的参与？政府可以从以下三方面来加强：(1)调动公民参与大气环境治理的积极性，引导公众参与大气污染防治。通过学校教育、媒体宣传、主题活动、守法奖励等多种形式，培养民众参与雾霾治理的意愿和能力。北京作为教育最发达的区域，可通过改革，将生态道德、环保知识、能源知识等纳入国民教育体系，贯穿到课程建设、课堂改革、课外活动、考试考核等全过程。三地在原有的具有广泛影响力的品牌活动基础上，如北京的"绿色驾驶"、天津的"我是环保小局长"，以京津冀区域为平台，创建京津冀区域内一体化的专属品牌活动，形成区域内民众积极主动参与雾霾治理的良好风尚。(2)将公民对空气质量满意度调查，纳入环境空气质量评估体系。当前京津冀区域的空气质量评估的指标，不包含公众直接感受。由此常常会出现官方公布的空气质量数值与公众的体感存在差异。这种差异影响了监测结果的权威性、实用性。因此，应完善空气质量评估指标体系，通过选取一定数量的公民代表，进行空气质量满意度调查，数据经过科学分析后，纳入大气质量评估体系。(3)在信息公开的基础上，形成公众参与大气治理的常规化、制度化、理性化。河北省率先在全国出台了《河北省环境保护公众参与条例》，以此为契机，京津冀三地政府应在民众获取环境信息、参与环境决策、监督环境执法、支持公益诉讼、促进环境法律法规实施等方面，切实做好保障工作，鼓励和支持公众积极参与大气治理。

三、雾霾治理区域合作的司法保障

环境司法是对于环境相关的司法活动的称谓，是司法功能在环境保护方面的体现和运用。环境司法作为国家司法活动的一个特殊类别，就是指享有司法权的国家审判机关根据环境法律处理环境案件，解决环境纠纷的专门活动。环境司法具有一般司法的共性。从司法权的专属性上看，环境司法是享有司法权的国家机关及其司法人员依据法定职权和程序，运用《环境保护法》审理环境案件的专门活动。程序性是司法最重要的、最显著的特点之一，环境司法也一样是司法机关严格依照法定程序和职权所进行的专门活动。目前我国环境司法活动依据的法定程序主要有刑事诉讼程序，民事诉讼程序和行政诉讼程序三类，这些程序规则是保证司法公正、公平的重要条件。环境司法具有裁决的权威性，环境司法是司法机关以国家名义运用法律与案件的专门活动，因此，其所作出的裁决是具有法律效力的。裁决具有很大的权威性和强制性，任何组织和个人都必须执行。环境司法还具有专门性。所谓环境司法专门性，就是指国家或地方设置专门的审判机关和现有的人民法院，在其内部设置专门的审判机构或组织，对环境案件进行专项审理。从这个意义上来说，环境专门化亦可称环境案件审判专门化。环境司法专门化是司法专门化题中应有之义。司法活动专门化是一个历史演进的过程，是与社会劳动分工，社会生活复杂化趋势密切相关的，从国内外历史经验来看，随着社会分工，特别是市场经济条件下的高度社会分工的发展，法律机构会发生一个趋势性变化即法律专门化。法律专门化至少有三方面的含义：首先是指从事法律事务人员的专门化；其次是指法律机构设置的专门化；最后是表现为相对独立的法律机构运作。

（一）完善环境资源法庭的设置

建立维护环境权益的专门司法途径，首先就是设立环境法庭或环境法院。目前，在环境司法审判专门化模式选择上，国际上有两种较为通行的做法：一种是设立专门的环境法院，该方面以澳大利亚新南威尔士土地和环境法院为其典型。另一种是在普通法院内部设立环境法庭。例如，瑞典在 1969 年出台第一部环境法后，随即成立了环境法庭，随后在五个区域设立了环保法庭，同时还设立了国家环保最高法庭，专门审理环境案件，并鼓励公众参与和环境保护。我国目前试点的做法是在中级和基层两级法院设置环境法庭。除此之外，还可以考虑根据实际需要设立专门的环境法院。尽管《人民法院组织法》没有明确提及“环境法院”，但从我国专门法院发展演变的历史看，现行法律为环境法院的设立预留了制度空间。当前，根据京津冀地区的具体情况，可考虑针对一些比较突出的区域性环境问题或流域性问题，尝试设立一些专门的环境法院，不受行政区划的限制，集中受理一些跨区域或流域的环境案件。同时，在专门环境法院设立前，通过指定管辖、协商管辖等规则，协调解决环境纠纷案件的管辖权冲突。

（二）设立环境案件审判特别程序

如前所述，京津冀地区环境审判并未建立自己独特的审判程序，主要是依托民事审判程序、刑事审判程序、行政审判程序单独进行。[1] 京津冀地区可结合本地环境案件的审判，在现有诉讼程序基础上，探索试点设立环境案件审判特别程序。在特别程序中，完善和优化审前调解。在环境案件的审理过程中，广泛采用

---

〔1〕 参见侯芳：《论中国环境资源审判庭的组建》，载《中国环境管理干部学院学报》2017 年第 2 期。

调解等非诉讼纠纷解决机制,可以使诉讼双方当事人缩小争议范围,避免案件审理过程中出现不必要的争讼,提高案件的审结率。基于此,在审理环境民事案件时,环境法庭可以先予实行调解机制处理环境纠纷。同时,实现“多审合一”,将环境案件与资源保护的民事与行政、民事与刑事以及行政与刑事有交集的案件进行一并审理。

第三章　长三角雾霾治理区域合作机制法治化考察

长江三角洲（以下简称长三角）地区，其中包括上海市、浙江省、江苏省和安徽省部分县市。作为中国第一大经济区，近年长三角地区霾污染事件频发，空气污染严重。该地区是我国经济发展的重要引擎，同时也是雾霾污染的重灾区。根据生态环境部在2013年提出的全国城市空气质量达标时间表，长三角地区2030年所有城市要达到国家标准（PM2.5年均浓度35μg/m^3）。为实现这一目标，长三角地区也制定了中长期发展规划，并在区域合作法治治理方面进行了卓有成效的探索，形成一些值得全国推广的经验。

第一节　长三角雾霾治理区域合作法治化现状

一、雾霾污染的现状

（一）雾霾污染的区域广、污染程度高

实际上，自21世纪初，长三角地区的空气质量随着区域经济

的快速发展已呈逐年下降趋势。数据监测显示,2002 年长三角已经出现雾霾。但 2011 年以前,雾霾对人们来说,依旧是个陌生的事物。直至 2013 年 12 月初以来,我国暴发大面积的雾霾重污染事件,其中长三角地区的雾霾影响程度最为严重。在上海、杭州等城市,PM2.5 瞬时浓度值高达 $900\mu g/m^3$,是有 PM2.5 记录以来最为严重的雾霾天气。南京于当年 12 月 4 日下午 5 时发布了首个大气污染红色预警,历时 120 小时,直至 10 日预警结束。在本次雾霾中,区域内几乎所有的高速公路处于封闭或管制状态,机场大量航班延误或取消,呼吸系统发病率上升,学校停课等,给民众的健康、生产和生活带来严重的影响。自此,雾霾正式宣告进入长三角区域,成为难以攻克的“城市病”,长期相伴当地百姓的生产生活。随着极端天气的出现,雾霾也会借此机会,再次肆虐。雾霾污染已成为影响长三角发展的挥之不去的阴影。但从整体上来看,长三角地区因为滨海的地理优势,雾霾污染没有京津冀地区严重。

(二)雾霾污染呈现明显的空间溢出性

长三角社会发展的一个重要特色即为城市群发展。根据国务院 2016 年 5 月批准的《长江三角洲城市群发展规划》,长三角城市群包括:上海、南京、无锡、苏州、杭州、宁波、合肥、芜湖等 26 个城市。这也造就了长三角区域内雾霾污染的城市间传播与波动。采用地理距离权重矩阵、经济距离权重矩阵、地理经济距离权重矩阵、地理与经济距离的嵌套权重矩阵 4 种空间权重矩阵,利用探索性空间数据分析(ESDA)方法,[1]学者们对长三角雾霾污染的空间溢出效应进行了实证研究,得出的结论是:长三角的

[1] 参见邵帅、李欣、曹建华等:《中国雾霾污染治理的经济政策选择——基于空间溢出效应的视角》,载《经济研究》2016 年第 9 期。

主要城市 PM2.5 指数均表明长三角城市雾霾污染具有持续性，并且雾霾波动有较强的聚类性。例如，上海与周边城市的雾霾风险溢出效应随着置信水平高低的变化而改变，在置信度为 80% 时，上海市对其他城市产生了雾霾风险溢出，而其他城市未对上海市产生溢出效应；当置信度提高为 90% 时，周边城市对上海市的重雾霾污染溢出效应增强。[1] 这一污染特性要求雾霾治理必须考虑城市间的联防联控。

（三）雾霾污染区域差异

长三角城市群的经济发展水平、人口密度、对外开放程度、信息化水平、能源消耗水平等要素都存在较大差异，因而决定了区域内雾霾污染的差异性。长三角城市群 26 个城市雾霾污染情况具体数据如表 3－1 所示[2]：

表 3－1　2006～2011 年长三角城市群各城市年均 PM2.5 浓度

单位：$\mu g/m^3$

城市	2006 年	2007 年	2008 年	2009 年	2010 年	2011 年
上海	52.07	56.95	56.78	58.01	51.61	49.96
南京	56.24	61.14	63.16	60.69	55.76	57.57
无锡	62.28	66.33	64.45	63.19	55.69	59.19
常州	59.05	63.54	63.05	62.42	55.46	59.08
苏州	61.44	66.37	63.72	62.82	56.88	58.38
南通	63.39	58.52	55.53	59.82	56.47	57.43

〔1〕 参见王春梅、叶春明：《长三角地区重雾霾污染的溢出效应》，载《城市环境与城市生态》2016 年第 4 期。

〔2〕 参见肖磊、陆亚楠：《长三角城市群雾霾污染的区域差异和收敛性分析》，载《中南财经政法大学研究生学报》2019 年第 5 期。

续表

城市	2006 年	2007 年	2008 年	2009 年	2010 年	2011 年
盐城	61.29	53.13	53.23	55.87	59.27	56.12
扬州	63.19	60.45	61.17	62.17	62.26	60.17
镇江	61.12	62.77	63.69	63.49	58.48	62.17
泰州	66.46	62.21	61.93	64.43	63.39	62.22
杭州	35.37	43.09	42.10	36.32	35.13	34.90
宁波	32.68	35.95	38.84	34.31	35.16	31.66
嘉兴	51.24	61.15	60.12	56.04	50.95	51.96
湖州	45.73	56.34	54.33	48.94	43.83	47.50
绍兴	36.03	41.67	42.16	35.98	36.39	34.30
金华	32.90	35.54	36.92	30.89	32.74	29.45

从表 3－1 的数据可知，其中 PM2.5 浓度年均值排名前十的城市中有 7 个属于江苏省，3 个属于安徽省；排名后十位的城市中有 7 个城市属于浙江省，3 个属于安徽省；上海 PM2.5 浓度年均值居中。基本可以得出结论，江苏由于工业经济发达，污染较为严重，尤其是泰州、无锡、苏州、镇江等工业城市。浙江其次，上海最为平缓。雾霾污染的地区有差异要求各地雾霾治理时应当因地制宜地制定雾霾污染的防控政策，避免“一刀切”。

（四）部分城市短期雾霾治理效果明显

自 2013 年之后，长三角区域加大雾霾治理力度，纷纷出台系列治理手段和措施。从整体来看，区域内雾霾呈平稳下降态势，尤其是在天气条件较好的年份，如 2017 年，空气质量得到明显改善。具体数据如图 3－1 所示：

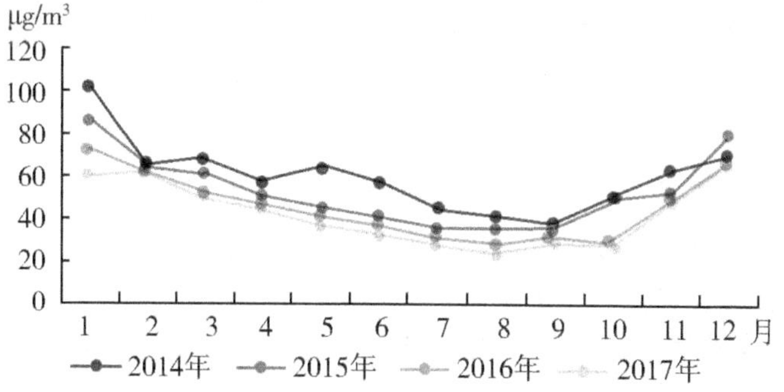

图3－1　长三角地区的年平均、月PM2.5平均浓度趋势

资料来源：范丹、梁佩凤、王维国：《2017年我国雾霾污染空间效应及未来治理策略分析》，载《科技促进发展》2017年第11期。

其中，部分城市在雾霾治理上力求突破，短期效果明显。以杭州为例，杭州以互联网经济为突破口，寻求产业转型。杭州在2016年承办G20峰会期间，痛下决心，进行环境治理，终于换来久违的蓝天。其他城市受制于经济发展、能源结构等因素，雾霾治理未能获得突破，甚至在个别年份，雾霾报复性反弹。整体上来看，浙江省与上海市雾霾污染有所缓解，江苏省依旧严重。

二、雾霾污染的成因

长三角雾霾污染的成因与京津冀不同，主要体现在人口构成、消费方式、气候因素、经济结构、能源机构等方面。

（一）人口与消费因素

人为因素，包括与人类活动密切相关的人类活动排放、机动车尾气、城市化建设、工业废气、扬尘等，是产生雾霾的重要来源。因此，许多学者将城市人口作为分析雾霾问题的重要变量，人口规模更是变量中的代表性指标。当前长三角区域面积占全国的2%，但是人口约占全国10%，GDP占全国20%。毫无疑问，长三角地区是我国经济活力最强、城市化发展最快、人口最集中的区域,改革开放和现代化建设始终走在全国前列。但是,长三角地区发展经济也付出了环境污染的巨大代价。目前,长三角的主要污染物排放量占全国10%以上,远远超过了区域生态承载能力,因为生态压力大,雾霾污染一触即发。

长三角人口发展对雾霾污染的门槛效应已经得到研究证实。学者们以2006年至2016年长三角地区26个地级市数据为样本,选择人口规模、人口质量、人口结构三个维度以及城市化率、产业结构、城市人均能源消费三个代表性变量,考察人口发展对雾霾污染的影响。结论显示:长三角地区人口发展因子对雾霾存在异质性影响,表现在规模因子、结构因子对雾霾排放具有促进效应,质量因子对雾霾污染存在抑制效应;人口发展因子对雾霾的影响在跨越门槛前后,城市化率对雾霾污染的效应由正转负,而能源消费和产业结构对雾霾始终具有正效应;人口发展代表性变量的交叉项对雾霾存在显著影响,表现在城市化与能源消费的交互项增加了雾霾污染,城市化与产业结构、产业结构与能源消费的交互项则抑制了雾霾排放。[1] 上述研究要求,长三角在进行雾霾治理时,必须对城市化、人口发展适当作出安排。

(二)自然气候因素

从雾霾组成上看,北京雾霾中细颗粒物中天然尘埃所占比重约30%,主要成分是吸水性较差的铝硅酸盐。长三角地区的雾霾中,主要成分是有机酸盐、硫酸盐、硝酸盐,其中铵盐等吸水性很强,这类粒子吸水后会急速膨胀。以硫酸氢铵为例,在相对湿度从91%增加到92%的时候,体积却可以增大8倍。长三角区域湿度较大,加速了雾霾的形成。加之南方长时间的"静稳天气"和"辐

---

〔1〕 参见王素凤、焦建玲、葛士建:《长三角人口发展对雾霾污染的门槛效应》,载《系统工程》2019年第4期。

射逆温”，不利于大气污染物的快速扩散，如果在没有强风雨天气，南方地区重霾天经常长时间持续。比如 2018 年 11 月长三角地区开始的雾霾，从 11 月 26 日至 30 日，持续一周的时间，久久无法扩散。此外，长三角属于相对比较开阔的平原地带，周围缺乏山脉阻挡，如果北方其他区域发生雾霾，雾霾便长驱直入，与长三角地区的湿度和“静稳天气”“辐射逆温”相遇，形成聚集性雾霾。

（三）经济结构

在长三角地区，从南京到上海沿长江的城市经济带，在每次雾霾污染的时候与污染带高度重合。而这一区域，恰是长三角经济最发达的区域。显然，工业化和城市化是雾霾污染的重要原因。对这一区域的经济结构进行分析，发现近几年该区域工业规模增速较快，尤其是江苏的工业化规模增速最快，其次是浙江、上海。而工业品种主要包含水泥、钢材、化学纤维，而这些都是高致污工业。此外，长三角区域重工业规模不断增加，从 2005 年至 2013 年统计的数据来看，长三角重工业总产值占工业的比重也增加了 6% 以上，重工业总产值规模增长了 3 倍多。[1] 重工业大都属于能源高耗型。经济增长对能源耗费高的重工业依赖，由此形成了经济结构对雾霾污染的锁定效应。

（四）能源结构

工业化、城市化的发展需要充足的能源支撑。目前，长三角区域能源消费总量占全国的 17%。从长三角的能源结构来看，主要以煤炭为主，清洁能源所占的比重非常小。以 2013 年的煤炭消耗为例，江苏消费了超过 3 亿吨标准煤，占能源消费总量比为

---

〔1〕 参见刘召峰：《长江三角洲区域雾霾协同治理面临问题及对策》，载《绿色科技》2016 年第 12 期。

69.1%;浙江消费了1.88亿吨标准煤,占能源消费总量比为56.8%;上海消费了1.17亿吨标准煤,占能源消费总量比为38.7%。近几年,能源消耗的总量在增加,但煤炭的占比逐年下降。雾霾中PM2.5等污染物浓度的高低,直接与火电厂、燃煤机组的分布相关。目前苏州、无锡、杭州、嘉兴、绍兴、徐州等城市拥有火电厂超过200多家。有学者研究后直接指出,煤炭消耗过多是长三角地区雾霾污染的主因。[1] 显然,长三角地区的雾霾治理,能源的升级是一个关键举措。

三、雾霾治理区域合作的法治保障

(一)上海市的法治保障

上海市在雾霾法治治理上的特色是强调整体规划。为实现国务院颁布的《大气污染防治行动计划》的雾霾防治目标,上海市2013年10月发布《上海市清洁空气行动计划(2013—2017年)》,制定第一个五年规划。2014年7月颁布《上海市大气污染防治条例》。2015年12月,上海市开始试点启动挥发性有机物(VOCs)排污收费,上海市发展改革委、上海市环保局、上海市财政局联合制定了《上海市挥发性有机物排污收费试点实施办法》。2016年10月,《上海市环境保护和生态建设"十三五"规划》出台。为持续改善本市环境空气质量,降低大气PM2.5浓度,上海市人民政府2018年发布《上海市清洁空气行动计划(2018—2022年)》。按照该计划,到2020年,空气质量优良率(AQI)达到80%,基本消除重污染天气,PM2.5年均浓度力争达到37$\mu g/m^3$以下;到2022年,AQI进一步提升,PM2.5年均浓度力争达到35$\mu g/m^3$

[1] 参见石建磊:《煤炭消耗过多成主因　长三角治霾亟待区域联防》,载《能源研究与利用》2014年第2期。

以下。

(二)浙江省的法治保障

浙江省在雾霾法治治理上的特色是注重专项治理。2013 年 12 月,浙江通过《浙江省大气污染防治行动计划(2013—2017 年)》,开启雾霾法治治理的第一个五年计划。2014 年,浙江省通过网络调查,将雾霾治理列入民生之首,在以后每年的政府工作报告中,给予特别关注。针对公共机构的节能治理,2014 年 1 月实施了《浙江省实施〈公共机构节能条例〉办法》。针对机动车排放的大气污染治理,2014 年 3 月,浙江省实施《浙江省机动车排气污染防治条例》。省内各城市充分利用地方立法权,进行雾霾法治治理。如杭州市先后颁布了《杭州市"清洁排放区"建设暨大气污染防治 2018 年实施计划》《杭州市治污水暨水污染防治行动 2018 年实施计划》《杭州市土壤污染防治 2018 年实施计划》等规范性文件。2019 年 6 月,浙江省发布了《关于执行国家排放标准大气污染物特别排放限值的通告》,全面实施国家大气污染物特别排放限值,执行范围由原来的环杭州湾 5 市扩展到全省,涵盖 28 项标准规定。可见,浙江在雾霾治理上,全省上下高度重视,将雾霾治理贯彻到各项工作中,且逐见成效。

(三)江苏省的法治保障

江苏省作为雾霾污染最严重的省份,在雾霾的法治上,注重多措并举。为加快推进江苏省大气污染防治工作,根据国务院《大气污染防治行动计划》,2014 年 1 月,江苏省通过《江苏省大气污染防治行动计划实施方案》。随着雾霾治理法治经验的积累,2015 年 2 月,通过《江苏省大气污染防治条例》。依据条例,江苏省严格排查省内的污染企业,帮助企业升级转型、节能减排。自 2015 年起,江苏省着手探索、制定包含家具、生物制药、表面涂装、铅蓄电池、工业炉窑、汽车维修、化学工业等多领域的地方环境保护标准,并颁布一系列的规范性文件。为贯彻落实党的十九大精神,坚决打赢蓝天保卫战,推动空气质量持续改善,经江苏省人民政府批准,决定自2018年7月20日起,全省全面执行大气污染物特别排放限值。2020年4月,为响应《长江三角洲区域一体化发展规划纲要》的国家战略,江苏省政府发布了《〈长江三角洲区域一体化发展规划纲要〉江苏实施方案》,明确了江苏省在长三角地区一体化建设中生态环境的阶段目标和具体指标。

(四)长三角区域合作的法治保障

长三角区域2008年共同签订《长江三角洲地区环境保护工作合作协议(2009—2010年)》,提出加强区域大气污染控制,完善区域环境信息共享与发布制度,健全区域环境监管与应急联动机制。2010年国务院办公厅转发《关于推进大气污染联防联控工作改善区域空气质量的指导意见》,将京津冀、长三角和珠三角划定为大气污染联防联控重点区域。2013年国务院印发的《大气污染防治行动计划》,确立了"建立京津冀、长三角区域大气污染防治协作机制",明确了长三角区域细颗粒物浓度到2017年下降20%左右的目标。

2014年1月,浙江与上海、安徽、江苏四省市会同国家八部委组成的长三角区域大气污染防治协作机制,并在上海召开第一次工作会议。第一次会议明确了统筹协调、责任共担、信息共享、联防联控的协作原则,并将安徽省吸纳为成员。会议通过了《长三角区域大气污染防治协作2014年工作重点》《长三角区域落实大气污染防治行动计划实施细则》,将控制煤炭消费总量、防治机动车船污染、加强产业结构调整、强化污染协同减排等十大工作作为重点。同年底,召开第二次会议,会议在总结2014年工作的基础上,形成了《长三角区域大气污染防治协作 2015 年重点工作建议》。2015 年 12 月 2 日,长三角区域大气污染防治协作机制第三次工作会议在合肥召开,会议审议通过《长三角区域大气污染防治协作 2016 年工作重点》等协作文件。2016 年 12 月 7 日,长三角区域大气污染防治协作小组第四次工作会议在杭州召开,本次会议的重点是水污染防治,会议审议通过了《长三角区域水污染防治协作 2017 年工作重点》和《长三角区域大气污染防治协作 2017 年工作重点》。2018 年 1 月 13 日,在苏州召开第五次会议,审议通过《长三角区域水污染防治协作实施方案(2018—2020 年)》《长三角区域水污染防治协作 2018 年工作重点》《长三角区域空气质量改善深化治理方案(2017—2020 年)》《长三角区域大气污染防治协作 2018 年工作重点》。同年 6 月,在上海召开第六次会议,会议讨论了《中国国际进口博览会长三角区域协作环境空气质量保障方案》。根据水域污染治理工作的需要,四个月以后,在上海召开第七次会议。本次会议总结重点协作任务的进展和成效,部署重污染天气应急联动和区域秋冬季大气污染综合治理攻坚行动等工作,审议通过《长三角区域大气污染防治协作小组工作章程(修订草案)》和《长三角区域水污染防治协作小组工作章程(修订草案)》等文件。2019 年 5 月 23 日,第八次工作会议在安徽芜湖召开,会议审议通过《长三角区域港口货运和集装箱转运专项治理(含岸电使用)实施方案》《长三角区域柴油货车污染协同治理行动方案(2018—2020 年)》。长三角区域大气污染防治协作机制富有成效的运作,使长三角区域雾霾治理得以整体推进。

2018 年 11 月 5 日,习近平总书记在首届进博会上宣布,将支持长江三角洲区域一体化发展并上升为国家战略。2019 年 5 月 13 日,习近平总书记主持召开中央政治局会议,审议了《长江三角洲区域一体化发展规划纲要》。在长江三角洲区域一体化国际战略发展的背景下,雾霾法治治理的区域合作将会获得更有成效的发展。

第二节 长三角雾霾治理区域合作法治化存在的问题

长三角对雾霾的法治治理虽然在某些方面走在全国前沿,形成可供推广的经验,比如长三角区域大气污染防治协作机制的运作。但纵观全局,其雾霾法治治理区域合作机制上仍面临诸多困境,主要表现在立法、执法、司法三个方面。

一、雾霾治理区域合作立法中的问题

虽然在国家的高度关注下,借助长三角区域大气污染防治协作机制的运作,长三角相比其他区域,颁布了更多的规范性法律文件。但从规范性文件本身的形式、运作效果来看,区域合作法治从形式到内容,都存在不足之处:

(一)制度可操作性有待加强

综观长三角区域合作法律文件,其多以框架协议、大纲、规划等形式出现,内容多为提倡、建议、倡导。立法的这一选择是因深知雾霾治理的复杂性和区域合作的困难性,故而只能总原则性、抽象性地表达,然后将具体措施、路径交由区域内的主体根据情况进行探讨。但实际上,区域内各主体、部门、产业之间,基于不同的利益考虑,在法律制度的细化方面,似乎也无能为力。由此使长三角区域内雾霾法治治理的区域合作机制仍然停留在一个无具体规则依据,遇到污染事件必须继续依靠临时请示、协商、会

议研讨的方式解决的老路子。

以长三角雾霾法治治理的组织机构为例,2014 年设立的大气污染防治工作小组将办事机构设在上海环保局,工作方式是根据工作需要,按照《长三角区域大气污染防治协作小组办公室运行机制》,定期或不定期召开会议。三省一市建立了统筹管理大气污染问题的区域监督管理办公室,并下设区域环境质量预测预报中心、区域大气科学中心、区域协作小组办公室。同时,设立长三角区域大气污染防治协作小组办公室,其主要职责是会议协商、研究评估等。此外,依托“一个区域中心 + 四个分中心”,设立长三角区域空气质量预测预报中心。工作小组的基本组织架构如图 3 – 2 所示:

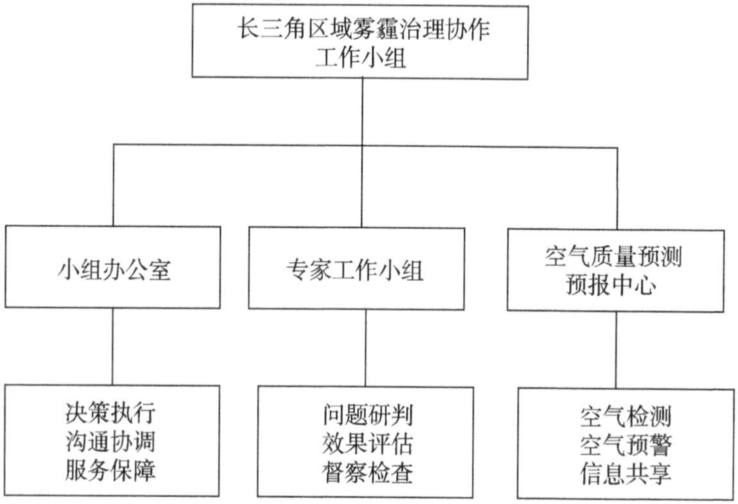

图 3 – 2 长三角大气污染防治工作小组组织结构

从实际的运作来看,长三角大气污染防治工作小组并不是一个实权部门,而是一个协调机构。雾霾治理涉及的各个区域的环保、能源、发改委、交通等多个部门主体,势必会产生职能交叉、重叠问题。由于法律并没有明确长三角大气污染防治工作小组的具体职权,使该机构在工作中长期因身份特殊、职权有限而无法施展拳脚,加之机构本身内部的人员、经费、沟通机制处于不稳定状态,由此使区域协调的效能大打折扣。

(二)缺乏利益平衡机制

雾霾治理直接面对的是处理发展经济和环境保护的矛盾。而长三角区域同样也存在明显的区域经济发展不平衡问题和环境保护能力、需求的差异问题。通过查询前瞻数据库的统计结果,显示 2014 ~ 2019 年长三角区域内的 GDP 发展存在较大差异(见图 3 - 3)。

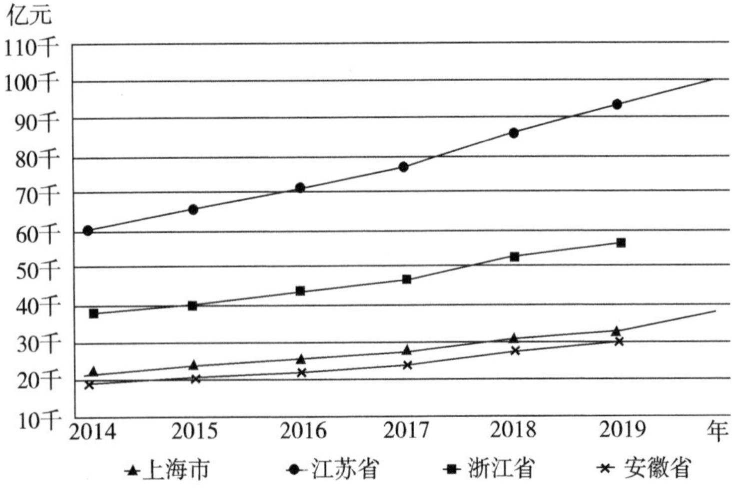

图 3 - 3　2014 ~ 2019 年长三角区域 GDP 总量统计总体趋势

同一省内,经济发展程度也存在较大差异。以江苏为例,苏南地区人均 GDP 是苏北地区的 2 ~ 3 倍,工业发展程度高。三省一市除了在经济总量上存在差异外,经济机构、发展线路也不同。例如,安徽工业化程度不如上海、浙江,对煤炭、石油等能源依赖强，雾霾治理的阻力也越大。

经济越发达的地区，越希望通过环境保护来实现产业结构调整，环境保护的积极性也就越高，投入的环境保护支出也就越多。反之，经济相对落后的地方，为了确保经济的发展，希望通过降低环境保护标准来吸引低端经济的投资，自然环境保护的积极性不高，在环境保护上的投入较低。长三角区域 2008 ~ 2019 年环境保护开支如图 3 - 4 所示，投入逐年增长，但投入总量显然与经济发展程度密切相关。

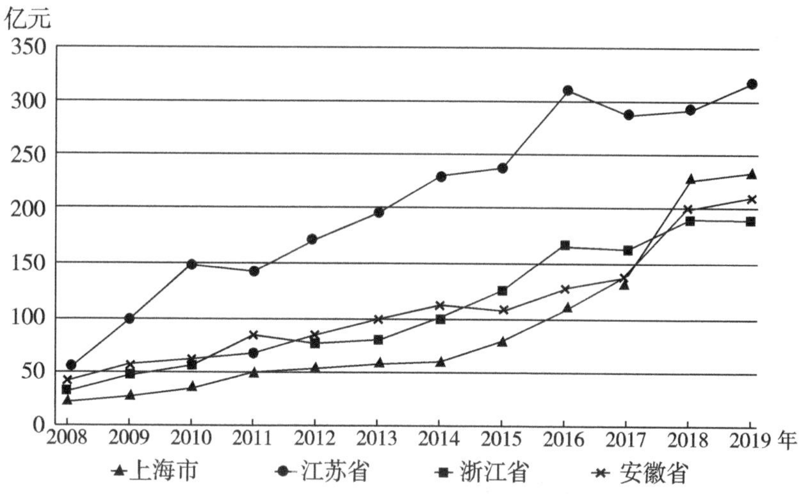

图 3 - 4　2008 ~ 2019 年长三角区域环境保护支出总体趋势

区域经济发展的差异意味着在区域雾霾联防联控治理中各个主体付出的代价和成本不同，因此，必须建立保障区域内各方利益平衡的补偿制度，以打消各区域主体利益损失的顾虑，确保雾霾治理的一致性、整体性。遗憾的是长三角尚未建立完整的利益平衡机制。建立在“损益者受偿、受益者补偿”基础上的利益平衡机制，可保障区域内横向合作利益协调。长三角地区政府应根据各区域损益、受益程度，通过协商一致，建立雾霾治理相应的补偿机制。

(三)法律刚性不足，缺乏足够约束力

长三角雾霾法治治理区域合作法律文件仅约束内部成员，由于缺乏相应的监督机制、约束机制，其履行与否完全依赖成员的自觉性和克制力。当雾霾严重或举办大型活动时或国家专线检查时，各地区多数"受迫"于现实与国家强制规定遵守协议。而一旦空气质量取得阶段性好转后，地方政府很可能会重视眼前短期利益而违反协议。此情况亦在长三角地区"复制"，而整个制度也可能随着不成熟的做法而崩塌。[1]

导致雾霾区域合作法治刚性不足的重要原因是监督机制、约束机制的缺失。无严格的监督机制、约束机制作为保障的法治，只是形式上的法治，并不能真正发挥法治的实质作用。综观所有区域内雾霾治理区域合作法治，在法律实施的监督、责任、后果等方面，通常做了虚化的处理。一些法律文件最后不了了之，很大程度上源于监督机制、约束机制的缺失。

二、雾霾治理区域合作执法中的问题

(一)区域合作内驱力不足

雾霾治理要真正实现区域合作，必须源于各主体内在的需求与动力，而不是被动甚至敷衍的应付。虽然自2013年以来，几次严重的雾霾已经让长三角深受其扰，地方政府也痛下决心，积极进行雾霾治理。但实际上，各级政府要面临的首要任务依然是发展经济，考察地方领导政绩的重要指标依旧是GDP。当经济发展

---

〔1〕 参见余懿臻：《雾霾联防联控机制的完善——以长三角为例》，载《中国环境管理干部学院学报》2017年第1期。

与环境保护发生冲突时，地方政府通常经过权衡利弊后，最终选择保全经济。尤其是当本地经济发展和其他区域主体的环保要求发生冲突时，协作便显得尤为困难。因此，近几年，区域内亦不断发生跨域污染事件，如2013年的黄浦江死猪漂流事件。案件基本事实如下：2013年10月，在上海市饮用水取水水源所在的黄浦江上游，发现了13000多头死猪，其中部分死猪身上检测出猪圆环病毒。经调查，大部分死猪来自生猪养殖密集的浙江嘉兴地区。剖析上述事件的根源，相关行政机关无区域合作意识、区域合作缺乏统一监管等，都是重要原因。

（二）合作机制松散

在行政级别上基本平行并列的三省一市，因为地理位置的比邻，在雾霾治理上被捆绑。虽然在中央的指导下，通过协商，达成一系列合作方案，并成立相关机构。但相对固定、封闭、条块化的行政管理体制，以及平级政府之间对于重大利益难以有效沟通的特质，使长三角雾霾法治治理的区域合作机制在实际执行中困难重重。加之合作协议内容空洞、约束力弱，成立的合作机构缺乏行政执法权，组织机构设置简单，管理松散，因而区域合作机制的有效性、权威性招致公众质疑。

行政壁垒、地方利益博弈，是导致合作机制松散的重要原因。以区域内各地方政府的主体功能区划定为例，三省一市缺乏整体的规划，而更多的是基于本省（市）的实际情况的考量。因此，各功能区招商引资、市场准入的门口高低不同。一些严格执行大气保护协议的地区制定了较高的标准，淘汰了部分低能高耗产业。但是在另外的区域，这些产业却被其他优惠引进。而大气污染的跨域性、外溢性与地方标准的差异性形成鲜明对比，直接影响地方政府执行大气污染防治协议的积极性。此外，区域内的合作，很多时候靠的是领导的重视，缺乏长效机制。松散型的合作缺乏有力的财政保障和组织支持，致使重大环境决策很难真正落实。

（三）区域协作资源保障不足

跨区域雾霾治理的资源保障由两部分构成：（1）雾霾治理直接支付的各种开支。包括：设立雾霾治理专项基金，推动雾霾治理的科学研究和人才培养，加强雾霾法治治理区域合作的立法；绿色税收转型支出，为激励企业转型升级以及能源替代，给予的税收减免支持；雾霾治理财政激励支出，如对新能源企业、产品的补贴等。（2）雾霾治理对区域内经济发展的短期抑制。雾霾治理涉及工业结构、能源结构转型等根本利益，短期内甚至一些区域经济发展面临停滞风险。以煤炭消耗型企业为例，企业寻找新能源替代必须对环保设施进行改造，能源成本以及环保运行成本加重企业负担。在此情况之下，企业如果获得足够支持，可顺利升级，否则，企业面临倒闭。

显然，雾霾治理需要坚定的决心和足够的资源保障。否则，面对雾霾治理与经济发展的矛盾时，如果犹豫不决、优柔寡断，势必会使得雾霾污染在区域内此起彼伏。近些年长三角区域内的雾霾反复发生，与区域主体缺乏“壮士断腕”的决心和区域协作资源保障不足紧密相关。从长期发展的角度出发，雾霾治理是一个“功在当代、利在千秋”的投资，不可从短期的投入—产出进行得失计算。

（四）协作措施的整体性、长效性匮乏

雾霾治理上各自为政、画地为牢、以邻为壑，只能让雾霾治理事倍功半，反之，措施的整体性、一致性，将集中形成合力，产生明显功效。例如，如果上海、浙江大力治理 PM2.5 时，安徽、江苏却仅承诺对 PM10 进行减排，那么这在客观上就阻碍了本区域内雾霾治理的进程。同时,如果区域内大气排放标准、检测能力、执法尺度不一致,无论某个区域多么严格认真的执法,都会最终因边缘污染传输而抵消雾霾治理效果,进而浪费资源投入,并影响主体雾霾治理的积极性。

长三角区域的雾霾治理很大程度上也表现出很强的临时行政协商性,而且呈现阶段性和运动型执法模式。如2018年11月,生态环境部等11部门及浙江、江苏等四政府联合发布了《长三角地区2018—2019年秋冬季大气污染综合治理攻坚行动方案》,对长三角地区41个地级及以上城市开展秋冬季大气污染综合治理攻坚行动。可以肯定的是,专项治理期间,长三角的空气质量会明显改善。但是,专项治理行动结束后呢?三省一市还能继续高效地在严格控制煤炭消费总量、推进燃煤锅炉治理、重污染企业搬迁改造、严厉查处机动车超标排放行为、加强污染源监控体系建设等29个方面进行常态化的合作吗?2019年11月,生态环境部印发《长三角地区2019—2020年秋冬季大气污染综合治理攻坚行动方案》,提出长三角地区2019年环境空气质量改善目标为秋冬季期间,重度及以上污染天数同比减少2%,PM2.5平均浓度同比下降2%。为此,各地要依法开展整治,坚决反对"一刀切",要扶持树立标杆企业,引领集群转型升级。要坚决治理"散乱污"企业,开展油品质量检查专项行动,严控露天焚烧,加大环境执法力度、强化监督问责。

阶段性的雾霾治理虽然重点突出,短期效果明显。但从效率和公平角度出发,唯有建立长效法治机制,以法定替代意定,方可实现雾霾法治治理区域合作的长久之功。

三、雾霾治理区域合作司法中的问题

与全国其他地方法院一样,长三角地方人民法院的司法辖区与行政辖区完全一致,分别在区域内设置高级人民法院、中级人

民法院、基层人民法院。涉及跨区域的大气污染案件，一般通过指定管辖和协商管辖来解决。为加强协商，2018 年 5 月，上海市、浙江省、江苏省、安徽省四地检察院共同签署了《关于建立长三角区域生态环境保护司法协作机制的意见》，决定加强生态环境的司法保护，推进生态环保领域跨区域司法协作机制建设。2019 年 11 月 5 日，四地高院联合发布了长三角地区法院加强环境资源司法保护典型案例，制定了《长三角地区人民法院联合发布典型案例推进法律适用统一实施办法》《长三角洲地区人民法院环境资源司法协作框架协议》。四地司法机关相互协商，积极探索构建区域案件审理执行司法协助机制：依托长三角“一网通办”政务服务平台，逐步实现环境资源案件跨域立案在区域内全覆盖。对于跨省域重大、敏感、疑难、复杂案件，各高级人民法院可以通过个案会商等形式，协调解决区域矛盾，最终建立区域内重大争议事项会商制度。构建区域法院环境资源案件裁判标准统一机制，包括刑事案件证据判断标准与量刑尺度统一、新类型环境资源民事案件具体把握尺度的统一。为保障司法协商顺利推进，长三角地区将设立人民法院环境资源司法协作工作领导小组，组长任期一年，1 年任期届满后，将依次轮换，第一届任期将从 2020 年 1 月 1 日起。

应该说，长三角在区域司法合作，打造环境资源审判“长三角”品牌方面，凸显特色，对发展国家战略提供了优质高效的司法服务和引领作用。但是在国家诉讼程序法律未对跨域案件的管辖规则、环境资源庭的设置、审判程序的专门化作出原则性的调整之前，仅靠区域内的司法机构协商，仍然无法满足长三角雾霾治理区域合作的司法需求。

第三节　长三角雾霾治理区域合作机制法治化的完善

长三角在雾霾法治治理区域合作方面，一直处于不断的努力和探索的过程中。区域合作所形成的一些“长三角”经验值得向全国推广。但从雾霾根本治理的远景目标来看，长三角还应在立法、执法、司法等方面，进一步完善，为雾霾法治治理区域合作提供保障。

一、雾霾治理区域合作的立法保障

（一）进一步加强长三角雾霾法治治理区域合作立法

立法是长三角区域协调发展的基础，立法的质量决定着法治的效果。因此，越是强调法治，就越要提高立法质量。受各种条件的限制，我国目前长三角雾霾治理区域立法与雾霾治理的现实要求相比，存有较大的差距。为强化长三角雾霾治理区域合作的法律效力，必须提高立法质量，规范立法内容。具体而言，需要从提高立法位阶、增强立法实效上下功夫，需要立法者在立法前后尽可能地了解立法需求、执法现状，使所立之法更好地适应现实社会的发展变化。[1]

在立法形式上，如果属于长三角区域内关于雾霾、能源、环境、气候等重大事项，应由全国人大、国务院或者国务院部委，通过中央立法的形式予以确认。以中央立法的形式，法律会在区域

---

〔1〕 参见石佑启、潘高峰：《论区域经济一体化中政府合作的立法协调》，载《广东社会科学》2014 年第 3 期。

内得到统一的遵守和执行。抑或在中央部委的协调之下,部委与区域内各主体就专项事件,联合出台法律文件。然而,区域内雾霾治理区域合作大量法律文件,当属区域主体之间的协作立法形式。

就长三角各区域主体雾霾治理的协作立法而言,包括地方性法规、地方规章的立法。目前,除少数学者提出重新划分行政区划或更改宪法框架的方案之外,学界对区域协作立法大致有两种思路:一种是通过共同立法来完成对区域立法的整合,如设立区域立法委员会在区域内行使共同立法权;而另一种则是通过区域内各有权立法主体磋商协调,各自进入立法程序。[1] 在具体操作模式上,可参照京津冀区域合作的立法模式进行选择:模式一,长三角基于治理雾霾的共同目标,成立一个专门的区域行政立法机构,该机构隶属于国务院,不隶属于长三角任何一地,也不受其领导和管辖,与长三角各自的立法机构相区分,独立行使区域内环境立法权。该机构制定的环境区域规章在整个长三角地区都具有法律效力,在与三地环境立法产生冲突时,其如何适用由国务院决定。[2] 模式二,成立一个由长三角各地政府的相关负责人组成,具有议事协调机构性质的长三角环境合作治理委员会。该委员会作为区域雾霾治理的协作机构,不具有实体立法权,只是通过定期或临时召开委员会会议的工作方式,对各地政府提交的环保立法内容进行平等协商,地方政府通过法定程序对达成共识的事项进行相应的立法。模式三,建立长三角雾霾治理区域联合立法审议制度。由长三角区域政府就长三角雾霾防治

---

〔1〕 参见宋方青、朱志昊:《论我国区域合作立法》,载《政治与法律》2009 年第 11 期。

〔2〕 参见王玉明、刘湘云:《区域环境治理中的政府合作机制》,载《中国人口资源与环境》2011 年第 21 期。

立法事宜定期或不定期地进行审议与沟通，并制订一系列的治理计划和措施，具体的区域行政立法工作由一个或几个地方政府承担。

（二）提升长三角雾霾治理区域合作法治机制的可操作性

当前长三角区域环境保护、雾霾治理等诸多法律文件多为框架性、纲领性文件，具体内容甚少，影响法律文件的落实。为提升长三角雾霾治理区域合作法治机制的可操作性，首先，必须对雾霾治理区域合作工作机构的职责明确定位。长三角区域大气污染防治协作小组作为区域合作机构，不仅仅是一个协调机构，实际上应为一个区域政府。与一般意义上的地方政府相比，区域政府是指为区域内特定公共服务，由处于一定区域内的多个政府成立的新的政府组织形式。区域政府的公共服务功能单一、特定，所以称为单功能政府，而传统的地方政府则称为多功能政府。一般而言，区域政府的产生基本有两种方式：自下而上和自上而下。自下而上则是由数个地方政府联合而创立，如英国地方政府将地方固有的权力让与而形成的区域政府；自上而下则是由上级政府授权设立，如法国政府在 1972 年确立 22 个具有法律地位的行政区——大区政府。大区设大区长，在中央政府领导下工作，负责贯彻国家的经济发展。区域政府无论如何产生，都是拥有充分的行政和财政自主的单独的政府单位。[1] 所以，作为区域政府的长三角区域大气污染防治协作小组，无论以何种形式产生，同样必须有作为政府的行政级别以及财政、人事、职权供给，方能有效开展公共服务。其次，必须建立在长三角区域大气污染防治协作小组负责下的常态工作机制。从数据的检测、评估、预警、考核、处

〔1〕 参见韩志红、付大学：《地方政府之间合作的制度化协调——区域政府的法治化路径》，载《北方法学》2009 年第 2 期。

置、信息共享、大气研究等多环节，形成相互衔接、相互支撑的工作机制。以区域大气质量监测系统优化为例，可借鉴欧盟的做法，通过采取网格监测的方式来核查区域监测点位的代表性。具体而言，将区域监测范围分为若干网格，将单位网格监测的结果与其所处范围原监测点位提供的监测结果进行对比，以判断监测点位的设置是否具有代表性。[1] 通过上述优化，可提高长三角大气质量实时监测的准确性，有助于建立区域长效制度化的大气质量。最后，明确约束机制。没有惩罚与后果的法律形同虚设，长三角区域雾霾治理区域合作必须强化违法后果和法律责任的承担。以赔偿损失为例，根据"谁污染，谁赔偿"，致污主体承担停止侵害、排除妨碍、消除危险、恢复原状、赔偿损失、赔礼道歉等民事责任以及相应的行政、刑事责任。对于民事责任，除了确定生态环境损害数额之外，对于情节严重恶劣的，应要求其承担惩罚性赔偿责任。当致污主体无法承担责任时，各地方政府因监管不当，必须接替承担，以履行对区域大气污染治理的责任。

（三）完善长三角雾霾法治治理区域合作联防联治相关法律制度

根据《大气污染防治法》第五章"重点区域大气污染联合防治"之规定，长三角地区可结合自身的实际情况，在"共同有区别"的指导思想下，完善长三角地区大气污染联防联治法律制度。主要包括：

（1）区域大气污染联动协调制度。除了设立长三角区域大气污染防治协作小组这一协调机构外，还应根据需要设立不同区

---

〔1〕 参见宋国君、何伟、陈德良：《设计合理的城市空气质量评估模式》，载《环境经济》2013 年第 11 期。

域、不同层级、不同需要的联动防治协调机构，以便及时进行横向、纵向的联合。此外，还必须根据长三角的发展需求，动态设定短期、中期、长期防治规划。对于能源、经济结构转型等问题，可通过长期规划循序渐进解决。但对于汽车尾气排放、严重污染企业的整治，则可通过短期、中期规划完成。为有效落实规划，还必须建立起区域内政府、人大、环保部门等主体之间长效化的联席会议制度，会议定期召开，且必须吸收专家、民众代表参加。

(2)区域大气污染补偿制度。生态补偿机制可弥补区域雾霾排污交易市场的不足、平衡区域内各方利益。具体操作上，必须先设立专门雾霾联防联控生态补偿基金，基金来源可通过政府财政支付、社会捐助等多种渠道获得。然后，对于区域内欠发达但在对大气改善上作了较多贡献的地区，比如安徽，应由经济较为发达但在大气治理上因为某些原因承担责任较少的区域，如上海，在经济上进行一定的补偿。

(3)区域大气污染质量监测与评价制度。充分利用现代科技手段，扩大数据网络监测覆盖面，确保监测数据准确。建立科学的空气质量评价体系，在监测指标上，可根据区域内污染源原因不同，进行动态调整。除了对常规指标进行监测，还必须对重点区域的挥发性有机物进行细化监测。在大气质量评价上，涵盖的指标、比较参数、区域类型等方面，可进行多元化比较研究。

(4)区域大气污染信息通报和数据共享制度。首先，必须搭建长三角区域内空气质量监测信息与雾霾治理信息共享的各级平台，让各机构分享雾霾相关方面信息。民众也可以此为依据，对各地方政府的环境行为进行评价和监督。同时，还应公布区域内重点企业名单以及污染治理的相关进度，督促重点企业进行排污治理。公布严重失信企业名单，共享信息和联惩联奖措施。这些举措将对违法污染企业在区域间的转移起到很好的抑制作用。

(5)区域大气污染大气质量评估和考核制度。科学、合理的区域大气污染大气质量评估和考核制度有利于及时总结区域联防联治的有利经验和及时发现存在的负面问题,促进下一步工作的调整完善。除了政府主导的考核模式,还应组织由独立第三方、专家、社会民众参与的考核。考核评估指标体系尽量量化,考核评估程序应公开、透明。根据评估结果,分别给予惩罚、奖励、补偿。

(6)区域大气污染争议解决制度。区域内雾霾治理涉及复杂的利益,所以不可避免地会出现各种矛盾和纠纷。《环境保护法》《大气污染防治法》等法律一般规定,跨行政区的污染纠纷由有关地方人民政府协商解决;如果协商不成的,则由其共同的上级人民政府协调解决。但实际上协商与协调,都缺乏具体程序与机制指引,也使协调机制在解决区域大气污染纠纷方面难以发挥制度性效能。[1] 因而,畅通区域内大气污染纠纷的解决机制亦是长三角地区雾霾治理区域立法的重要任务。

二、雾霾治理区域合作的执法保障

长三角雾霾治理很大程度上依靠区域内各政府之间的有效合作。针对目前长三角雾霾治理府际合作存在的问题,必须从培雾霾治理府际合作理念、强化顶层一体化设计、优化执法机制等方面着手完善。

(一)培育雾霾治理府际合作理念

诚然,长三角区域政府以开阔的视野、诚恳的态度,为全国雾霾治理的府际合作树立榜样。然雾霾的肆虐,是多方面的综合因

〔1〕 参见肖爱:《整体性协作:区域环境纠纷解决机制的新视野》,载《中南大学学报(社会科学版)》2019年第5期。

素造成的，包含价值理念的偏差、生活习惯的不当、管理体制的陈旧。因而，雾霾的治理表面上关乎大气环境，实际上是关乎人们生产生活的全方位改革。雾霾的有效治理，不是一项简单的工作，需要政府在短期与长期、经济发展与环境保护等多项利益之间进行权衡、取舍。尤其是在全国多年的“唯 GDP”考核模式之下，需要每一届地方政府有长远的眼光和博大的胸怀，强化生态意识，将生态环境作为考核一切工作的基本标准。经济发展可以寻求新的历史时机，但生态环境却失不再来。如果区域内每一届地方政府真正树立了生态文明理念，并将理念落实到行动中去，那么，长三角地区的雾霾治理将会通畅许多。

同时，培育长三角地区雾霾治理区域合作的理念。在传统的行政体制下，地域与边界是地区政府决策的重要影响因子，由此造成了地方政府思维的“碎片化”。长三角地区也不例外，所以即便是地理位置比邻的两市，在管理上也必须严格按照行政隶属执行。但是大气污染是没有行政边界的，对整个长三角区域来说，即便每个区域都在努力进行污染治理，如果没有统一规划，形成合力，大气治理则会事倍功半。长三角绿色生态示范区应该说是长三角地区打破行政壁垒，绿色生态一体化的典型示范点。按照 2019 年 10 月 29 日《国务院关于长三角生态绿色一体化发展示范区总体方案的批复》，长三角地区绿色生态示范区面积约 2300 平方公里，横跨沪苏浙，位于上海青浦、江苏吴江、浙江嘉善三地。在示范区，由政府牵头，市场主导，生产要素跨行政区划自由流通。这种“一体化”模式比区域协同发展的层次更高。跳出行政边界限制，区域合作甚至一体化的发展思路，便是未来长三角雾霾治理努力的方向。

（二）强化顶层一体化设计

雾霾污染程度与当地的产业和能源结构具有高度相关性。

因为雾霾的基本成分细颗粒物主要来源于交通运输过程中化石燃料的大量使用以及发电、冶金、纺织印染等工业生产。所以，产业结构和能源结构的调整是雾霾治理之中的重点。长三角工业发达，工业排放和煤炭是导致雾霾污染的两大主要原因。以2012年江苏省的工业排放数据统计为例，[1]可以说明能源和产业结构改革对雾霾治理何等之重要（见图3－5）。

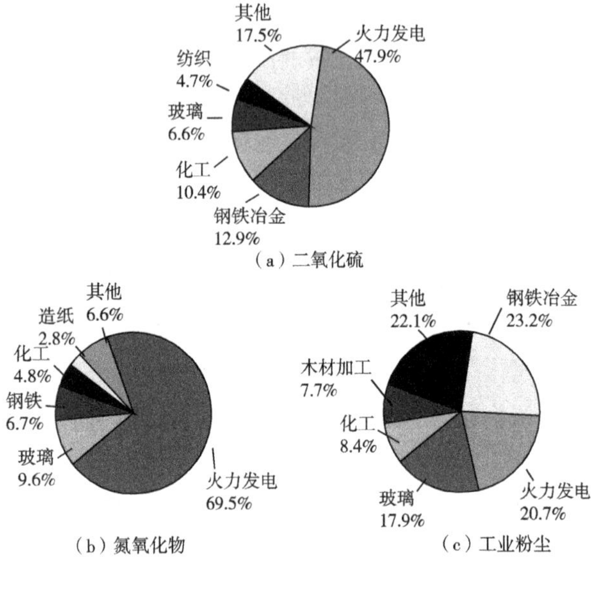

图3－5　2012年江苏省污染物主要排放行业

甚至有学者提出，长三角地区雾霾的长效治理，根本路径在于建设长三角地区面向绿色能源的可持续发展规划。然长三角的产业结构和能源结构调整，必须依靠政府做好顶层设计。要下好这一盘棋，必须经过对长三角区域发展特征进行科学的研判

---

〔1〕 参见武忠：《长三角地区雾霾长效治理：建立面向绿色能源的可持续发展体系》，载《能源与信息研究》2015年第4期。

后，在中央的指导下，三省一市通过主体功能区的划分、产业升级引导、绿色能源开发等路径，在宏观上做好引导。如长三角绿色生态示范区的规划，正是政府顶层设计的成果。此外，政府必须更新观念，进行治理体制的创新。绿色能源的可持续发展带来的清洁环境所具有的公共物品属性在本质上要求政府、市场和公民个体都能够发挥治理的主体作用，而不能仅仅依靠任何政府单纯的行政管理。政府必须通过系统的政策指引，激活市场、民众参与雾霾治理的活力，实现政府、市场、民众三者的雾霾共治。[1]

（三）优化执法机制

科学合理的执法机制可将静态的雾霾治理区域合作法律制度和执法机构联系起来，形成动态的、有生命力的治理体系。根据长三角雾霾治理区与政府的执法来看，在机制优化方面，主要应从以下四个方面着手：

1. 统一严格执法机制。"统一"要求长三角区域内各主体大气执法的标准必须统一，避免污染企业钻执法漏洞的空子，让企业在区域内成为流动的污染源。"严格"要求赋予长三角区域雾霾治理协作工作小组及下设机构一定的行政强制执法权，同时建立各地区生态环境主管部门以及其他负有大气环境保护监督管理职责的部门与长三角区域雾霾治理协作工作小组及下设机构执法连接。现行《大气污染防治法》赋予"县级以上人民政府生态环境主管部门和其他负有大气环境保护监督管理职责的部门，可以对有关设施、设备、物品采取查封、扣押等行政强制措施"的强制执法权，但并未提及重点区域大气污染联合防治的联合执法强制权设置，因而使区域合作机构在雾霾联合治理方面，很多时候

[1] 参见武忠：《长三角地区雾霾长效治理：建立面向绿色能源的可持续发展体系》，载《能源与信息研究》2015 年第 4 期。

显得心有余而力不足。严格的强制手段,可以确保区域合作机构从被动变为主动,有力出击雾霾污染,提升执法力度。

2. 快速联动反应机制。大气污染事件具有处置的紧迫性。实践中,一些突发的大气污染事件,正是因为按照程序逐级申报、请示、调查、讨论、协商,最终错过了最佳治理时机,导致污染扩大,甚至造成大气的“第二次污染”。因此,面对突发的大气污染,各区域主体快速沟通,减少不必要和重复的工作,直接实现区域内雾霾治理资源的统一调度、高效使用,会使雾霾短期治理取得显著效果,防止雾霾污染进一步蔓延和恶化。

3. 鼓励技术研发和成果共享机制。科学技术是雾霾治理的关键突破口,无科技雾霾治理难言成功。科技创新是雾霾治理的源动力。雾霾治理的科学技术包含:监测技术;新能源开发技术;节能减排技术;大气污染防治技术等。长三角在科技治霾方面已取得多项成果。2019 年,长三角区域生态环境联合研究中心成立,标志长三角区域联合科技治霾的启动。长三角地区应充分发挥经济发达、科技资源丰富的优势,加大雾霾治理跨区域、跨学科研究的投入,集聚三省一市的科研力量,突破长三角地区雾霾治理的“瓶颈”,并实现成果共享,提升区域治霾的整体科技水平。

4. 区域合作执法监督机制。基于雾霾治理区域合作大多数情况下依靠行政协商的方式解决,为避免协商结果流于形式,最后不了了之,就必须加强对雾霾合作治理过程和结果的全程、动态监督。有效监督的前提是政府信息公开,如对每一次雾霾的成因调查、应对措施、执行进度等信息,应通过各级政府的网站、信息共享平台、各大媒体,第一时间广泛公开。在获知相关信息后,通过长三角区域雾霾治理协作工作小组内部的专门监督机构、民众、媒体等多种方式对执法进行监督。必要时,可以引进独立第三方进行监督。第三方通常由中立的大气污染防治专家、评估机构代表等组成。相对于内部监督来说，第三方的监督摆脱了种种利益纠结，确保了监督的准确性、公平性、权威性。

三、雾霾治理区域合作的司法保障

在长三角区域一体化发展上升为国家战略后，长三角地区加大了环境资源案件司法协助与改革的力度，逐步形成了环境资源司法的"长三角"品牌。结合目前发展的实际情况来看，长三角地区在雾霾治理区域合作的司法保障方面，还可从以下几个方面进一步完善：

（一）完善长三角生态司法协作机制

司法是维护社会正义的最后一道防线。长三角区域司法协作机制是实现该区域雾霾治理有效合作的必然要求。对于生态司法协作，法院要优化司法资源配置，实现司法主体与其他主体的和谐联动，提升司法运行效能。[1] 具体而言，要在主体、管理、制度、程序等方面构建协作性司法体系。长江经济带生态司法协作机制是生态司法协助的典范。2017 年 12 月，最高人民法院《关于全面加强长江流域生态文明建设与绿色发展司法保障的意见》提出，环境资源审判必须为长江流域生态文明建设、绿色发展提供有力司法保障。为此，长江流域各机构、各部门之间应形成合力，共同维护长江经济带的生态安全。

长三角区域司法合作模式起步较早，发展较快。长三角城市群区域司法协作源自 1993 年的环太湖地区司法协作会议，最初有 13 家成员单位参加，如今发展近 50 家。此外，长三角地区还有高层司法协作形式——长三角地区法院工作会议和检察院工作会议。虽然长三角司法合作已经全面启动，但在具体措施方面，

---

〔1〕 参见张文显：《联动司法：诉讼社会境况下的司法模式》，载《法律适用》2011 年第 1 期。

还应进一步完善：统一雾霾污染刑事、民事、行政案件的立案标准、裁判尺度，防止区域内出现同案不同判的现象；通过内外协作，构建“纵横联动”的执行协作新机制，解决长三角区域内执行难的问题；开展法律文书的送达、调查取证、司法鉴定等方面的有效司法合作；基于区域文化同根同源基础上的长三角司法文化培育等。

（二）提升雾霾案件司法的专门化水平

与全国其他区域相比，长三角地区雾霾司法专门化水平相对较高，但也同样面临着提升专门化水平的需求。通过检索中国裁判文书网中2010年1月1日至2018年12月31日长三角城市群中26个城市的大气污染损害赔偿裁判文书，进行实证研究，大气污染案件司法的专门化需求主要表现为：提升法官审理雾霾案件专业能力。结合法官员额制、办案责任制、审判管理扁平化等改革的要求，培养适应雾霾案件审理需求的专业化审判团队。通过对法官持续的培训和司法交流，打造长三角区域内大气司法专家型法官队伍，形成区域内的司法示范点；构建一个标准统一、可操作性强的大气污染损害鉴定评估、鉴定技术体系。实证研究显示，大气污染案件中，双方当事人争议最大往往即为污染原因和损害结果的判定。对污染原因和损害结果的判定不符，也是上诉的最主要理由。因而，长三角可尽快构建一个标准统一、可操作性强的环境损害鉴定评估技术体系和生态环境损害赔偿制度建构，促进长三角生态绿色司法一体化发展；探索完善大气污染的审判理念和程序规则。根据雾霾及其他大气污染案件的特征，树立严格执法、环境正义、保护优先、公众参与、注重修复等现代环境资源司法理念。同时在受理条件、责任方式、证据保全、诉前禁令、举证责任分配等诉讼环节进行相应调整，以建立符合生态环境司法保护所需要的专门审判规则和诉讼程序。[1]

（三）进一步探索案件跨区域审判改革

雾霾案件的公正审判，不受区域内地方利益的影响和地方政府的干涉，管辖的确定和法院、法官的独立是关键。虽然区域内各地方均有建立环境资源庭，但是仍然属于地方法院，难以克服中国司法区与行政区重叠模式之下司法行政化、地方化的弊端。对此，不少研究指出，长三角可以探索建立与行政区划适当分离的司法管辖制度，并在技术层面进行创新与粘合。[2] 雾霾案件的跨域性更为明显，独立审判尤为重要。区域内的审判独立以公平方式运行，会给当事人一种受公平对待之感，促进纠纷解决并在当事人心中建立信任感。[3]

循此思路，2019 年江苏省高级人民法院率先在全国范围开创先例：以生态功能区为单位，在全省范围内设立长江流域、太湖流域、骆马湖流域等 9 大环境资源法庭。这 9 大法庭集中管辖原本由全省基层人民法院受理的环境资源案件。这是全国构建集中管辖、独立审理的环境资源审判体系，推进环境资源审判体制改革的一项重大举措。但随着改革的深入，生态功能区的划分不应仅仅局限于省内，环境资源法庭的布局可以考虑在整个长三角区域内。唯有如此，雾霾案件的独立、公正审判才有根本保障。

---

〔1〕 参见王旭光：《环境资源审判专门化的基本特性与路径方法》，载《人民法院报》2016 年 6 月 22 日，第 5 版。

〔2〕 参见夏锦文、陆俊杰：《长三角区域法治文化的基本特质与协同理路》，载《法学》2014 年第 8 期。

〔3〕 参见[美]戈尔丁：《法律哲学》，齐海滨译，三联书店 1987 年版，第 241 页。

第四章　主要发达国家雾霾治理区域合作机制法治化的模式与启示

雾霾是工业化的产物。尤其是早期工业大量消耗石化能源，导致大气污染异常严重。所以工业发达的西方国家，如英国、美国、日本、德国等，自20世纪50年代开始，率先遭遇雾霾，走上了“先污染，后治理”的道路，开始长达半个世纪的雾霾治理的艰难战役。在雾霾治理的过程中，各国根据本国的实际情况，采取诸多行之有效的措施，但毫不例外地都选择了雾霾法治治理的区域合作，形成本国雾霾治理的经验与模式。美国、英国、德国、日本等国家与中国及国内不同区域之间存在某些相似性，如雾霾的成因、气候条件、地理位置等，因而，上述主要国家雾霾法治治理区域合作的模式对中国的雾霾法治治理区域合作道路选择提供了重大启示。

第一节　英国模式

作为老牌的资本主义国家，英国最早遭遇雾霾侵扰，其首都伦敦因此而获得"雾都"称号，进入20世纪90年代以后，随着英国雾霾治理取得成效，才逐渐消除了这个称呼。因而，研究雾霾的治理，绝对无法绕过对英国的样本研究。

一、英国雾霾的污染、成因及治理

（一）污染

英国第一次遭受雾霾重创是1952年的伦敦烟雾事件，对英国人而言，这是一段刻骨铭心的记忆，并成为时时督促英国重视雾霾治理的警钟。据史料记载：1952年12月5日随后的一周之内，伦敦毒雾弥漫，能见度低，许多室外活动以及大量航班被取消，汽车白天必须开灯才能行驶。当时伦敦牛展会上，350头牛中1头当场死亡、14头奄奄一息、52头严重中毒。伦敦市民死亡4000多人。在烟雾逐渐消灭的2个月内，陆陆续续又有8000多人死于呼吸道疾病。1956年、1957年、1962年，伦敦又发生了大大小小12次严重的烟雾事件，直至1965年，伦敦毒雾才完全解决。[1]

除了伦敦以外，在谢菲尔德等工业城市，同样存在严重的雾霾问题。经过10多年的治理，到了20世纪70年代，英国的雾霾得到缓解，1975年降低到了1年15个雾霾天，1980年则是减少到5天。直至现在，伦敦的雾霾问题依然没有得到彻底解决。雾霾的天数虽然减少，但是威力依然不减当年，尤其是冬季，总会有那么几天雾霾。2014年，伦敦还被评为"欧洲空气质量最差的城市"。英国政府对雾霾的治理一刻也不敢掉以轻心。

（二）成因

英国雾霾的成因在不同历史时期表现各异。1952年的伦敦烟

---

〔1〕 Mayor of London, *Fifty Years on the Struggle for Air Quality in London Since the Great Smog of December* 1952, Greater London Authority, 2002, p. 3.

雾事件的重要原因显然是长期的、大量的燃煤产生的二氧化硫和粉尘污染导致。英国煤炭资源丰富,是世界上最早大量利用煤炭资源的国家之一。尤其是1769年瓦特发明蒸汽机后,燃煤更是大量地使用。经年累月的积累,到20世纪中叶达到燃煤高峰,进而爆发1952年的环境问题。伦敦惨剧后,英国政府调整能源结构,石油、天然气逐步取代煤炭,成为主要能源。因此,空气中二氧化硫的排放量和粉尘污染逐步降低,而随着经济的发展,汽车数量激增,自20世纪80年代开始,汽车尾气则成为英国雾霾污染的主要来源。

(三)治理历程

基本上可以以20世纪80年代为界限,在此之前,英国雾霾治理的主要措施是调整能源结构,逐步降低煤炭的适用比例。20世纪80年代之后,则是着力解决汽车排放引起的大气污染。英国雾霾治理的主要举措归纳起来有:(1)将雾霾治理上升为国家战略。伦敦惨剧让英国警醒,空气污染和雾霾治理与经济发展一样,是不容忽视的大事。自1995年起,英国开始制定国家空气质量战略,随后出台能源、税收等系列计划和政策。(2)针对雾霾成因,出台系列法律文件规范,实现雾霾法治治理。1956年,英国颁布世界上首部空气污染防治法——《清洁空气法》,随后,根据雾霾治理的需要,陆陆续续颁布了《环境保护法》《污染控制法》《汽车燃料法》《道路车辆监控法》《气候变化法案》等一系列法律文件,形成雾霾治理严格的法律体系。(3)加强新能源开发,调整能源结构。到2012年,英国的新能源使用包含风能、核能等清洁能源,在英国能源消费比例中达到13%,从根本上缓解了煤炭等传统能源对大气污染的重大影响。[1] (4)实现对雾霾的综合合理。

---

[1] 参见林伯强:《发达国家雾霾治理的经验和启示》,科学出版社2015年版,第25页。

以汽车尾气污染治理为例，1993 年英国政府要求新车必须安装尾气净化装置，控制氮氧化物的排放。提高汽车使用税，推动清洁汽车使用。2003 年伦敦政府开始收取“拥堵费”，城区大幅提升停车费。政府鼓励民众“低碳生活”，通过新能源汽车、改善公共交通等措施来满足人们日常出行的需要。上述“组合拳”有效控制了机动车尾气污染。

（四）成效

伦敦雾霾治理的成效显现可以分为三个阶段：1953 年至 1960 年，可为初步取得成效阶段。1961 年至 1980 年，为取得显著成效阶段。在此 20 年间，随着煤炭使用量的大幅度降低，伦敦天气中的二氧化硫和烟尘大幅度降低，伦敦的雾霾天数已经从以前的每年几十天降低到 1975 年的每年 15 天，1980 年的每年 10 天。自 1980 年至今，应为伦敦雾霾治理的平稳发展阶段。根据英国 2010 年空气污染年报统计，2010 年大伦敦城市区 PM10 年均值达标。1999 年伦敦市建立了第一个 PM2.5 监测站。监测数据显示，1999 年至 2000 年，伦敦市 PM2.5 年均浓度值在 13～16μg/立方米的范围内波动。2010 年，大伦敦城市区 PM2.5 年均值为 16μg/立方米达标，达到欧盟和英国的标准。然而，即便伦敦的雾霾治理在过去 60 年取得巨大的进步，民众对伦敦空气现状依旧不乐观。根据欧盟委员会最近几年所作的报告，伦敦城的空气质量与世界卫生组织建议标准依然存在较大差距。伦敦的雾霾治理，依旧任重道远。

二、英国雾霾治理区域合作法治化的经验

（一）严格的环境立法和执法

坚持雾霾法治治理是英国空气污染控制的主要特征。从 19 世纪中期开始，英国制定并颁布了一系列关于大气污染治理的法

令。其中影响最大的是1956年颁布的世界第一部《清洁空气法》，并根据实际需求对各项法令作适时的修改。英国通过立法采取一系列举措，对污染能源进行控制，如明确规定城镇中使用无烟燃料，采用集中供热并将重污染企业和重工业搬离市区。此外，大力推动电力、天然气等能源的使用。在大气环境方面，英国明确了国家空气质量战略，要求该地区的所有城市审查和评估城市的空气污染治理，对于治理不符合标准的地区，政府需要分配相应的空气质量管理区城，以迫使其在一定时期内达到治理标准。[1]

20世纪后期，英国传统的煤烟污染已经基本得到解决，但却出现了新的变化。随着汽车的推广，汽车尾气成为新的大气污染物来源，对此，英国于1995年通过了《环境法》，要求在全国范围内实施全面性的长期战略。1997年英国出台《国家空气质量战略》，该战略与国际接轨，将欧盟、世界卫生组织的质量标准引入国内，明确了治理目标，加强中央与地方的协调配合，并对城市大气进行定期评估。

英国在法律实施方面，注重对新型污染物的监控，防患于未然。污染情况发生时，原则上由污染者支付治理费用，即为污染者付费原则，杜绝了企业逃避责任的现象。在处罚方面，英国对污染企业实施严厉处罚，没有设定罚款上限，提高企业的污染成本，对污染企业具有强大的惩罚、威慑作用。[2] 2007年，英国政府在《环境空气质量战略》中对PM2.5做了强制性规定，要求各个区域2020年前控制在25μg/m^3，对于不能达标的区域，设定了

---

〔1〕参见宁森、孙亚梅、杨金田：《国内外区域大气污染联防联控管理模式分析》，载《环境与可持续发展》2012年第5期。

〔2〕参见孙法柏：《英国环境法律政策整合的机制与实践》，载《山东科技大学学报（社会科学版）》2012年第1期。

惩罚机制。

（二）形成从中央到地方的雾霾治理机制

英国从中央到地方形成了一套完整的环境治理机制，敢于对政府机构进行大胆改革，优化结构，充分发挥机构的职能，在中央和地方都成立了专门的环境保护职能机构，英国将污染监察局（HMIP）等系统或分支机构进行优化组合，成立英国环境署。该措施有利于采取综合的环境监管和保护方法，将空气、土地和水资源的控制整合到一个统一的系统中，及时发布相关政策，更有效地解决环境污染问题。此外，英国议会还建立"皇家环境防治理事会"，该理事会负责监督环境污染的综合治理，起到监督协调作用。

在地方的治理中，英国明确中央与地方的职能，采取恰当的措施和政策，协调和厘清中央和地方在环境治理中的职能。特别是，大气治理中的职能分工，减少了中央和地方政府之间的摩擦。这些措施使得在中央和地方之间形成了有效的协调，在中央发挥强有力的作用基础之上，"地方空气管理"制度的有效运行保证了两者之间能形成统一的互动运行机制。有利于各项大气防治政策得以科学制定和有效实施。

此外，为了确保环境法规的科学性和大气治理决策的可操作性，英国建立了一个全国性的监测网络。仅在伦敦就已经建立了100多个监测点，全面监测各种空气污染物的排放情况。并将监测数据及时在检测系统的官方网络平台上予以公布，方便公众了解大气质量情况，保障了公民的知情权。[1]

---

〔1〕 参见高婧：《雾霾防治区域联动法律机制探究》，山西财经大学2015年硕士学位论文，第22页。

(三)注重科学规划,做好顶层设计

伦敦的雾霾治理,却不仅仅是伦敦市的事情。英国政府做好了伦敦雾霾治理的顶层设计。首先,在全国大气治理的国家战略之下,英国政府要求各个区域承担大气污染防治责任,并划定了特殊的管理区。1995年英国政府要求各个城市必须进行环境空气质量评价,并根据评价结果制订计划、限时整改。其次,英国注重伦敦雾霾治理大区域一体化的防治。大伦敦(Greater London)是英格兰下属的一级行政区划之一,位于英国英格兰东南部,范围大致包含英国首都伦敦与其周围的卫星城镇所组成的都会区。20世纪40年代,伦敦建成8座新城,60年代又兴建3座新城。发展至今,该区域共33个次级行政区,包含伦敦金融城(City of London)及32个伦敦自治市(London Boroughs)。这些外围的卫星城镇,为伦敦市区人口和企业的外迁提供了有利条件,使伦敦的雾霾治理在科学布局、平衡发展上有了更多的选择。

(四)强调技术引领

英国的雾霾治理从国家战略、法律规范、具体制度等方面入手,但归根结底,技术起了关键作用。英国自伦敦雾霾惨剧后,在节能减排、新能源开发、环保监测等技术方面加大投入,大力发展低碳经济。英国政府鼓励企业优先采用无污染或少污染的工艺,采用大气污染控制技术改革生产工艺,要求企业必须安装废气的净化装置,使大气环境质量达到标准,同时要求企业生产必须选配合适的原材料,减轻污染。英国还大力发展大气监测技术,1961年英国在全国范围内建立了一个由450个团体参加的大气监测网,平均每月测降尘量一次,每小时对烟尘与二氧化硫采样一次。雾霾污染严重的伦敦、谢菲尔德、爱丁堡三个城市为重点监测区。显然,在英国雾霾治理的过程中,科学技术发挥了关键的指导性作用。[1] 英国前首相布莱尔曾经无限感慨地指出,科学技术拯救了英国的环境。

三、对中国的启示

现阶段的中国与20世纪50年代的英国在人均GDP、能源结构、产业比例等方面有很多相似之处。现时北京、上海的雾霾污染与伦敦皆有诸多相似之处,如大量的燃煤、汽车尾气等。伦敦经过60年的雾霾治理,取得显著效果,其诸经验值得中国借鉴。

(一)以法治为区域合作以及联防联控护航

英国的雾霾以伦敦、谢菲尔德、曼彻斯特等工业城市尤甚。对这些重点污染区的雾霾治理,英国一开始就选择了法治道路。自1956年英国通过了世界上第一部空气污染防治法案——《清洁空气法》后,英国政府不断完善环境保护的相关法律法规,陆陆续续通过100多部关于大气治理的法律文件,上至大气治理的国家战略、顶层设计、区域间合作模式的选择,下至普通民众对雾霾治理的参与,内容具体、详细。英国经过多年的探索和发展,已形成了一套较为完善的针对大气污染防治区域合作的法律体系,我国目前针对大气污染防治区域合作的立法不足,法律的可操作性亦应进一步加强。

(二)设立专门大气污染防治机构,统一开展空气质量管理工作

1952年"伦敦雾霾事件"后,英国成立了由比佛爵士领导的比佛委员会,负责调查烟雾事件的成因并制定应对策略。同时,设立清洁空气委员会,获取空气污染治理的建议,对空气污染的

---

〔1〕 参见刘海英:《伦敦治理雾霾的措施与经验》,载《科技日报》2014年1月19日;《英国伦敦雾霾治理措施与启示》,载人民网2014年3月3日,http://scitech.people.com.cn/n/2014/0303/c376843-24514293.html。

改善情况进行监督。为保障大气污染联合治理的实现,推动多部门、多层级有效联合,1996 年英国环境保护管理机构进行重大改组,将国家河流管理局(NRA)、废物管制局(WRA)、英国污染监察局(HMIP)、环境事务局(DOE)下属的一些分支机构合并,成立统一的环境管理机构——英国环境署。这种机构职能整合解决跨部门合作以及部门政策碎片化问题,促进雾霾治理的执法一体化。

我国当前雾霾治理区域合作存在机构分散、政出多门、互不衔接的问题。2018 年,为了整合分散的生态环境保护职责,加强环境污染治理,国家将国土资源部的监督防止地下水污染职责,国家发展和改革委员会的应对气候变化和减排职责,水利部的编制水功能区划、流域水环境保护、排污口设置管理职责,农业部的监督指导农业面源污染治理,国家海洋局的海洋环境保护职责,国务院南水北调工程建设委员会办公室的南水北调工程项目区环境保护职责等整合到环境保护部,组建生态环境部,由生态环境部统一行使大气污染防治职责。但是在雾霾治理的区域合作专门执法机构的设立方面,我国可借鉴英国做法,进一步进行探索。

(三)合理进行区域规划,注重区域协同

英国对重点区域的雾霾治理注重顶层设计。以大伦敦区域为例,通过企业和人口外迁,舒缓伦敦市区压力。此外,协同参与下的英国环境治理框架也颇具借鉴意义,即通过将决策中心下移,发挥政府部门的主导作用,建构制度化的沟通渠道和参与平台。企业与公众多方参与,影响政府决策,妥善处理好了大气治理中的竞争、协作与冲突关系。[1]

---

〔1〕 参见杨拓、张德辉:《英国伦敦雾霾治理经验及启示》,载《当代经济管理》2014 年第 4 期。

中国在雾霾治理上，同样必须在全国范围内，合理实现人口、企业的布局，处理好东西部、城镇与农村、发达地区与欠发达地区的协调。在雾霾重点区域，如京津冀、长三角等，在政府的引导下，注重发动社会力量，参与雾霾治理。

（四）促进能源结构的突破，发展低碳经济

英国雾霾治理的成功主要原因即为逐步摆脱对煤炭等传统能源的依赖。甚至可以说，英国的雾霾治理路程就是一个能源结构突破的过程。2009 年英国政府公布建设低碳经济的国家战略蓝图，提出大力发展新能源。明确到 2020 年可再生能源在能源供应中达到15%的比例，其中40%的电力来自风能、波浪能、潮汐能、核能等低碳领域。我国长三角、京津冀的雾霾成因很大程度上也是煤炭所致，因此，这些重点区域的雾霾治理，能源转型是关键。英国能源结构的突破与调整思路值得借鉴。

此外，英国大力发展低碳经济，鼓励民众低碳生活。2003 年，英国首次正式提出低碳经济概念，将于 2050 年建立低碳社会。实际上，在我国，低碳经济、低碳生活正逐步进入中国，但尚未形成习惯与制度。以中国庞大的经济体量和 14 亿人口的消费能力，如果低碳经济和低碳生活能够形成，对雾霾的治理定会有非常明显的效果。

第二节　美 国 模 式

美国雾霾最严重的区域同样也是早期工业最发达的城市，如芝加哥、布法罗、丹佛、匹茨堡等。但雾霾法治治理区域合作以洛杉矶区域模式最为典型。

一、美国雾霾的污染、成因及治理

（一）污染

作为最发达的国家，美国雾霾的严重影响始于20世纪40年代。1943年7月26日，洛杉矶第一次遭受到雾霾的袭击，洛杉矶从此开启一场长达半个世纪的雾霾战争。自1943年那次突如其来的雾霾之后，洛杉矶雾霾的天数越来越频繁，情况越来越糟。直至1955年9月洛杉矶发生了最严重的光化学烟雾污染事件，当时许多市民出现眼睛痛、头痛、呼吸困难等症状，两天内因呼吸系统衰竭死亡的65岁以上的老人达400多人。虽然洛杉矶政府加大雾霾治理力度，但效果甚微，20世纪70年代，洛杉矶还被称为“美国的烟雾城”。

其他老牌的工业城市基本上都毫无例外地遭遇过雾霾。其中最典型的事件是1948年的美国多诺拉烟雾事件。多诺拉位于匹兹堡市南边30公里，在1948年10月26～31日，受工业排放和气候影响，小镇能见度极低，空气中散发着刺鼻的、令人作呕的二氧化硫（SO_2）气味。受雾霾影响，小镇约6000人发病，症状为咳嗽、头痛、胸闷等，其中有20人很快死亡。

经过长达半世纪的雾霾阻击，美国大气污染重点区域的空气开始慢慢减少。以洛杉矶区域为例，1989年洛杉矶一级污染警报（非常不健康）的天数从1977年的121天下降到了54天，不健康警告的天数从1977年的184天下降到了2004年的4天。蓝天白云再次出现在洛杉矶上空，但由于特殊的地理形态，洛杉矶至今仍是美国空气污染最严重的都市之一。

（二）成因

美国的雾霾成因在不同区域、不同时期存在差异。在多诺拉烟雾事件中，小镇工厂排放的气体、金属微粒含有大量二氧化硫等有毒有害物质，在“死风”气候情况下，无法流动，长时间聚集在封闭的山谷，这些毒害物质附着在悬浮颗粒物上，形成雾霾。而洛杉矶光化学烟雾污染的起源则相对复杂。20世纪40年代的洛杉矶就已拥有250万辆汽车，这些汽车每天大约消耗1100吨汽油，排出1000多吨碳氢化合物、300多吨氮氧化物、700多吨一氧化碳。此外，还有诸多炼油厂、石油企业等进行大量的石油燃烧排放。这些有毒的气体在洛杉矶的“逆光”照射下，形成臭氧、氧化氮、乙醛等有毒气体，危害人类健康。

发展至今，美国各区域雾霾污染主要由以下因素综合所致：气态污染物、温室气体、酸雨、臭氧层破坏、可吸入颗粒物、气候、特殊地理位置等。[1] 各地根据雾霾成因不同，选择了不同的治理措施。因而，美国的雾霾治是一个长期的、不断更新的过程，各区域各时期雾霾治理针对性明显，侧重点强。

（三）治理历程

1970年是美国的雾霾治理历程中的一个重要分界点。

1. 1970年以前被动的应对措施。主要措施包括：立法层面，先后通过1955年《空气污染控制法》、1963年《清洁空气法》、1967年《空气质量控制法》；机构层面，1946年，成立了全美第一个地方空气质量管理部门——洛杉矶烟雾控制局。1967年，成立加州空气资源委员会（ARB）。具体措施层面，40～50年代重点规范露天垃圾燃烧、削减二氧化硫及烟雾排放等，1946年洛杉矶建立全美第一个工业污染气体排放标准和许可证制度。50～60年代控制、减少碳氢化合物的排放，采用丙烷代替柴油，建立机动车尾气排放标准，发展公交系统等。60～70年代重点进行机动车

〔1〕 参见张庆阳、沈海滨：《国外如何根治雾霾天气的“元凶”》，载《世界环境》2014年第2期。

强制排放检测、催化转化装置、油气回收。

2. 1970 年以后积极主动的作为。主要措施包括：立法层面，联邦政府 1970 年通过了《清洁空气法》，1971 年通过了《国家环境空气质量标准》。在州层面，1988 年加州通过了《加州洁净空气法》；机构层面，1970 年成立美国环境保护署（EPA），EPA 将美国 50 个州划为 10 个大区，每个大区设立区域环境办公室，1977 年成立了南海岸空气质量管理局（SCAQMD）。具体措施层面，70 年代逐步淘汰含铅汽油的使用；20 世纪 80 年代要求石化企业提供清洁汽油，重点控制臭氧、悬浮颗粒物、一氧化碳、二氧化硫、二氧化氮、二氧化硫、铅 7 种污染物；90 年代提出了清洁车辆和燃料的目标，并实施区域清洁空气市场激励方案（RECLAIM）。

2003 年加州率先制定 PM2.5 强制性标准。当前，严格控制直接排放源及二次污染，强调企业、公众的社会责任与参与。

（四）成效

美国雾霾治理的成效亦可以 1970 年为界进行评述。1970 年以前，虽然美国联邦和各州政府采取系列措施，但雾霾治理并没有取得明显效果。主要障碍是行政管理体制的矛盾以及地方利益保护主义盛行。按照美国宪法规定，美国各州都有独立的立法权，所以在法律的制定、执行上各州与政府有很大的冲突，无法形成雾霾治理的统一立法。同时，雾霾治理需要庞大的经费支持，各地方政府雾霾治理需求、经济发展程度存在差异，导致雾霾治理法制并不能有效执行。

到了 20 世纪 60 年代末，越来越多的普通民众也开始关注环境问题。1970 年 4 月 22 日，2000 多万民众在全美各地游行，强烈要求保护环境。后来这一天被美国政府定为“地球日”。立法机构开始意识到雾霾治理的迫切性，1970 年美国国会通过《清洁空气法》,这是美国雾霾治理的一个重要的里程碑。通过《清洁空气法》以及随后的相关法律强化了联邦和各州的责任后,美国的雾霾污染才真正得到有效的控制。2012 年的一份报告显示,洛杉矶 2011 年的不健康空气水平比 2000 年降低了 74% 左右,悬浮颗粒物排放也明显减少,空气质量明显提升。[1] 基本上到了 21 世纪,美国雾霾甚少出现,洛杉矶恢复了蓝天白云。

二、美国雾霾治理区域合作法治化的经验

显然,美国的雾霾治理也并不是一帆风顺,中间也走了许多弯路。但整体来看,美国尤其是洛杉矶在区域合作法治治理方面探索出来的一些制度和做法,成为美国雾霾治理经验,为我国的雾霾治理提供参考。

(一)建立跨区域大气治理机构,注重联防联控

依据科学的研究与论证,美国很早就意识到雾霾的治理单独依靠任何一个城市或任何一个州都难以完成,必须打破行政区划,在联邦政府的主导下,实现跨区域联合治理。自 1970 年成立专门致力于环境保护的美国环境保护署之后,环境保护署将美国 50 个州划为 10 个大区。同时,根据《国家环境空气质量标准》规定的污染物排放标准,将全国分为无法判定区、不达标区、达标区三类,不达标区必须严格执行大气质量控制计划。

雾霾污染最严重的洛杉矶是美国第二大城市,位于美国加利福尼亚州西南部,而加州属美国大气治理的第九大区管辖。第九大辖区基于严重的雾霾治理压力,经过探索,成为美国区域联防联控的典范。洛杉矶所在的南加州是空气污染最严重的地区,1946 年,洛杉矶市成立了全美第一个地方空气质量管理部门——

---

〔1〕 参见李新宁:《雾霾治理:国外的实践与经验》,载《生态经济》2015 年第 5 期。

烟雾控制局。为了合理分摊治污费用，实现跨地区合作应对雾霾污染，南加州地区的洛杉矶县、河滨县、橙县、圣伯纳蒂诺县的部分地区在 1977 年联合成立了南海岸空气质量管理局(SCAQMD)。SCAQMD 统一监管区内企业和固定污染源的污染物排放进行、制定区域空气质量管理规划和政策。SCAQMD 成立后制定了一系列空气污染治理政策，实质性推进了该区域大气治理联防联控。[1] 在管理局和联邦政府共同努力下，打破了传统政府协作方式，区域合作发挥了最大效益。

(二)形成完整的雾霾治理区域合作法治体系

以洛杉矶为例，洛杉矶雾霾治理区域合作的法律框架包括联邦、州、南海岸空气质量管理局、地方政府四个层次。所有法律就区域合作的规定相互衔接，各有侧重，由此形成了一套完整、全面的洛杉矶雾霾治理区域合作法制体系。(1)联邦的法律包括：《清洁空气法》《国家环境空气质量标准》《国家环境政策法》《区域雾霾防治条例》《跨州空气污染条例》等。(2)州的法律包括：《加州洁净空气法》《加州机动车污染控制法案》等。(3)南海岸空气质量管理局的法律包括区域空气质量管理规划和政策。如南海岸的清洁空气计划法案。(4)地方政府的法律包括南加州政府协会(SCAG)地方执行政策、洛杉矶市政府配合空气质量控制的具体实施规划等。

(三)培育雾霾治理市场机制

作为市场经济发达的工业国家，美国充分发挥市场这只“看不见的手”，在雾霾治理中发挥了巨大作用。如何用市场的手段

[1] 参见中国科学技术信息研究所：《美国洛杉矶治理雾霾措施与启示》，载人民网 2014 年 3 月 3 日，http://scitech.people.com.cn/n/2014/0303/c376843-24514288.html。

治理雾霾污染,一直是美国政府努力的方向,并卓有成效地进行探索。如 SCAQMD 推出了 RECLAIM 空气污染排放交易机制。目前纳入交易机制的约有 300 多家企业,由 SCAQMD 对这些企业的排污情况进行实时在线监测,其排放额度分配以 10 多年前的估算量为基础,每年递减,从而强制企业减少排污。排放指标在芝加哥期货市场挂牌交易,当前每年成交额约 10 亿美元。RECLAIM 空气污染排放交易机制的运行,对控制固定污染源效果明显。[1]

(四)加大产业结构调整,鼓励清洁能源的开发和利用

洛杉矶雾霾治理的成效显现基本上是随着产业结构的调整完成的。美国洛杉矶大力发展电子、通信、互联网、多媒体等新兴产业,将传统工业,如机械、制造、能源、化工等大量转移到发展中国家,从而减少了大气污染源的产生。同时,通过补贴、税收减免等手段,在洛杉矶推广天然气、太阳能、风能等清洁能源的利用。如 20 世纪 70 ~ 80 年代,加州政府推行使用甲醇和天然气取代汽油政策,SCAQMD 提供资金帮助将柴油拖船、建筑设备、重型卡车等运输工具转换为清洁燃料型。

(五)雾霾治理的严格标准和责任

按照《国家环境空气质量标准》,1987 年美国环保署制定 PM10 标准,1997 年明确了各州日均值不超过 $65\mu g/m^3$、年均值不超过 $15\mu g/m^3$ 的 PM2.5 标准。2006 年,PM2.5 的日均值调整为 $35\mu g/m^3$。加州一直执行比联邦更严的空气质量标准,并对空气质量严密监控。环保署的官方网站对 PM2.5 参数每小时更新

---

〔1〕 Environmental Protection Agency, *Revisions to the California State Implementation Plan*, *Santa Barbara County Air Pollution Control District and South Coast Air Quality Management District*, The Federal Register, Vol. 78, p. 70(2013).

一次,接受民众监督。

美国法律对造成雾霾污染的企业、民众规定了极为严格的民事、行政、刑事责任。对恶意造成大气污染的企业,设定巨额的惩罚性赔偿。此外,根据《清洁空气法》的规定,对于大气污染,任何公民、单位,不管与诉讼标的有无利害关系,皆可作为原告提起诉讼。大气污染违法成本的提升,也是企业抑制排污需求、不断进行技术改革的重要动力。

三、对中国的启示

时光快进至21世纪20年代,洛杉矶依旧是美国空气污染最严重的城市之一。但与中国的北京、上海相比,洛杉矶基本上看不到雾霾。当前北京的雾霾成因、地理环境与洛杉矶较为相似,因而,洛杉矶在雾霾法治治理区域方面的心得和体会,可为北京、上海等中国大城市的雾霾治理提供思路和启示。

(一)区域联合机构实际权力与经费保障

美国联邦政府针对严重的雾霾污染问题,成立了环境保护署(EPA)进行统筹管理。EPA将美国50个州划为10个大区,每个大区设立的区域环境办公室代表EPA,协调州与联邦政府的关系,对所辖大区的大气污染、雾霾治理工作进行监督。从EPA到每个大区的区域环境办公室,从上到下,进行统一管理,形成多部门、多层级联合治理的联防联控机构体系。EPA有立法权、执法权、处罚权,确保其大气治理的政策和措施得到全国范围内的执行。

洛杉矶南海岸空气质量管理局(SCAQMD)作为区域合作执法机构,同样拥有充足的执法保障。其经费来源为:74%来自评审费、排放费、年度运营费、罚款、听证委员会费、各项投资等;26%来自联邦补助、加州清洁空气法机动车费用、加州空气资源局的补助金。[1] SCAQMD 亦拥有对污染源进行监控、执法处罚、制定和协调空气标准等各项实质权力。如给企业发放排污证、对违法者进行罚款、定期公布环境监测数据和空气质量报告等。

美国雾霾治理的区域合作机构设置、职权保障，对于当前京津冀、长三角的区域合作执法机制完善，无疑是一个重要的启示。

（二）注重经济结构、能源结构的整体转型升级

如今的美国拥有硅谷、华尔街、好莱坞等金融、科技产业，而洛杉矶更是在金融、信息技术、商业、文化创意等产业有突出的发展，上述领域基本上与雾霾没有关系。显然美国深刻意识到高耗能的制造业对大气质量的严重影响，故而将高耗能制造业、炼油业等转移到发展中国家，在本国主要发展金融、电子、通信、互联网、多媒体、计算机等新兴产业，大大减少了污染物的排放量。在美国本土必须保留的能源消耗中，如汽车的能源消费，美国也通过发展清洁技术，严控机动车污染排放。同时，逐步提升新能源在能源结构中的占比，尽可能将能源耗费对大气的影响降至最低。

时代的变迁、理念的发展、国际环境的变化、中国国情的影响，使中国当前的雾霾治理在经济结构、产业结构转型升级时，必须着眼于中国发展中国家的现实，在东部与西部以及发达地区与欠发达地区，适当进行产业结构的平衡与协调。与美国一样，中国雾霾治理的关键，必须依靠科技技术的发展和新能源的开发。

（三）区域合作的共同参与与责任分担

美国雾霾治理区域合作的"好邻居条款"规定了各区域在雾

---

〔1〕 参见高洪善：《洛杉矶的雾霾治理及其启示》，载《全球科技经济瞭望》2014 年第 1 期。

霾治理中的共同参与和严格责任。美国《清洁空气法》中的“好邻居条款”(good neighbor provision)禁止对下风口的州而言“显著导致”不达标或者“干扰保持”空气质量标准的空气污染。[1] 美国环境保护署2011年通过《跨州空气污染条例》,承诺实施《清洁空气法》的“好邻居”条款,要求各州减少污染排放量以免造成其他州的臭氧或微粒污染,确立了州际空气污染规则(CSAPR)。同年年底,美国环保署要求艾奥瓦州、密歇根州、威斯康星州、俄克拉荷马州、密苏里州5个州制定独立而又相互监管的治理行动方案。CSAPR也先后要求28个州降低臭氧季节氮氧化物、年度二氧化硫排放、年度氮氧化物排放,以达到1997年臭氧和细颗粒物及2006年细颗粒物国家环境空气质量标准(NAAQS)。[2]

显然,美国对各区域参与雾霾治理,以法治形式设定了明确甚至量化的指标、具体的考核方案。京津冀、长三角雾霾治理中,如何克服地区差异,充分调动各区域积极性,立法可进一步有所作为。

(四)获得民意大力支持

美国民众是美国的雾霾治理积极推动者、参与者。美国民众对雾霾的真正警醒是20世纪60年代末。1970年4月22日,2000万民众的大游行,这一行动促成了1970年联邦《清洁空气法》的出台和1972年联合国第一次人类环境会议的召开及“地球日”的确定。可以说洛杉矶空气质量改善的动力很大程度上来自公众对清洁空气的强烈诉求以及环保组织、运动的推动。时至今日,美国民众依旧通过各种形式支持雾霾治理,如参加环保听证

---

[1] 参见《美国法典》第42部分,第7410(a)(2)(D)(i)(I)。

[2] 参见陶品竹:《从属地主义到合作治理:京津冀大气污染治理模式的转型》,载《河北法学》2014年第10期。

会、监督空气质量标准的实施、提起大气污染侵权诉讼等。

美国的雾霾治理因为建立在民意基础上，顺应民意，利用民意，各项治理举措得以有效推进。2013 年全国大范围的雾霾肆虐之后，民众深受雾霾之苦，治理的决心和环保意识明显提升。如若 14 亿中国民众养成低碳生活方式，积极参与和支持雾霾治理的各项工作，中国的雾霾治理将获得巨大的动力源泉。

第三节　德 国 模 式

与英国、美国等国家雾霾治理不同的是，德国并没有将重点放在经济、能源结构的调整之上，转而依赖节能减排技术、污染处理技术、环保技术的研发与使用。显然，德国的雾霾治理别具一格，颇具特色。

一、德国雾霾的污染、成因及治理

（一）污染

德国的雾霾似乎比英国、美国来得稍晚些。但是德国似乎也并没有吸取“伦敦烟雾事件”“洛杉矶光化学烟雾事件”的教训，直至雾霾在德国鲁尔工业区集中爆发，才引起德国的警醒。德国也同样不可避免地走上了“先污染，后治理”的道路。德国全面、直接面对雾霾污染大概始于 20 世纪 60 年代的鲁尔工业区。1962 年 12 月，鲁尔工业区发生雾霾事件，当时部分地区大气严重污染，空气中 SO_2浓度达到 $5000\mu g/m^3$，民众呼吸道疾病、心脏疾病等发病率明显上升，156 人因此死亡。随后，鲁尔区所在的北威州州政府颁布《雾霾法令》，推行“高烟囱”政策，即把烟囱升高至 300 米以上。此举虽然当时降低了鲁尔工业区大气污染的数据，但却导致德国的酸雨。因为酸雨,鱼类死亡、农作物减产,甚至危及饮用水安全。1979 年 1 月 17 日,西德再次爆发严重雾霾事件,德国历史上首次雾霾一级警报就此拉响。当时空气中 SO_2 含量严重超标,鲁尔工业区西部地区民众被迫撤离。

1985 年 1 月 18 日,雾霾再次侵袭德国鲁尔工业区,空气中弥漫着刺鼻的煤烟味,能见度极低,SO_2 浓度超过了 1800μg/m³。而这次雾霾导致的严重结果是 19500 人患病住院,24000 人死亡。此后,在 1987 年发生一次雾霾污染的二级警报、1991 年发生一次预警级别。

除了鲁尔区以外,原西德大多数工业发达地区也纷纷遭遇雾霾。如慕尼黑、法兰克福、科龙、斯图加特等,当时长期雾霾笼罩。著名的莱茵河也一度成为“死水”,鱼虾、水草无法生存。

(二)成因

鲁尔工业区的雾霾成因主要是燃煤造成的空气污染和“逆温”天气。[1] 在 20 世纪五六十年代德国创造的“经济奇迹”中,鲁尔工业区承担重任,工业产值一度占到全国的 40%。作为工业重镇的鲁尔区,主要产业为煤炭、化工、机械、钢铁、发电等高能耗产业,每年向大气中排放大量的烟灰和 SO_2。这些大气污染物一直在空气中悬浮。如果出现“逆温”现象,大气污染物浓度大大增强,难以对流上升,空气中的污染物聚集,无法向高空飘散而被阻滞在低空或近地面,从而形成了雾霾。

20 世纪七八十年代,因为酸雨和光化学烟雾,二氧化硫和氮氧化合物成为雾霾的主要成因。20 世纪 90 年代,作为汽车大国的德国,汽车尾气排放形成的小颗粒物成为雾霾的又一重要诱因。

---

〔1〕 参见吴志功:《京津冀雾霾治理一体化研究》,科学出版社 2015 年版,第 65 页。

（三）治理历程

鲁尔工业区基本上浓缩了德国雾霾治理的历程。德国雾霾的科学治理同样也经历了一个探索过程。早期的许多治理措施并不是那么的科学、严厉，如1962年的“高烟囱”政策。回顾德国和鲁尔工业区雾霾治理之路，德国付出了惨痛代价，但最终坚持了下来，持之以恒。德国治理雾霾历程中主要的事件有：1971年，联邦德国首次将大气污染治理纳入政府环保计划。1974年，通过第一部《联邦污染防治法》，开始对 SO_2、H_2S、NO_2 严格控制。20世纪70年代，鲁尔工业区在继续加大改善基础设施和推动矿冶工业现代化的同时，逐步发展新兴产业。20世纪80年代以来，德国联邦以及各级政府充分发挥鲁尔工业区内各个城市的优势，实现产业结构的多样化。鲁尔工业区雾霾治理注重与周边国家合作，按照1979年《关于远距离跨境大气污染的日内瓦条约》规定，鲁尔工业区80%的发电厂安装了烟气净化设备，关闭了不符合排放标准的发电厂。2005年1月1日起，德国实行统一、严格的欧盟排放标准。德国通过上百个空气清洁计划减少空气中可吸入颗粒物的排放，如2007年通过补贴和征收附加税督促小汽车安装过滤装置。此外，德国一直以来提倡民众参与节能减排、低碳生活。

（四）成效

如今的鲁尔工业区和莱茵河畔空气清新、青山绿水、环境宜人，让人根本无法想象这便是60年前烟雾弥漫、无法呼吸的重污染区。实际上，自1991年柏林的“雾霾”事件之后，德国再也没有拉响“雾霾警报”，雾霾在德国“神奇”地消失了。显然，德国长期有效的雾霾治理取得了实质性的成效。从全国来看，德国空气中可吸入颗粒物浓度、臭氧浓度、NO_2 超标地区、SO_2 浓度等指标稳步下降，且多年保持在正常范围。2015 年，德国第一次所有的地区 PM2.5 年均浓度低于 20μg/m³。当年雾霾污染最严重的鲁尔区更是获得显著改善。据北威州环境部门统计，2007 年莱茵河鲁尔工业区空气中 SO_2 的浓度从 1964 年的 206μg/m³ 降至 8μg/m³。2012 年鲁尔工业区所有空气质量测量站中 PM2.5 年均含量最高只有 21μg/m³。[1] 2015 年的鲁尔工业区，大气中 PM2.5 年均浓度 12～17μg/m³。根据 2008 年欧盟《环境空气质量指令》，2015 年的 PM2.5 年平均浓度控制目标是在 25μg/m³ 以下，2020 年的 PM2.5 年平均浓度控制在 20μg/m³ 以下。显然，鲁尔区已经提前实现欧盟的 PM2.5 控制目标，在雾霾治理中华丽转身。

二、德国雾霾治理区域合作法治化的经验

德国雾霾治理的区域合作既注重国内城市间的区域合作，同时也注重将自己置于欧洲大陆的大环境中，与其他国家一起探寻雾霾治理的路径，进而取得显著效果。回顾德国和鲁尔工业区雾霾治理之路，以科技为抓手，始终坚持区域合作，如今环保理念已经深入人心，并形成区域合作良好习惯。其重要经验有如下。

（一）出台系列雾霾治理法律法规，为区域合作提供保障

当前，德国已出台 8000 多部关于环境保护的法律法规，其中相当一部分直接或间接涉及雾霾治理。（1）国际区域合作的法律有：1979 年《关于远距离跨境大气污染的日内瓦条约》、1999 年《哥德堡协议》、2008 年《环境空气质量指令》等约 400 个相关法规。德国基本上都是上述法律文件最积极的推动者和参与者，并在欧盟的雾霾治理区域合作中扮演重要角色。（2）国家层面关于

---

〔1〕 参见中国科学技术信息研究所：《德国鲁尔工业区治理雾霾的措施与启示》，载新浪微博 2015 年 11 月 29 日，https://weibo.com/p/1001603914549454629847。

区域合作的法律有:1972 年《垃圾处理法》、1974 年《联邦污染防治法》、1976 年《控制水污染防治法》、1983 年《控制燃烧污染法》、1994 年把环保责任写入德国宪法、2000 年《可再生能源法》等。其中《联邦污染防治法》是德国雾霾治理最重要的法律和欧洲雾霾治理的典范,规定了德国国内雾霾治理的区域划分、区域合作等具体制度。(3)地方区域合作的法律有:1962 年鲁尔工业区发生雾霾事件后,德国各州先后出台雾霾治理条例,如 1964 年北威州颁布《雾霾法令》、1968 年《鲁尔发展纲要》。地方法律除了州以外,还包含环保区、城市的法律法规。

(二)多管齐下:德国的 100 个“空气清洁与行动计划”的综合治理

理论界和实务部门一致认为,德国雾霾治理中的上百个“空气清洁与行动计划”对德国雾霾的治理功不可没。这些“空气清洁与行动计划”是针对每个时期、每个区域不同的污染原因,制定的专项治理计划,以控制雾霾污染中的重要来源。这些计划包括:制定跨境大气污染管制政策、统一排放标准、对污染行业的严格审批程序、产业结构的调整与布局等。通过采取中央与地方、地方与地方之间的合作,实现从点到面、点面结合的综合治理。

(三)设立环保区,提倡绿色出行

自 2008 年 1 月 1 日开始,柏林、科隆、汉诺威三大城市率先设立“环保区”(Umweltzone),目前德国超过 40 个城市设立了“空气质量环保区域”,许多大城市在中心还设立了“自然保护区”。这些环保区执行严格的空气质量标准和行为准则,如控制汽车尾气排放,只允许符合排放标准的车辆驶入,提倡绿色出行。在德国繁华的城市中心,时常可见绵延数公里的草坪和树木。通过上述措施,“环保区”的空气污染较之先前减少25%,空气质量得到明显改善。“环保区”制度会对城市交通、旅游业等产生一定影响,因而德国的各大城市在实施执行的时候,程度不一。例如,柏林最为严格与坚决,法兰克福、慕尼黑相对的犹豫与延迟。

虽然各区域在“环保区”态度上有差异,但一旦某个地区空气质量超标,那么当地州政府必须立即展开与市、区政府以及相邻区域政府合作,并出台一系列应对措施,避免对相邻地区空气质量的损害。

(四)加强科技在雾霾治治理中的作用

作为科技强国,德国将科技的优势充分运用到雾霾治理中,成为科技治霾的典范。为了治理雾霾,德国并没有大规模地调整能源结构、产业结构,而是将重点放在清洁生产和环保技术研发领域,通过技术控制,最大限度减少大气污染物的排放。德国一直有重视技术研发的传统,并鼓励企业与科研机构之间深度合作。鲁尔工业区已经形成了一个从技术研发到市场应用的体系。鲁尔工业区是欧洲大陆密度最大的工业区,拥有专门的科研机构、“技术转化中心”。因而,德国的雾霾治理科技在全世界处于领先水平,研发和创造了许多新的环保技术。德国也因绿色技术获得新的经济增长点,2007~2010年,德国绿色经济产业平均每年增长12%。2011年,德国在环保和能效领域的市场达到3000亿欧元。[1]

[1] 参见王德生:《欧美日发达国家治理雾霾的经验和启示》,载《电力与能源》2014年第2期。

三、对中国的启示

中国与德国有近似的能源结构，以煤为主，缺油缺气。同时，都属于高能耗产业结构，重化工业特别发达，如钢铁产业在最高峰时，德国人均年产钢铁 700 多公斤，中国为 600 多公斤。[1] 因此，德国的治霾经验和教训特别值得中国学习和借鉴。

（一）雾霾治理注重与周边国家的联合

德国治霾也是走过弯路的。如 20 世纪 60 年代德国执行的“高烟囱”政策，虽然使污染物对本地的大气污染减轻，但却将污染物扩散到更广大的地区，甚至扩散到其他国家，酿致酸雨之苦。

后来，德国认识到这种以邻为壑的雾霾治理根本行不通，主动选择与相邻国家合作，共同治理雾霾。此外，在东德、西德统一之后，德国更是积极弥补东德在雾霾治理上的历史欠账，让东德区域也很快告别了雾霾天气。当前中国的雾霾治理，也必须注重国内发达地区与欠发达地区，国际上与日本、韩国等利益相关的近邻的通力合作，实现雾霾治理的统筹规划，科学决策。

（二）提升环保意识，促进人与自然和谐发展

德国的雾霾治理可以说个个参与，人人有责。在德国严格环保执法以及密集的环保教育影响之下，德国人形成“环境保护”的虔诚信仰。环保理念已经转化为环保行为，如今的德国，绿色环保贯穿于德国人生活中的方方面面，包含垃圾分类、交通出行、建筑设计、城市规划等，每一个细节都淋漓尽致地体现了德国人对绿色环保的执着追求。德国雾霾治理取得显著成效，显然与

---

〔1〕 参见陶光远：《德国：不调整能源结构，雾霾也照样治好了》，载《新能源经贸观察》2017 年第 2 期。

德国全民积极主动的支持、配合密不可分。中国在粗放式的经济发展模式之下,民众的环保意识正逐步养成。但中国全面全民环保意识的加强,还需要在幼儿园教育、中小学教育中,应当进行适量的课程安排。环保教育,从娃娃抓起,让环保理念深入人心。

(三)严格环境执法、设置环保警察

德国的雾霾治理严法律、硬实施,在执行过程中不打任何折扣。比如,德国很少有人会想方设法为超标的报废汽车造假,因为如果被查证属实,违法者因超标排污交的罚款要远远高于相关环保治理的费用。为保障雾霾治理的严格执法,德国还设立了环保警察。从20世纪70年代开始,德国各地陆续设立了环保警察的岗位。环保警察属于警察队伍中的一部分。环保警察都会开着警车,到他们负责的辖区巡逻。在雾霾治理中,如果环保警察发现工厂或企业存在违规排放大气、化学毒气外泄、废气聚集等大气污染现象,会要求其立即采取补救行动并及时上报,启动大气污染的应急机制。同时,德国的环保警察从管理、装备、培训、技术支持到执法等获得了法律从上到下的武装,对大气污染的事件可以独立进行调查和强制执法。我国当前的大气执法由环境行政主管部门负责,然环境行政主管部门对许多大气污染事件往往只能监督、检查,缺乏强制力保障,这就使我国的环境行政主管部门对许多大气污染事件的处理往往心有余而力不足。一直以来,国内呼吁设立专门的、独立的环保警察的呼声不绝于耳,实践中一些地方开始探索环保警察的设置模式,如派驻警察进入环保执法部门,抑或在公安机关内设主导环境办案型警种。显然,中国可借鉴德国等国家环保警察设立之经验,以及从立法上回应环保警察设立之需求,为雾霾治理提供强有力的执法保障。

第四节　日 本 模 式

属于发达国家的日本,早年也同样遭受了雾霾的侵扰。但在雾霾法治治理区域合作模式上,日本与英、美、德等欧美发达国家并不决然相同,反而形成一些亚洲国家的特色。

一、日本雾霾的污染、成因及治理

(一)污染

“二战”后,日本推行优先发展重工业的经济复苏线路。重工业基本上以煤炭、石油为主要能源,在经济快速腾飞之时,日本的重要工业城市大阪、神户、横滨、川崎等在当时时常浓烟滚滚,城市能见度低,空气中烟尘弥漫,硫化物等刺鼻的味道时时出现。在全世界的八大公害事件中,有一半发生在日本,主要包括:日本水俣病事件(1952~1972年),日本富山骨痛病事件(1931~1972年),日本四日市气喘病事件(1961~1970年),日本米糠油事件(1968年)。其中的日本四日市气喘病事件便是直接由雾霾污染导致:1961年许多四日市居民因大气污染,呼吸困难,哮喘病纷纷发作。持续到1967年,一些患者不堪忍受绝望而自杀。至1972年,四日市确认哮喘病患者达817人,死亡10多人,其他城市,如千叶、川崎、水岛、横滨、名古屋、岩国、大分等都有哮喘病在蔓延,全国哮喘病的患者多达6376人。

四日市哮喘病是雾霾污染集中发作的结果。当时的四日市市噪声震耳、乌烟瘴气、臭水横流,整座城市终年黄烟弥漫。20世纪60年代的东京也是烟雾熏天,白昼无法看见太阳。同期的川崎市、尼崎市、北九州市、名古屋南部、千叶县京叶高速沿线区域等由于火电站、石油冶炼厂的快速发展，大气状况严重恶化，也成为日本雾霾污染的集中沦陷区。[1]

（二）成因

早期日本的雾霾，包含四日市哮喘病的致病原因，主要是由于大量的燃煤、石油冶炼和工业燃油产生的烟尘、废气，严重污染城市空气。大气中二氧化硫浓度超标，重金属微粒与二氧化硫结合，形成了硫酸烟雾。20 世纪 70 年代，东京以及其他一些城市的雾霾却表现为以臭氧为主要成分的严重光化学烟雾事件，根据当时日本环保部门通过对东京几个主要污染源的调查发现，CO、NOx、HC 这三种汽车排放的污染物占总排放量的 80%，认定汽车尾气是光化学烟雾发生的源头。进入 21 世纪，千叶县在 2002 年 7 月 4 日，埼玉县在 2005 年 9 月 2 日也发出光化学烟雾警报。不同的是，在这些新的光化学烟雾事件中，VOCs 与 NOx 排放比例上升，碳氢化合物和热岛现象可能是造成光化学氧化剂污染的新诱因。[2] 此外，日本的地质条件决定了日本地震、火山频发。如日本关东、东海等地，每当樱岛火山爆发时，释放大量的二氧化硫，从而导致当地的 PM2.5 浓度明显上升。

（三）治理历程

根据日本专家的研究，日本雾霾的成因主要是两个：固定污染源——重工企业、移动污染源——汽车。因此，日本的治霾 50 年可以分为两个阶段，前半程主要针对工厂的排污治理，后半程针对汽车尾气排放。

---

[1] 参见杨昆、黄一彦等：《美日臭氧污染问题及治理经验借鉴研究》，载《中国环境管理》2018 年第 2 期。

[2] 参见杨昆、黄一彦等：《美日臭氧污染问题及治理经验借鉴研究》，载《中国环境管理》2018 年第 2 期。

前期针对工厂治理的主要事件有:1955 年,东京制定《防止排烟条例》;1962 年日本制定第一部《煤烟排放控制有关法律》;1967 年通过《公害对策基本法》;1968 年通过《大气污染防治法》,将排放标准上升到法律层面。政府鼓励和支持节能减排设备的研发,要求所有企业安装脱硫脱氮装置,减少排放。1969 年制定环境质量标准,实行排放控制;1970 年修订《公害对策基本法》和《防止大气污染法》;1971 年成立环境厅,2001 年升格为环境省。到 80 年代,日本基本上已经完成了对工厂的污染治理。

后期针对汽车治理的主要事件有:1978 年,日本效仿美国通过汽车尾气管制的《马斯基法》,提出将氮氧化物排放量削减 90% 以上;1981 年日本在主要城市实施氮氧化物的限排措施;1992 年出台《关于在特定地区削减汽车排放氮氧化物及颗粒物总量的特别措施法》(以下简称《汽车 NOx 法》),具体推进汽车尾气排放管制;1993 年颁布《环境基本法》;东京都从 1999 年开始,实施旨在削减柴油车颗粒物排放量的"柴油车 NO 作战";2000 年出台《关于确保居民健康和安全的环境条例》;2002 年,环境省提出了新的尾气排放规制方案,对 2005 年以后上市的柴油车规定了更严格的条件;2003 年东京推出一项新规,禁止柴油发动机汽车驶入东京,要求所有汽车加装过滤器;2010 年日本政府出台《汽车 NOx · PM 法》,将颗粒物纳入规制对象,强化对氮氧化物的规制。

(四)成效

在中国深受雾霾困扰的现今,人们才猛醒,我们的邻居日本也曾经深受雾霾之苦。但同时,国人无不感叹日本今天雾霾治理取得的成果。应该说,日本的雾霾治理反应迅速、行动快、效率高。以 2020 年 5 月 21 日监测到的日本与中国雾霾指数为例,日本全国范围内空气质量指数最高仅为 93,即对敏感群体不健康,大部分区域的空气质量指数为“好”或“中等”。然而反观我国同时期空气质量指数,仅有南方地区少数区域的空气质量指数呈现“中等”水平,其余地区空气质量指数均不容乐观,尤其在京津冀地区空气质量指数高达560,为全国仅有的空气质量有害区域。

日本全国空气质量普遍较好,一些地区空气质量中等,基本上已经没有重度污染地区。但日本的雾霾治理依旧存在隐患。近几年,东京的臭氧浓度持续在较高水平,福冈、千叶也时有雾霾出现。日本对雾霾的治理也从未放松警惕,一直处于不断的巩固与探索中。日本全社会已经形成一股合力,共同对付雾霾污染。

二、日本雾霾治理区域合作法治化的经验

(一)主动寻求与东亚等国家雾霾治理的区域合作

日本雾霾污染严重的区域主要是东京、大阪、四日市等城市。由于日本本土面积狭小,在国内的区域合作方面,通常是地方先行,出台严格的地方性法规,然后倒逼国家立法。在雾霾治理方面,日本地方政府团结一致,积极推动。尤其是各行业之间,以实际行动落实雾霾治理的法律法规。在雾霾治理方面,日本主动寻求与韩国、中国等东亚国家的合作,探求东亚雾霾法治治理区域合作机制。目前东亚是全球人口最稠密的地区之一,大多数国家属于能源消耗型的发展中国家,人均二氧化碳排放量高居世界前列。东亚国家基于传统的安全困境阻力、经济发展差异、利益诉求、外交惯例等因素,并没有形成欧盟的多层治理的模式或北美地区基于双边合作的治理模式。就目前东亚雾霾治理区域合作来看,日本与中国、韩国创设的“10+1”,以及东盟与三国集体对

话的“10+3”机制，起到了积极的协调作用。[1] 日本在东亚雾霾治理区域合作方面，起到了积极的推动作用。

（二）注重新能源开发和产业结构调整

日本是世界上可再生能源发展最快的国家之一。多年来一直开发太阳能、核能、风能等新能源，利用垃圾、地热等发电。为了开发核电、天然气等清洁能源，日本在1974年起开始实施“新能源计划”（又称“阳光计划”）；1978年推出“节能技术开发计划”（又称“月光计划”）；1993年推出“新阳光计划”；1997年通过实施新能源行动方案；2004年公布了“新能源产业化远景构想”；2008年提出将新能源作为未来经济增长的支柱产业；2009年公布《新国家战略能源》。通过上述计划，日本对石油、煤炭依赖下降，能源来源多元化，尤其是清洁能源的占比显著提升。传统能源造成雾霾污染的压力得到大面积的稀释。

在产业结构调整上，日本从“制造立国”“贸易立国”转向“技术立国”，东京等大城市也从传统工业向知识密集型的“高精尖新”工业发展。大部分重污染企业转移至落后地区或发展中国家，城市不再有排放的压力。随着产业结构的转型升级，工业污染由此得到有效控制。

（三）以科技作为治理雾霾的动力

与德国一样，日本也属于科技强国。20世纪80年代以来日本开始追求创造性技术政策，先后制定了《科学技术发展大纲》《科学技术基本法》《科学技术基本计划》等政策法规，以推进“科学技术创造立国”。90年代中期，日本又连续实施了三期《科学

---

〔1〕 参见关孔文、房乐宪：《东亚区域气候治理合作困境分析》，载《东北亚论坛》2017年第6期。

技术基本计划》。2006 年日本政府制定了《环境研究和环境技术开发的推进战略》以及具体的实施方针。

日本的雾霾治理同样也体现了大量的科技元素。主要体现在日本工业生产中的每一个环节,充分利用新能源技术、节能技术、环保技术、低碳技术、清洁技术等。在环保领域,当前日本的环保与电子、汽车已并列成为世界三大先进技术产业。日本是世界上环保产业发展最具代表性的国家之一。据日本环境省统计,2011 年日本环保产业产值 GDP 占比达 8% 以上,拉动了经济的发展。日本的节能技术达到了全世界较高的水平,发达的节能技术不仅解决了日本的能源问题,同时节能技术也领衔成为日本技术出口的强项。日本政府通过财政支持、税收减免等措施,鼓励企业在生产的同时,研发具有自主知识产权的环保技术。反之,对超标排放企业严厉处罚。相较之下,企业愿意进行环保技术的研发,获取新的经济增长点。以汽车尾气治理为例,日本成功地进行汽车尾气治理,主要得益于新型燃料技术、节能技术、废气净化技术、清洁生产技术等的全面支撑。显然,日本的雾霾治理,科技扮演了重要的角色。

(四)建立全方位雾霾治理监管机制

为了对 PM2.5 等大气污染物质进行监测,日本环境省设有大气污染物质广域监视系统,并将相关数据汇总分析通过网站 24 小时发布,日本 42 个都道府县的市民可通过手机随时了解大气污染信息。污染严重时,相关地区会每小时发布一次预警,便于市民预防。此外,日本的都道府县还在交通量大的地点设置了汽车尾气浓度测试点,当监测点污染物浓度超标时,站点工作人员可以向都道府县公安委员会提出采取限制交通的应急措施。[1]

---

[1] 参见陈亮:《借鉴国际经验探析我国雾霾治理新路径》,载《环境保护》2015 年第 5 期。

日本的大气管理模式是政府制定政策法规、企业具体实施、公众参与监督,层层尽职尽责,对雾霾治理不留死角。如有疏忽,就会被严厉追责,即便是政府也不例外。如1999年日本东京有633名哮喘等呼吸道疾病患者起诉政府,要求国家对于汽车的尾气进行限制。此后,因为PM2.5超标问题,起诉政府、汽车生产商的案件比比皆是,显示了日本全社会对雾霾治理的认真、执着。

三、对中国的启示

(一)加大公共交通建设

日本是汽车生产大国,其汽车生产以注重绿色、环保、节能而享誉行业。但在日本,政府并不鼓励民众时常开车出行,而是大力发展公共交通,尽量减少私家车造成的尾气排放。日本将公共交通做到极致,无论是地铁、电车、巴士、新干线等,无一例外都非常高效、便民。日本民众也形成了乘坐公共交通的低碳出行习惯。当前我国的高铁建设快速的发展,给国人的旅游、探亲等外出安排提供了极大的便利。高铁与航空一样,成为民众长途交通的首选。地铁也以其环境舒适、便捷成为城市的主要交通工具。但城市巴士、电车相对陈旧,地面交通的拥堵,影响了其地面交通功能的实现。未来的中国,应在增加高铁、地铁的线路的同时,还应通过路面规划设计、车辆更新等措施,吸引乘客,尽量减少城市私家车辆的尾气排放。尤其是北京、上海等城市,私家车出行的减少,将会降低城市空气污染风险。

(二)认认真真进行环保教育

日本的雾霾治理经验表明,治霾绝不是政府部门的独角戏,而是有赖于社会各界的广泛参与,尤其是民众的参与。日本的雾霾治理有一个特点,是自下而上推行的。日本的雾霾治理很多时候是通过民众的游行、起诉,进而推动政府的立法。日本民众也对环境保护非常敏感，当发生污染时，当地居民直接向地方政府提出保护环境的要求，地方政府迫于当地民众及舆论的压力，率先制定地方性法规，以应对大气污染。日本一直以来有重视环保教育的传统，自20世纪70年代，日本文部省就将环保教育列入中小学的教育大纲中，并开发了系列课程，如环保科技课程、自然资源课程、节能环保课程、垃圾分类课程等，确保环保教育落地生根。

（三）雾霾治理，从细节着手

日本作为一个岛国，在资源有限的情况之下，为最大化发挥生产力，在节能环保方面做足了文章。以绿化为例，日本的城市设计充分利用每一个狭小的空间，进行立体化的绿色规划，让城市建在森林里。东京市政府规定，新建大楼，必须进行楼顶绿化，保有足够的绿化。绿色植物是自然的肺，呼出新鲜氧气，吸收二氧化碳，净化空气效果明显。此外，日本在垃圾分类、商品包装等诸多细节上，无不体现绿色环保理念。中国人口众多，一直以来因地大物博、资源丰富，对环保节能没有予以足够的重视。但城市尤其是大城市的雾霾压力，也迫使中国政府从大气治理的角度来提倡低碳、节能、绿色。同样以城市绿化为例，从整体上来看，南方地区相比北方地区更重视绿化，大城市比小城市更重视绿化。广州在城市最繁华地区，拿出大块面积土地建设公园绿地，堪称全国绿化模范城市。但全国其他城市，在追求地产经济利益最大化的现实考量中，城市绿化并没有得到应有的重视。因此，中国的雾霾治理，也必须拿出决心和措施，并从细微处着手进行。

第五章　欧盟雾霾治理区域合作机制法治化的模式与启示

在跨国界的雾霾治理大区域合作方面，欧盟无疑是最成功的，获得国际社会的一致认可，进而成为北美、东亚等区域雾霾治理区域合作努力的方向。欧盟因其特殊的组织结构、先进的治理理念、治理模式、活动过程，率先形成了地区性的大气法治治理机制，将气候变化法治治理的理念及目标分解到具体的气候政策、措施中并取得了实效。欧盟在雾霾治理领域走在世界前列。虽然雾霾治理还存在一些问题，但是作为欧盟的新政策领域和全球的开创性气候政策，为地区气候变化治理提供了具有参考性的政策和机制样板。[1]

欧盟雾霾法治治理区域合作的成果与欧盟多年的努力所形成的政治、经济、文化、外教、传统等紧密融合的一体化分不开。欧盟在欧洲共同体的基础上发展而来，1993年正式诞生，现有27个成员国，人口约3.50亿，面积约242万平方千米。欧盟是欧洲

---

〔1〕 参见刘华、邓蓉：《多层治理背景下的欧盟气候变化治理机制——兼与联合国气候变化治理机制比较》，载《山西大学学报（哲学社会科学版）》2013年第3期。

地区规模较大的区域性经济合作的国际组织，但更像是一个联邦制国家，因为各成员方已将部分国家主权（主要是经济方面）交给欧盟。在雾霾治理方面，欧盟主导下的法治区域合作，颇具特色与成效，可以为中国提供一些思路。

第一节 欧盟雾霾治理区域合作法治化的进程与内在需求

一、欧盟雾霾治理区域合作法治化的进程

欧洲作为工业革命的起源地，最早遭遇了雾霾。在区域合作方面，也最早觉悟，并采取实际行动。其雾霾法治治理区域合作阶段可以追溯到1967年欧洲共同体的成立。[1] 其法治治理区域合作进程，经历了从各成员方自行治理到共同体法律行动、从事后治理到事先预防、从污染控制为主到生态环境保护、从国家到区域的整体性行动的过程。当前大气污染防治法已经成为欧盟法体系的重要组成部分。[2] 回顾历史，欧盟雾霾法治治理区域合作的进程大致可以分为以下几个阶段：

（一）萌发阶段（1958～1972年）

"二战"后的欧洲，各国都面临着快速发展本国经济的重大需

〔1〕 欧洲共同体是欧盟的前身。1965年4月8日，德国、法国、意大利、荷兰、比利时、卢森堡6国签订了《布鲁塞尔条约》，决定将欧洲煤钢共同体、欧洲原子能共同体和欧洲经济共同体统一起来，统称欧洲共同体。该条约于1967年7月1日生效，吉恩·瑞伊（Jean Rey）主持合并后的第一届委员会。欧共体总部设在比利时布鲁塞尔。

〔2〕 参见蔡守秋、王欢欢：《欧盟环境法的发展历程与趋势》，载《福州大学学报（哲学社会科学版）》2009年第4期。

求。但随着工业经济发展,雾霾等大气污染慢慢累积,并先后在各国集中爆发,如1952年伦敦雾霾事件、1962年德国鲁尔工业区的雾霾事件。由于当时各国的重点任务是发展经济,雾霾治理并没有受到足够重视。加之各国大气污染危害程度不一,除了雾霾污染最严重的德国、英国、法国等国家在本国区域内"头痛医头、脚痛医脚"的探索外,在雾霾法治治理区域合作方面,各成员方并未达成共识。当时如德国的"高烟囱"政策、英国禁止伦敦燃煤取暖政策等,其雾霾治理的视野都集中于本区域或本国之内。

在这一时期,欧洲经济一体化的需求逐渐显现。1951年法国、联邦德国、意大利、荷兰、比利时、卢森堡六国签订《欧洲煤钢联营条约》,1957年六国又签订了建立欧洲经济共同体条约和建立欧洲原子能共同体的《罗马条约》。1965年,六国签署了《布鲁塞尔条约》,之后上述三个共同体机构融为一体,建立了欧洲共同体。在上述区域合作的努力中,经济合作是优先决策事项,根本不曾提及雾霾治理区域合作事项,法律文件中也没有关于大气污染治理的直接规定。直至20世纪60年代末,在德国、英国等几个雾霾严重国家的推动下,欧洲共同体才勉强通过一些与雾霾治理相关的法律文件。如1967年通过了《有关危险制品的分类、包装和标签的67/548指令》、1970年通过了《有关机动车允许噪声声级和排气系统的70/157指令》。

(二)艰难探索阶段(1972~1986年)

1972年,欧共体六国召开巴黎首脑峰会,首次提出在欧共体内部形成共同环境保护政策框架,这是欧共体大气污染防治历史上是具有里程碑意义的重大事件。会议虽然直接提及大气污染防治,但从环境保护的角度强调各成员方对于无形的价值和环境保护应予以特别关注,以便进一步真正服务于人类。[1] 1975 年,欧盟才通过了它的第一项关于空气污染防治的法规——汽油硫含量指令。随后,理事会通过了《欧共体第一个环境行动规划》(1973—1976)、《欧共体第二个环境行动规划》(1977—1981)、《欧共体第三个环境行动规划》(1982—1986)。在这三个环境行动规划的指引下,欧盟环境法扩展至大多数环境保护领域,社会对环境保护的关注度迅速提升。直到 20 世纪 80 年代中期,欧盟由于大气污染加剧以及全球气候变暖等,欧盟才逐渐加强了空气污染立法。包括针对气体和粉尘排放通过的近 20 个法规和指令、针对臭氧层保护通过了 9 个公约、决定和指令等。

之所以将此阶段形容为艰难探索时期,是因为此阶段雾霾法治治理区域合作还存在一些重大问题。主要有:欧共体通过的三个环境行动规划并不是法律文件,而只是欧共体的政策倡导,对各成员方并没有法律强制约束力;虽然也有关于大气污染防治的二级环境立法,但法律规范的层次不高、效力不足、缺少执行和实施机制,导致环境行动规划的实施效果有限;环境立法通常是对环境保护要求较高的国家迁就对环境保护要求较低的国家,最终形成"最低共同标准立法"。[2]

(三)正式确立阶段(1986 ~ 2000 年)

1987 年 7 月 1 日生效实施的《单一欧洲法》为欧盟的环境保护提供了执法依据。自此,雾霾治理成为欧盟与成员方共享的权能领域之一。随后,理事会通过了《欧共体第四个环境行动规划》

---

[1] 参见柯坚:《欧洲联盟环境与发展综合决策的政策演变与立法发展》,载《世界环境》2001 年第 1 期。

[2] 参见傅聪:《试论欧盟环境法律与政策机制的演变》,载《欧洲研究》2007 年第 4 期。

(1987—1992),该计划针对不同的污染,提出了具体的应对方法,并首次提到了区域合作的问题,标志着欧盟雾霾治理达到一个新的高度。在此期间,欧盟陆续通过一百多个环境政策法律。1993年2月生效的《欧洲联盟条约》(又称《马斯特里赫特条约》)使环境政策在欧盟中的法律地位得到进一步加强,并第一次在环境决策程序中引入合作程序。紧随《马斯特里赫特条约》其后,1993年2月,欧共体通过《欧共体第五个环境行动规划》(1993 - 2000),即《欧洲共同体有关环境和可持续发展的政策和行动的规划》,又称《走向可持续性》的行动规划。1997年欧盟签署了《阿姆斯特丹条约》,条约也将可持续发展作为欧盟的根本目标,扩大和强化了欧盟的环境政策范围和功能。关于雾霾治理,此阶段通过的空气质量的立法主要有:《环境空气质量评估和管理指令》(1996)、《关于环境空气中二氧化硫、二氧化氮、氮氧化物、微粒物和铅含量限值的指令》(1999)、《关于在成员国内建立环境空气污染监测网和站点相互交流污染信息和数据的决定》(1997);固定污染排放源立法主要有:《欧盟关于限制大型火力发电厂排放特定空气污染物质的指令》(1994)、《关于从汽油仓库和从终端到汽油站运送过程中导致的挥发性有机化合物控制指令》(1994)、《关于限制在特定活动和设施中使用有机溶剂导致的挥发性有机化合物排放的指令》(1999)、《关于降低在特定液体燃料中硫含量的指令》(1999);移动空气污染源控制主要立法有:《关于汽柴油质量的指令》(1998)等。

这一阶段欧盟雾霾治理区域合作获得了欧盟基本法律的认可,并在环境空气质量、大气污染物排放、移动汽车污染排放等具体领域确立了具体合作原则和措施,可视为欧盟雾霾法治治理区域合作的正式确立阶段。

（四）一体化阶段（2000年至今）

进入21世纪，欧盟大气治理法律稳步发展，调控手段不断增多，调控范围逐步扩大。雾霾法治治理区域合作，从形式到实质，呈现一体化发展趋势，并形成稳定模式。2002年7月，欧盟通过《欧共体第六个环境行动规划》（2002—2012），将气候变化作为四个优先领域之一，确立了覆盖空气污染的主题战略。第六个行动计划实施结束后，欧盟空气质量明显提升，欧盟走上雾霾等环境问题治理的全球领导地位。2013年，欧盟正式执行《欧盟第七个环境行动规划》（2013—2020），该计划将改善大气质量，避免大气污染给人类健康和环境带来显著的负面影响和风险规定为欧盟的长期目标。

具体到大气污染防治方面，此阶段通过的空气质量的立法主要有：《关于环境空气中一氧化碳、苯含量限值的指令》（2000）、《关于环境空气中臭氧含量限值的指令》（2002）、《有关大气臭氧的2002/3/EC指令》、《有关建筑物能源问题的2002/91/EC指令》、《有关确立欧共体温室气体排放权交易的2003/87/EC指令》、《关于环境空气中砷、镉、汞、镍和多环芳烃含量限值的指令》（2004）、《欧洲环境空气质量和更加清洁空气指令》（2008）、《欧洲清洁大气政策包》（2013）等；固定污染排放源立法主要有：《废物焚化指令》（2000）、《关于国家特定空气污染物质排放最高值的指令》（2001）、《欧洲洁净大气计划》、（2005）《综合污染预防和控制指令》、（2008）《关于限制中等燃烧电厂特定大气污染物排放的指令》（2015）等；移动空气污染源控制主要立法有：《关于修订1998年汽柴油质量的指令》（2003）等。[1]

[1] 参见谢伟：《欧盟大气污染防治法及对我国的启示》，载《学理论》2013年第4期。

在一系列环境行动计划的指引下,欧盟建立了大气治理的法治框架结构,并将可持续发展作为欧盟大气治理的目标和指导思想,形成了欧盟大气治理的一体化格局。欧盟不断完善的区域大气污染一体化的治理机制和制度安排,日渐成为全球各区域大气治理区域合作的典范。

二、欧盟雾霾治理区域合作法治化的内在需求

欧盟的雾霾法治治理一体化不是一个时髦的口号,也不是一时的冲动。欧盟大气污染治理的强大动力源于其自身的地理条件、能源、经济、政治、外交等综合利益考虑,因而才能持续地发展。

(一)自然因素

敏感的气候与地理环境使大气无法承载工业化的重负。雾霾形成的主要原因之一是大气中以二氧化碳为代表的温室气体大幅增长。在工业革命之初,大气中二氧化碳浓度基本保持在280ppm(0.028%)的水平。18 世纪末 19 世纪初欧洲率先进入工业时代,蒸汽机的发明、煤炭的使用,使最早开始工业化的欧洲占全球排放总量的比例一度达 90%。快速的经济增长以牺牲空气质量为代价,随后,极端恶劣的雾霾天气在欧洲国家先后出现。1952 年 12 月,英国伦敦因为严重的雾霾,1.2 万人的生命被夺走,更多人患上了支气管炎、冠心病、肺结核或癌症。随后,欧盟其他国家也先后遭受雾霾、光化学污染、酸雨等其他严重大气污染。因此,从整体上来看,欧盟国家的环保意识以及对雾霾治理的认识要早于其他工业化发展较晚的国家与地区。此外,欧盟具有特殊的地理位置和敏感的气候,抵御气候变化负面影响的能力较为被动。因此,大气污染对欧洲造成的影响尤为重大,呈现一损俱损、一荣俱荣的连带态势。以欧洲的气候为例,欧洲环保署

的报告指出，欧洲变暖的水平超过了全球平均水平。到20世纪末，如果夏季的温度升高3摄氏度，阿尔卑斯山脉80%的冰川将会融化，并有可能在2050年消失殆尽。[1] 可见，在欧盟的雾霾治理中，任何一个成员国都无法独善其身。欧盟正是基于对大气污染风险的评判，从生存的角度产生了大气污染治理的强大动力。

(二)经济因素

欧盟雾霾法治治理区域合作亦是能源与经济转型的需求。能源是经济发展的动脉与血液。欧盟在能源上存在严重短板。石油、天然气等主要的能源基本上完全依赖进口，能源短缺的局势使得欧盟在发展经济上受制于能源出口国的态度与政策，缺乏自主选择的自信。若能够从能源技术上找到突破口，实属一举多得。既可以摆脱能源上受制于人的被动局面，又可以克服传统能源高排放的弊端，从而达到重建经济增长点的目的。根据"一切照旧"的模型计算，实施大气污染治理行动可以使欧盟的石油、天然气的进口量到2020年下降15%。如果提高能效和发展可再生能源的政策继续保持到2030年，那么欧洲的石油净进口会出现下降的趋势，而天然气的进口也趋于稳定。[2] 作为科学技术在全球处于领先地位的欧洲国家，在新能源技术的开发上，具有得天独厚的优势。实际上，欧盟的低碳技术、碳排放交易体系等已经在气候治理领域起到引领作用，欧盟各国已经敏锐地感觉到雾霾治理将会给欧盟的经济发展带来又一次类似于工业化革命的转型机会。

---

[1] See EEA, *Impacts of Europe's Changing climate*, EEA Report (No. 2, 2004), http://www.eea.europa.eu/publications/climate-report-2-2004.

[2] See WWF European Policy Office Briefing, *The European Unions Energy Police and Climate Change: Why Acting Now Will Help Save the Climate and Benefit the EU economy*, http://www.panda.org/epo.

（三）政治因素

欧盟雾霾法治治理区域合作有利于强化欧盟在气候政治与外交中领导权与话语权的建构。气候问题背后体现的是权力的角逐，话语权的争夺。“二战”后，在国际政治中，欧盟的影响力逐步减弱，力图通过抱团、一个声音说话，来加强欧盟整体在国际社会的影响力。“气候政治”便是一个抓手与契机，在与美国的博弈中，欧盟通过引领“京都进程”的谈判议程、倡导“德班路线图”、举办“巴黎世界气候大会”等诸多举措，树立了其在国际气候领域的号召力。不可否认，欧盟通过输出气候治理标准，展现其政治、外交软实力和影响力，在当今国际社会的“气候政治”中已发展成为绝对的领导者，远远超出了美国以及包含中国在内的广大发展中国家。

第二节　欧盟雾霾治理区域合作法治化的主要措施

欧盟范围内雾霾法治治理区域合作的措施分为三个部分：欧盟推行的措施、欧盟主导下在成员方统一实施的措施、成员方自主性的补充措施。三类措施层次分明，形成由点到面，点面结合的雾霾法治治理体系。

一、欧盟推行的措施

（一）积极推动雾霾治理的立法及国际合作

20 世纪 90 年代初，当其他国家仍在质疑气候变化的真实性、可信性时，欧盟率先号召各国应对全球大气污染治理，并积极推进国际气候治理机制的形成。欧盟对国际气候变化公约的制定表现出了极高的热情，并且积极推动公约的签订。1992 年 5 月 9 日，联合国政府间气候变化专门委员会通过了《联合国气候变化框架公约》（以下简称《公约》），《公约》奠定了应对气候变化国际合作的法律基础，是具有权威性、全面性、普遍性的国际框架。但是《公约》所规定的义务不具有法律约束力。在欧盟的努力与推动之下，1997 年 12 月，联合国气候变化框架公约第三次缔约方会议在日本京都召开，经过谈判，会议通过了《京都议定书》，欧盟作为一个整体承诺将减排 8%。《京都议定书》针对《公约》作出的“温室气体减排”的具体实施细则，也是世界上第一个具有法律约束力的国际环保协议。欧盟及其成员方于 2002 年 5 月 31 日正式批准了《京都议定书》。2001 年，在美国宣布退出《京都议定书》情况之下，欧盟没有动摇，而是积极努力挽回局面，积极游说其他国家继续推进气候变化治理共同行动。[1] 经过欧盟的努力，2005 年 2 月 16 日，《京都议定书》正式生效，这是人类历史上首次以法规的形式限制温室气体排放。2015 年 11 月 12 日，欧盟成员方成功举办了“巴黎世界气候大会”，大会通过了《巴黎气候协定》，达成在全球具有一体约束力的协议。通过多年的努力，欧盟在全球气候规则制定、减排、碳交易、碳关税等领域作出了巨大的贡献，也取得了丰硕的成果。

（二）建立了欧盟雾霾法治治理区域合作的专门机构

欧盟雾霾治理的系统机构是雾霾治理区域合作的基石，是法治的来源。主要包含立法机构、执法机构、司法机构，形成一个完整的雾霾法治治理区域合作运行体系。（1）立法机构。欧洲议会和欧盟环境部长理事会共同分享欧洲雾霾治理的立法权，其中环

〔1〕 参见谢来：《为什么欧盟积极领导应对气候变化》，载《世界经济与政治》2012 年第 8 期。

境部长理事会的立法权甚至高于议会。议会中的绿党在推动大气污染防治方面,具有强大的影响力。而欧盟委员会负责起草欧盟大气污染防治法律并确保法律的执行。经济和社会委员会、地区委员会在制定欧盟大气法律时向议会、理事会和委员会提供咨询性意见。在欧盟雾霾治理立法的过程中,各成员方、社会组织则通过谈判、协商、游说等方式表达意见、参与立法。[1] (2)执法机构。欧洲环境署作为欧洲联盟建立的一个监测和分析欧洲环境的机构,负责区域内大气污染防治的协调和管理工作。实际上,欧洲环境署执法权较弱,主要是行使统计、咨询功能:为欧盟、成员方制定和执行大气环境保护法律法规、政策提供统计数据,并对各类大气环境保护政策措施的实施效果进行评测或提供咨询。[2] (3)司法机构。欧洲法院负责区域内成员方、社会组织关于大气污染的争端解决。特殊情况下,也可以对欧盟决策机构是否进行充分的大气环境保护进行司法审查。自20世纪90年代以来,先后有保加利亚、波兰、德国、法国、英国、意大利、匈牙利、罗马尼亚等国家,因为空气污染超标,被欧盟委员会起诉到了欧洲法院。

(三)制定联防联控的大气环境共同行动计划

欧盟在制定大气污染防治联防联控的条例、指令、决定时,通常是一盘棋的整体规划和共同的行动指引。1973年至今,欧盟共发布了7个环境行动规划,尤其是2001年发布的第六个环境行动规划,主要以大气污染防治为核心。欧盟除了要求成员方严格执行欧盟大气标准外,还对各成员方实行大气污染协调控制和区域

---

〔1〕 参见雷珉:《欧盟立法程序中的"共同决定"》,载《中国人大》2013年第4期。

〔2〕 参见张茂明:《欧洲联盟国际行为能力研究》,当代世界出版社2003年版,第236页。

空气质量管理协调。面对跨界大气污染,成员方可以联合制定行动计划,破解困境。各成员方在本国进行空气质量的"区""块"管理模式,如若发现"区""块"内空气质量超标,应及时通知邻国并向欧盟汇报。欧盟对于跨界大气污染,可进行调查、协调或责令成员方采取相关处置措施。

二、欧盟主导在成员方实施的措施

欧盟作为经济、政治高度一体化的区域组织,很快将国际公约中承担的气候治理义务转化为具体措施,在各成员方国内推行。其中最具影响力、最富成效的措施如下。

(一)欧盟提出了每个阶段具体可监督的量化指标

为了履行《京都议定书》制定的目标计划,欧盟在 2007 年 3 月颁布了第一个欧盟气候与能源政策,即"2020 年气候能源政策"[1],能源政策提出欧盟到 2020 年实现温室气体排放量比 1990 年减少 20%,若条件许可则减少 30%,可再生能源电力占比提高到 20%,能效提高 20%。2014 年 1 月 22 日,欧盟委员会提出了 2030 年气候和能源政策目标,旨在促进欧盟低碳经济的发展,提高能源的竞争力,使欧盟经济实现可持续性发展。介于欧盟 2020 年的近期目标和 2050 年的长期目标之间,2030 年能源政策目标是一个中长期的目标。其主要内容包括:2030 年前,欧盟温室气体排放量与 1990 年相比减少 40%,能源消费中可再生能源占比将提高至 27% 以上。其量化指标主要针对能源和温室气体。

(二)欧盟建立碳排放交易体系(EU - ETS)

为了实现《京都议定书》确立的二氧化碳减排目标,欧盟 2005

---

〔1〕 张敏:《解读"欧盟 2030 年气候与能源政策框架"》,载《中国社会科学院研究生院学报》2015 年第 6 期。

年建立了世界上第一个多国参与的碳排放交易体系，其本质是一个气候政策体系。该体系将《京都议定书》下的减排目标分配给参与 EU－ETS 的各成员方，各成员方必须符合欧盟温室气体排放交易指令的规定，以减量分担协议作为目标，执行温室气体排放量核配规划工作，履行京都减量承诺。各成员方根据本国制定的计划将排放配额分配给各企业，各企业通过采用新技术、使用新能源，节能减排，减少了二氧化碳的排放，可将用不完的配额卖给其他未完成减少排放目标的企业。欧盟排放交易体系的具体做法是：欧盟各成员方根据欧盟委员会颁布的规则，为本国设置一个排放量的上限，确定纳入排放交易体系额的产业和企业，并向这些企业分配一定数量的排放许可权。[1] EU－ETS 已成为全球最大的碳交易体系，迄今为止，已有 31 个国家加入，涉及钢铁、水泥、电力、玻璃等行业，包括约 12000 个能源消耗企业，在世界碳交易市场中起到示范作用。

（三）以成熟的政策法制体系，推进综合、多层治理措施的实施

欧盟自决心开始进行雾霾等大气治理，就积极依法治的手段来推进各项措施的落实。20 世纪 80 年代，欧盟的大气治理法制体系处于酝酿阶段，当时的法制建设主要围绕能源创新进行。发展到 20 世纪 90 年代后，运输法制、税收法制也被融入气候治理法制体系中。步入 2000 年后，欧盟的气候治理法制体系日趋成熟、完备，主要变化表现为：从适应气候变化的法制治理转向应对气候变化的法制治理；从单一治理转型包括碳捕获储存、节能减排、发展低碳技术、能源、运输、市场激励等多方面的综合治理。欧盟 2000 年启动的“欧盟气候变化计划”是一项综合行动计划，包括

---

〔1〕 参见张荣、郑兰平：《欧盟国家低碳经济发展的相关政策和制度安排》，载《学术论坛》2014 年第 36 期。

诸多统一与协调的政策与措施，如欧盟排放交易指令、建筑能效指令、可再生电力指令、利用京都机制指令、发展热电联产指令、运输部门的生物燃料指令、能源税指令和汽车制造业的自愿协议8项措施。欧盟气候治理立法的一个亮点与特色是注重发展低碳技术，同时，借助市场的手段，为实现节能减排而努力。梳理欧盟的气候治理法制，主要包括应对气候变化法制、适应气候变化影响法制、科技创新法制三个方面，按照气候治理涉及的领域与行业来分，包括：减排法制政策；能源法制政策；运输法制政策；税收法制政策；碳捕获储存法制政策。[1]

三、成员方的自主性补充措施

欧盟各成员方在雾霾治理现实需求、治理的愿望、能力、责任分担等主客观方面存在较大的差异。因此，在国际社会、欧盟组织的统一协调下，各欧盟成员方在雾霾治理上具有较大的自主性。如欧盟实行碳排放交易体系时，其27个成员国在经济发展水平、体制结构、产业结构等方面有较大差距，要求全体成员国采取相同的排放额度是不切实际的，所以，欧盟在总体实现减排计划的同时，兼顾各成员之间的差异性，允许各个成员方根据其自身的条件，在符合欧盟排放交易指令标准的基础上制定符合其本国经济发展状况、体制机制、产业结构的碳排放额度，有效地平衡各成员方之间的利益分配。各成员方通过国内立法、执法、司法等多种形式，制定了诸多行之有效的雾霾治理补充性措施。

（一）英国

在欧盟，英国是最早深受雾霾侵扰之害，率先觉醒、积极采取

〔1〕 参见傅聪：《欧盟应对气候变化治理研究》，中国社会科学研究院2010年博士学位论文，第30～36页。

行动并且治理颇富成效的国家。作为世界上第一个工业化国家，英国经历过最严重的空气污染。在付出生命的代价后，英国痛下决心整治环境。1956年，英国颁布《清洁空气法》，这是世界上第一部空气污染防治法案。1968年以后，英国又出台了一系列空气污染防治法案。进入21世纪后，英国的气候治理主要通过新能源政策、低碳技术等手段来实现。2003年英国政府发表了《能源白皮书——构建一个低碳社会》，首次提出了以能源环境为首要目标，建设低碳经济和低碳社会。2007年5月英国贸易工业部发布了新版本的《能源白皮书——迎接能源挑战》，重点论述为应对气候变化，在英国国内减排 CO_2。2008年，英国正式通过《气候变化法案》，英国是世界上第一个应对气候变化问题，通过立法控制温室气体排放的国家。根据《京都议定书》及欧盟内部分担协议规定，英国2008～2012年的温室气体排放量应比1990年降低12.5%。得益于英国严格的气候治理措施，英国已很好地完成欧盟节能减排的任务。英国虽然于2020年1月31日正式脱欧，但之前欧盟所达成的大气污染治理的义务与责任，英国必须继续承担和履行。

（二）法国

法国也是雾霾治理积极的倡导者与践行者。身处欧盟的法国，其雾霾治理具有明显的多层次特征。作为与中国相同的由传统集权国家演变发展的单一制共和国，法国十分强调和重视大气污染的地方治理，并已经形成多层次大气污染地方治理结构。在这一结构中，不同层级主体相互发挥作用，其中包括：纵向的地方政府、中央政府之间通过计划合同方式实现协调、合作；横向的市场、公民、社会、政府间的磋商、配合、支持；地方公共团体对于中央决策以及全球气候治理的积极影响等。法国大气污染治理已经形成特色，尤其是2015年年底的巴黎气候大会之后，法国已经形成了由各级政府、企业、社团组织组成的“多中心”气候变化决策体系以及多层次互动的地方治理模式。由于重视国内大气污染治理，加之减排压力小，任务轻，能源转型优势突出，法国在国内大气污染治理进程中取得充分的自信，气候治理成为法国外交战略的重要组成部分。

（三）德国

作为世界经济强国，德国依靠自身的资金、技术优势，成为全球雾霾治理的中坚力量。在欧洲所有国家中，德国将能源政策与气候政策相结合，制定了具有德国特色的大气污染治理战略，富有成效地控制了温室气体的排放。2007 年，德国政府发布《能源和气候保护综合计划》，确立了本国温室气体排放相较 1990 年，在 2020 年减少 40%，2050 年减少 80% ~90% 的减排目标。关于实现减排的路径，2010 年，在《2010 联邦政府能源观及 2011 能源体系转型》战略文件中，德国政府明确提出将主要通过发展可再生能源、提升能源利用效率实现减排目标。默克尔政府在 2011 年日本福岛核泄漏事故后，加速推进德国能源转向政策。2014 年，德国联邦议会修订《可再生能源法》，为了刺激德国可再生能源技术的创新与大规模应用，立法加强了对可再生能源消费的补贴。在立法和政策的保护刺激下，2015 年，绿色能源已占德国能源供给总量的 30%，德国可再生能源发电 320 亿千瓦时，比 2003 年增加 148.5%。而在 2012 年，德国温室气体排放量远超《京都议定书》中到 2012 年较 1990 年减排 21% 的承诺，下降了 25.5%，超额完成了任务，减排幅度居发达国家之首，为全球气候治理做出了表率与示范。[1]

---

〔1〕 参见吴志成、王亚琪：《德国的全球治理：理念和战略》，载《世界经济与政治》2017 年第 5 期。

（四）其他国家

政治、经济、文化发展的差异以及利益的分歧使欧盟各国在雾霾治理上的表现与态度各不相同。意大利由于能源密度较低，天然气在能源结构中所占比重较大，减排成本较高，所以国内对大气污染治理不太积极。西班牙、波兰等不太富裕的欧盟国家，在制定政策或法律时，更多的是考虑发展的现实问题。所以在很长的一段时间内，西班牙都将大气污染治理当作是影响经济增长的一个负担，缺乏主动决策的意识与有效的行动措施，国内的气候治理仅仅是中央政府对欧盟气候政策的被动应对。北欧的丹麦、芬兰等国家，得益于地理位置、气候条件、经济结构等优势，国内雾霾治理压力不大。但从区域整体和长远利益考虑，这些国家也积极参与欧盟的大气污染治理。以对气候最为敏感的国家之一——荷兰为例，气候变化对其国土安全以及国民生存造成巨大威胁，荷兰从官方到民间对气候的治理表现出极大的主动性与自觉性。1989 年，荷兰出台了《荷兰国家环境政策规划》，标志着荷兰气候治理从部门的、分散地向综合的、长期的转变。主动、务实、充满热情是荷兰气候治理的基本特征。

第三节　欧盟雾霾治理区域合作法治化的得失评价

作为工业化最早的欧洲国家，在快速发展本国经济的同时，欧盟也率先遭遇了雾霾的痛楚。基于紧迫的现实压力和未来可持续发展的需要，欧盟一直是全球雾霾治理最主要的推动力量，其采取了一系列的推动低碳经济发展的措施，在实现节能减排、推动经济发展的道路上取得了不错的成就。欧盟在雾霾治理上的积极主动姿态和实际行为,逐渐树立了其在全球雾霾政策领域的倡导者和规则制定者的形象,欧盟雾霾的治理模式以及法治治理的经验成为许多国家学习的样板,其走过的弯路也为其他国家雾霾治理指明了方向。欧盟在全球雾霾治理行动中无疑是最活跃、最具影响力的行为体之一。

一、欧盟雾霾治理区域合作法治化的成功经验

(一)将雾霾法治治理从欧盟内的区域合作推向国际层面的合作

欧盟在雾霾的法治治理过程中,从雾霾治理到气候环境保护,从欧盟内的区域合作到国际层面的大区域合作,其视野不断扩大,合作的广度、深度也不断拓展。在国际层面,从 20 世纪 80 年代促动《联合国气候变化框架公约》谈判开始,经过 30 多年的努力,欧盟成功地使气候变化问题引起全球重视,成为国际政治、经济领域关注的焦点。同时,欧盟积极地采取气候治理措施,在气候治理上极富成效,使其获得先发优势、领导权和话语权。实际上,将雾霾置于大气环境以及人类的可持续发展,将局部地区的雾霾置于全球范围,形成全人类、全球化的合作,方可彻底、根本解决雾霾对地球造成的局部伤痛。这需要决策者具有长远的眼光、开阔的视野和博大的胸襟。

(二)特色:多层网络治理机制的形成

所谓的"多层治理",通常意义上认为是指"相互嵌套的、政府之间在多个疆域层次上持续协商的体系"。[1] 在这一体系之下,

---

[1] Liesbet Hooghe & Gary Marks, *Unraveling the Central State, but how? Types of Multi-level Governance*, The American Political Science Review, Vol. 97:2, p. 233(2003).

私人、政府、国家、超国家、跨国家等多个主体，尽量地将各种主义、利益纷争抛在一边，在雾霾治理问题上进行深度、广度、密度的互动与合作，形成气候雾霾网络治理格局。“网络治理”意味着在多层级的治理结构中，超国家、国家和次国家行为体对权力进行分配，国家和社会行为体行为聚集，国家权威色彩淡化，形成一种治理的网络体系。[1] 欧盟借助于其在地理位置、政治体制、经济发达等方面的优势，开创性地在全球建立先进的大气污染治理理念以及该理念指导下颇具特色的地区性大气污染治理机制，从而为全球大气污染治理提供新的视角。考察欧盟的雾霾治理机制，“多层治理”“网络治理”是其核心特质。多层治理模式是欧洲一体化过程中的特色之一，欧盟的气候治理模式处处都渗透着多层治理的理念，不仅仅是治理主体的多样化，也是治理行为、措施、制度的丰富与多样。如今的欧盟，呈现一种各层互相重叠的复杂嵌套式的治理体系，欧盟、民族国家、地区和城市机构间编织了一张巨大的网络。[2] 如图 5－1 所示，各个分散的主体、行为、法律等要素，以连接点的形式广泛地介入整治网络，从而形成相互作用与影响的极富活力的网络治理模式。[3]

---

〔1〕 参见［德］贝娅特·克勒、［德］波特霍尔德·利特伯格：《欧盟研究中的“治理转向”》，吴志成、潘超编译，载《马克思主义与现实》2007 年第 4 期。

〔2〕 See Loughlin J, *Introduction* : *The Transformation of the Democratic State in Western Europe In J. Loughlin (ED.) Subnational Democracy in the European Union Challenges and Opportunities*, Oxford University Press, 2001, p. 2.

〔3〕 See Silverstini A, *Multilevel Climate Policy* : *National and Local Efforts in Support of EU Biofuel Policies Exemplified by Germany, the United Kingdom, Italy, and Finland*, 2008, p. 13.

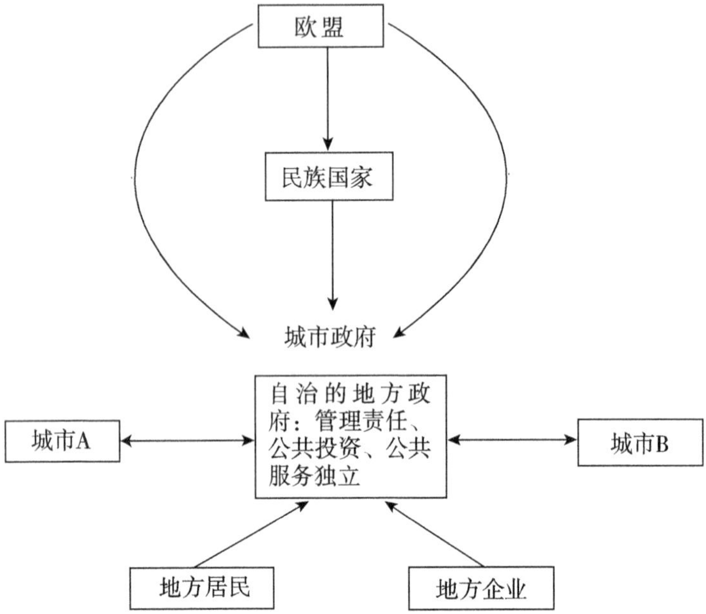

图 5-1　欧盟社会网络治理模式

（三）亮点：统一碳排放交易体系（EU-ETS）的建立与良好运行

欧盟作为全球领先的大气污染治理行动倡导者，并没有辜负自己的信誉，超额完成了在《京都议定书》中承诺的责任——到2020年温室气体排放量降低20%以上。欧盟能低成本、高效率地完成碳减排目标，很大程度上归功于让欧盟引以为豪的欧盟统一碳排放权交易机制。欧盟在大气污染治理方面最值得推广的经验就是赋予碳排放权商品属性，通过市场以及价格信号的刺激，提高能源使用效率，激励现有碳排放技术的替代性技术开发，并触发必要的金融流动，最终走向低碳之路。从12年的运行情况来看，欧盟排放交易体系在试验阶段虽然并非完美无缺，但是作为一项重要的公共政策，考虑到该体系需协调27个主权国家的行动，而且从最初构建到实施只有3年时间，可以说其实施效果超过其他总量交易机制。[1] 具体而言，如图 5－2 所示，EU－ETS 与节能减排、技术革新与新能源开发、碳金融体制、低碳经济发展形成良好的激励效果。

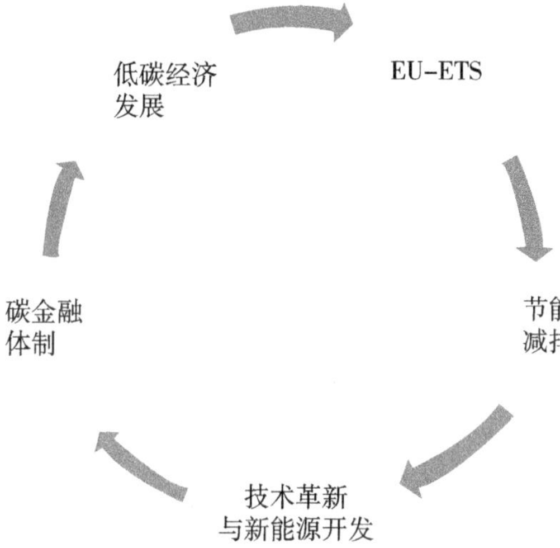

图 5－2　EU－ETS 对低碳经济发展的激励效果

受 EU－ETS 的激励，中国等发展中国家也开始尝试建立本国的碳排放交易体系。同时，欧盟在新一轮国际气候谈判中的话语权得到提升，并进一步提出了雄心勃勃的目标，即建立全球性碳排放交易体系。欧盟之所以提出如此目标，信心来源于 EU－ETS 的成功实施。

（四）抓手：技术创新和新能源的开发

欧盟在气候治理上思路非常明确，即坚定不移发展科学技术，重点突破节能减排、新能源开发等领域。在 20 世纪 70 年代，

[1] 参见李布：《借鉴欧盟碳排放交易经验构建中国碳排放交易体系》，载《中国发展观察》2010 年第 1 期。

欧盟的前身——欧共体委员会推出了标志着欧洲统一的科技研发合作战略形成的《1977—1980 欧洲共同体科技政策指南》。为搭建欧洲企业间合作平台,1983 年欧共体推出了第一个“技术研发框架计划”FP1(The First Framework Programme for Research and Technological Development)。从 1983 年起,欧洲开始实施自己的研究与技术开发计划(以下简称 FP)。迄今,共执行了七个框架计划。随着大气污染问题的凸显,依托“技术研发框架计划”,欧盟加强了能源技术创新研究。在 FP6 中,能源并未单独作为优先领域,而是放在“可持续发展,全球环境变化和生态系统”中。为了开发、使用新技术和可持续发展的能源使用策略,尤其是增加可再生能源的利用能源技术,FP6 重点研究可再生能源技术、燃料电池、节能提效、替代燃料、氢储能等。在 FP7 中,能源成为独立的优先领域,目标是优化能源结构,提高能源效率,应对能源供应安全和气候变化。其研究的重点转向:氢能和燃料电池、二氧化碳捕获与封存、可再生能源发电、洁净煤技术、电力、节能提效、天然气网络和能源政策研究等。2008 年,欧盟实施“欧洲战略性能源技术规划”(European Strategic Energy Technology Plan, SET - Plan),这是欧盟指导能源技术发展的战略性文件,体现了当时欧盟对能源技术发展的新判断和新认识。SET - Plan 提出欧盟未来能源发展需依赖的 6 个支柱:工业用生物燃料、欧洲电网、燃料电池和氢能、碳捕捉及运输与存储、核电、太阳能和风能技术。[1] 欧盟正是利用科技技术的创新以及能源政策的调整在国际大气污染治理中取得领先优势,并因此而引领大气污染治理的目标与方向。

---

[1] 参见尹明、张铁峰:《欧盟能源科技创新战略对我国能源互联网发展的启示》,载《电力信息与通信技术》2016 年第 3 期。

（五）保障：完备的雾霾治理法制

法律对欧洲一体化进程的作用一方面表现在，法律以其独特而明确的规则，在经济、军事和政治等各个层面上提升欧洲一体化进程；另一方面，欧洲法院围绕着一体化的目标，一直积极寻求促进一体化的有力政策，通过司法适用，给条约中那些枯燥无味的规定注入新鲜的活力，加强欧共体法在成员方法律体系中的效率和统一，强化了欧共体法的地位与权威。[1] 欧盟雾霾治理中的规范制定和制度实施都体现出“法律推动一体化”（integration through law）的重要作用。作为法治化程度较高的欧盟国家，在雾霾治理的初始，欧盟就注重通过制度创新来建设雾霾法治治理的长效机制。欧盟雾霾治理从一开始就注重以正式的、具有法治权威的立法方式进行，形成了雾霾治理、解决大气污染问题的法治传统。自大气污染法制一体化之初，作为法治共同体的欧盟就将大气立法与建立共同市场相关联，设立统一的欧盟大气法制规则。欧洲法院对大气污染治理的支持性判例也极大地弥补了欧盟大气立法的不足。现有欧盟的大气治理法制，按照法律与制度制定创新主体来分，包括：欧盟的法律制度、成员方中央法律制度、成员方地方法律制度。按照法律制度的内容来看，涉及与大气治理相关的诸多领域：交通、能源、税收、金融、知识产权、贸易等。具体如图 5－3 所示：

---

〔1〕 参见［英］安特耶·维纳、［德］托马斯·迪兹：《欧洲一体化理论》，朱立群等译，世界知识出版社 2009 年版，第 224 页。

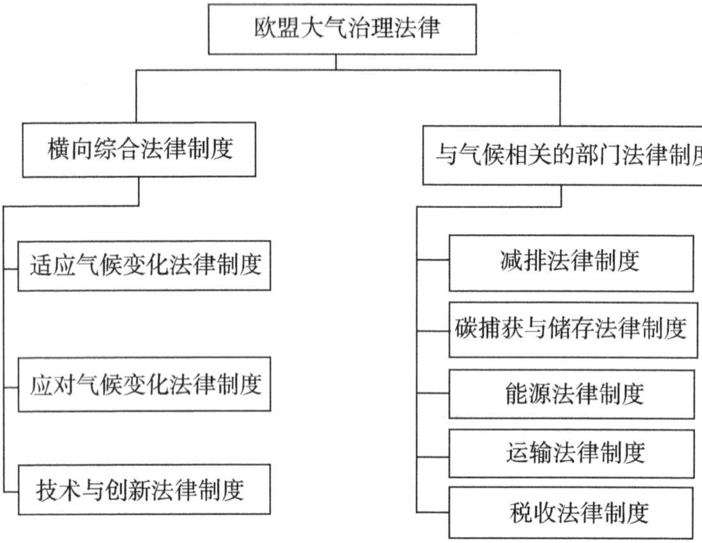

图 5－3　欧盟大气治理法律

欧盟大气治理的法制处于不断创新与改革的动态过程，如有关碳税的种类以及征收、碳排放的交易管理、知识产权的法律保护等，都将根据社会形势的发展需要，适时作出调整。

二、欧盟雾霾治理区域合作法治化的失意

欧盟作为一个依据条约缔结的国际组织，其自身的发展一直处于不稳定、不平衡的状态。2020 年 1 月 31 日 23 时，英国正式“脱欧”，更是使欧盟的发展面临巨大困境，未来发展方向不明。欧盟在雾霾治理的探索中，也遭遇了一些阻力与失败，一些改革无法达到预期的效果，一度使欧盟备感失落，也直接影响了欧盟的雾霾治理立场与信心。

（一）欧盟雾霾治理立法的分散性、拼凑性和有限融合性

如前所述，欧盟在雾霾治理区域合作上通过了一系列的法律，从形式上实现了立法的一体化发展，但实质的一体化却并未

实现。从法律效力与功能上来看,欧盟通过的法律通常不能直接对成员方生效,还必须通过成员国的国内立法的转化方可生效。除了少数积极推动的国家,如德国、法国、英国等,其他国家或因国内发展经济需求,或因对欧盟的不信任,通常会延迟甚至拒绝国内法的转化,从而影响欧盟大气治理法律的统一实施。在立法主体上,大部分的立法是由欧盟委员会中的各个事务局起草的,由于负责制定指令的欧盟不同事务局之间缺乏协作,有时甚至存在公开竞争,往往导致欧盟环境立法不协调。[1] 在立法内容上,欧盟的大气立法往往以指令、计划等形式出现,通常单独涉及某一个领域,无法形成综合性的大气环境法律。即便出现综合性法律文件,大多为框架协议或对单项协议的整合。欧盟立法的拼凑性和分散性很大程度上是因为欧盟条约中规定的具体授权的功能主义导向以及欧盟本身对这些授权的渐次使用,致使欧盟通常就某些单一领域问题出台指令。[2]

(二)欧盟在国际大气治理中的理想主义遭遇现实打击

在联合国哥本哈根气候大会之前的国际气候治理活动中,欧盟一直以领导者身份自居。但是2009年联合国的哥本哈根气候大会是个“分水岭”。在会议谈判过程中,欧盟处于一种被“边缘化”的状态,欧盟甚至都没能够参加决定最终会议结果的关键性谈判。因此,欧盟一直想要塑造的全球气候治理领导者的形象受到冲击,正如时任欧盟委员会主席巴罗佐(Barroso)在会后所说:欧盟的抱负心并未达成,尤其表现在会议并未就一个具有法律约

---

〔1〕 参见[荷]马丁·W. 海塞林克:《新的欧洲法律文化》,魏磊杰译,中国法制出版社2010年版,第137页。

〔2〕 Peter Christian & Mùller Graff, *EC Directive as a Means of Private Law Unification*, In A. S. Hartkamp et al., Towards a European Civil Code, 2nd ed., p. 77.

束力的国际协定达成共识。自哥本哈根气候大会后,欧盟参与全球气候治理的意愿大大降低,承诺减排目标愈来愈保守,对国际气候治理的支持意愿明显下降。欧盟也开始重新审视和评估自己的气候政策,摒弃之前较为理想主义的气候治理计划,转向更为现实主义的举措。如欧盟 2011 年宣布将航空业纳入欧盟排放交易体系,自 2012 年 1 月 1 日起对所有飞往欧盟的航班征收排放税。由于此举招致美国、中国等国家的强烈抵制,迫于压力,欧盟在 2012 年 11 月暂停了该政策的执行,决定将航空业的温室气体减排问题交由国际航空组织来解决。

(三)欧盟成员方内部雾霾治理的发展不协调

欧盟内部成员方之间存在发展程度、资源、国情、入盟时间等因素上的差异,大气治理的意愿、能力、立场不尽相同。在大气治理与政治、经济、安全、能源等问题联系日益紧密的背景下,大气治理中的各成员方分化出了“拖后者”“中立者”“领先者”三个不同层次。以温室气体减排指标的承担为例,法国、瑞典和英国,已经超额完成分担指标,意大利、西班牙、丹麦无法完成分担指标,德国、希腊等国家通过执行京都机制和本国的新政,可以完成分担指标。再如,欧债危机的爆发迫使成员方急需在短时间内尽快走出危机、恢复经济。而这一目标不可避免地会与大气治理涉及的节能减排、环境保护等措施发生冲突。尤其是对于以波兰等国为代表的后来加入的国家或者以煤炭等传统能源为主要能源的成员方来说,出于本国经济发展的考量,他们会强烈地反对欧盟气候政策。因此,在气候治理中,欧盟应一如既往地通过榜样的力量,协调成员方之间分歧,实现成员方层次间的互动和平衡。

（四）欧盟组织的先天限制，导致了大气治理的决策力与执行力不足

欧盟并不是一个主权国家，而是由一系列造法型条约构建的国际组织。大气治理作为全球性问题，需要所有欧盟成员方共同努力。欧盟机构与成员方在大气治理上的权限划分存在较大分歧，成员方希望强化国家在欧洲一体化进程中的主导作用，欧盟机构希望借助大气治理推进一体化，提升欧盟机构的合法性和权限。欧盟自身并不存在一个强大的权力中心，其权力主要源于成员国的授权。这种结构的障碍破坏了大气治理的系统性与一体性，造成欧盟大气治理的分割与低效。因为大气的治理需要借助更多权力的集中与规制。如欧盟的诸多气候政策依赖成员方来实现，但是由于成员方利益的多样性，使得欧盟的良好政策缺乏实施保障。就连欧盟大气治理的民主合法性也遭到了质疑。在欧盟大气治理机制中，欧盟部长理事会代表的主要是成员方，欧洲议会代表的是主要民众，这种代表形式被认为是欧盟合法性的主要体现。但是，现有欧洲议会和的部长理事会的代表机制还不够完善。[1] 作为超国家体的欧盟，一直强调成员方政府和公众参与的重要性，但是宪法体制结构的安排和权力的制约限制，也使欧盟在大气治理中同样遭遇了“民主赤字”的合法性怀疑。

（五）欧盟气候和能源政策已陷入困境，前景堪忧

欧盟于 2007 年制定了 2020 年气候与能源政策目标，开启低碳经济之路。经过近十年的发展，欧盟在温室气体减排、能源效率、可再生能源三个方面获得一定优势。经过了初期的试探、全面推动与贯彻落实之后，在讨论欧盟气候与能源政策下一步发展

---

〔1〕 参见赵晨：《欧盟的“民主赤字”和民主化之路》，载《欧洲研究》2010 年第 3 期。

阶段的发展目标时，欧盟出现了争执不下的僵局。直至2014年1月，欧盟发布“2050年欧盟能源、交通及温室气体排放趋势”报告，提出欧盟2050年气候与能源政策目标。但是提案公布后，以波兰为首的中东欧国家明确表示反对，南欧国家也或明或暗地表示反对。欧盟气候与能源政策未来前景不明，谈判陷入困境。在未来的前景预测中，欧盟继续维持减排、可再生能源与能源效率三个目标并行的气候与能源政策目标并不现实，因为来自国际社会以及欧盟内部的压力太大。所以欧盟必须寻找妥协、折中的方式，这也就意味着欧盟气候与能源政策前景谈判的落实需要做好重新考虑气候与能源治理模式的准备，结束现有政策框架的风险。因为在介于野心勃勃的目标、时间表与勉强应付拖延的成员方行为之间寻找妥协折中的方式，是欧盟目前急需考虑的问题。[1]

第四节　对中国的启示

欧盟雾霾治理的区域性表现十分突出，这与我国在处理雾霾问题时所面临的区域问题有一定的相似性。中国这一主权国家之下，“一国两制”、14亿人口、34个省级行政区、56个民族、区域发展不平衡等要素决定了中国的区域复杂性。中国在雾霾治理的过程中，可以学习和借鉴欧盟在制定和实施大气治理法律中，如何协调不同区域间的利益，实现雾霾治理一体化的努力，从而使得中国的雾霾治理以法治为连接点，形成成熟稳定的区域合作模式。

---

〔1〕 参见寇静娜、宋新宁：《欧盟气候与能源政策：困境分析与前景预测》，载《国际政治》2014年第6期。

一、注重立法协调

欧盟是一个超国家机构,但并无国家实权。所有雾霾治理的欧盟法律、决策都依靠成员方国内执法完成。由于各成员方发展程度和利益诉求的差异,导致成员方雾霾治理的能力和决心各异。因而,欧盟在统一立法时,必须充分协调各成员国的利益,以确保统一的法律在成员方得到统一的执行。为此,欧盟在立法程序上费尽心思,精密设计。欧盟的大气立法程序主要有:普通立法程序(ordinary legislative procedure)、简单立法程序(simplified legislative procedure)、特别立法程序(special legislative procedure)三种。普通立法程序是指在欧盟委员会提案的基础上,由欧洲议会和欧洲理事会依据"共同决定"(co - decision)的方式,通过条例(regulation)、指令(directives)、决定(decision)的程序。[1] 实践中,大气立法基本上都是普通立法程序,通过欧洲议会和欧洲理事会对法律草案进行"三读"实现"共同决定"。在具体责任的承担上,欧盟执行"共同但有区别"的原则。虽然各国执行的空气质量标准一致,但是显然德国、法国、意大利等经济发达的国家通过补贴、技术共享等多种形式,在成本支出上,给予波兰、罗马尼亚、葡萄牙等国家相应的补偿与扶持。

中国在雾霾治理上也面临着因为区域差异的立法协调问题,如各省级行政区以及获得立法授权的地级市,均具有地方立法权。民族自治地方有权根据当地民族的政治、经济、文化等实际特点,制定自治条例以及单行条例。在情势相当的情况下,可以借鉴欧盟的某些做法,在改进中央统一立法程序的前提下,还可以进一步探索如京津冀、长三角、珠三角、大湾区等大区域的立法模式,力争通过立法协调地方在雾霾治理上的分歧,共同推进雾

---

〔1〕 参见雷珉:《欧盟立法程序中的"共同决定"》,载《中国人大》2013 年第 4 期。

霾治理的进程。

二、积极参与国际合作，建构中国在国际气候治理中的话语权

中国作为大国，正逐步走向国际舞台。对于中国在全球大气治理中的作用与地位，中外评价明显存在差异。中国官员、媒体、学者给予的多是积极、正面的评价，如认为中国为全球大气治理做出了重要贡献，是负责任的大国。或者强调中国是国际气候合作领域中积极的参与者。西方社会却消极评价中国的气候政策，认为中国在气候谈判中呈现自相矛盾的、敷衍的态度，甚至认为中国根本没有意识到气候问题的严重性。显然，中国的大气治理行动以及努力被误读。形成这种局面的原因主要有以下几点：中国尚未完全意识到并积极整合自身的领导力优势；中国对自身大气治理的努力宣传力度不够，使国际社会对于中国大气治理信用的感知度不高，未能形成应有的国际气候影响力；中国参与国际合作的力度不够。[1] 中国有必要向世界解释自己的大气治理行动计划。纵观欧盟大气治理国际领导力发展历程，中国应该从两个方面来加强中国大气治理国际影响力：一方面，加强国际合作，积极参与国际大气治理。重视与发达国家的沟通和交流、合作，共同努力制定国际大气治理规则，承担全球大气治理责任。通过加强大气治理援助、南南合作来实现与发展中国家大气治理的合作。另一方面，学习欧盟，积极开展气候外交。研究他国公众接受话语信息的思维方式、审美情趣、心理习惯，充分调动广播电视、网络、报纸、自媒体等各种传播形式参与气候话语信息传播，增强中国话语模式的感染力，向国际社会大力宣传和展现国内大

---

〔1〕 参见柳思思：《欧盟气候话语权建构及对中国的借鉴》，载《德国研究》2016 年第 2 期。

气治理的努力和成就，努力树立中国积极进行大气污染防治的负责任的正面形象。

三、建立适合国情的雾霾治理区域合作模式与法治机制

近年来，我国政府也开始关注大气治理。2007 年中央提出"减缓与适应并重"基本原则。2011 年通过了《国民经济和社会发展第十二个五年规划纲要》，强调要"加快适应技术研发推广，提高农业、林业、水资源等重点领域和沿海、生态脆弱地区适应气候变化水平"，"加强适应气候变化特别是应对极端气候事件的能力建设"。但从具体的政策措施与行动来看，中国大气治理始终游离在边缘，措施较为碎片化，缺乏系统的大气治理政策、法制以及行动方案。通过对欧盟大气治理政策、法制、行动的梳理，并结合我国大气治理的行动现状，本文认为当前中国政府的大气治理工作应从如下几个方面重点切入。

（一）加强雾霾治理的政策法制体系建设

必须认识到雾霾治理的重要性、紧迫性，制定大气治理的国家战略。通过强制立法的形式，明确我国大气治理的方针、原则、目标、重点任务、行动指南。具体而言，将雾霾治理植入国家气候治理的系统工程，从中央层面应尽快推动《应对气候变化法》的出台。此外，《环境保护法》《环境保护税法》《节约能源法》《大气污染防治法》以及其他与气候治理相关的法律，都必须服务于气候治理这一目标，并作出相应的调整。地方层面，各区域应在《立法法》规定的地方立法权限范围内，贯彻大气治理的方针，制定配套办法以及实施细则。在中央立法条件不成熟的情况之下，可先进行地方立法的尝试，为中央立法提供决策依据。

（二）以能源革新为突破口，以科技创新为路径，加强雾霾治理的能力建设

能源与经济发展、社会稳定直接相关，能源的安全是各国经济稳定、健康发展的保障。欧盟当前大气治理的优势主要源于两个方面：科技创新和新能源、可再生能源的开发。中国作为全球经济大国，对能源有巨大的需求，但同时也承担了国际量化温室气体减排义务，在国内动力、国际压力增加的背景下，我国大气治理要从根本上要取得成效，必须把握关键：加大对大气治理的学科研究、人才队伍培养、组织、研发经费投入。通过科技创新，大力发展节能减排技术，鼓励开发新能源、清洁能源和可再生能源，将人类活动对气候的影响降至最低。实际上，我国政府已经意识到了科技对雾霾治理的重大支撑作用，并作出了相应的部署。早在“十一五”期间，中国政府就提出了抓紧研发和推广低碳技术，开展节能减排全民行动，实现“十一五”节能减排目标。“十二五”“十三五”也进一步强调低碳环保技术、新能源开发等对可持续发展的重大意义。当前，国家三大主体科技计划（“973”计划、“863”计划、支撑计划）长期聚焦雾霾防控治理。同时，中央通过立法激励企业研发低碳环保技术。经过30多年的发展，中国目前在核能、太阳能、风电、高效清洁发电、智能电网等低碳领域的制造和应用走在世界前列，但从整体上看，中国企业在低碳技术研发方面能力不足，低碳领域的国际竞争力仍有待进一步提升。

（三）加强大气治理的基础设施与条件平台建设

欧盟在大气治理方面十分注重平台与基础设施建设，例如，保证欧盟提前完成京都减排任务的统一碳排放交易体系（EU－ETS），便是欧盟大气治理的一个重要基础平台。从碳排放交易初

始阶段和修订阶段经历的"阵痛"到成熟运行，欧盟十余年的实践为我国制定碳排放交易制度提供了学习参考的范本：提升立法层级并制定国家集中治理为主，分权治理为辅的法律框架；学习欧盟制定详细的碳排放交易实施细则及其严格的处罚机制；强化碳排放交易的信息公开和公众参与机制。[1] 自2011年，我国开始在上海、北京、广东、深圳、天津、湖北、重庆七省市开展碳交易试点工作。2015年12月，中国在巴黎气候大会上宣布2017年全面启动碳排放权交易市场。2017年12月，国家发展改革委发布了《全国碳排放权交易市场建设方案（发电行业）》，正式启动全国碳排放权交易市场建设。与欧盟的碳市场相比，我国尚处于探索阶段。我国应在认真总结国外碳市场和国内试点经验的基础上，结合我国的经济发展阶段和碳排放行业类型，积极推进全国碳排放权交易市场基础设施建设、制度体系建设，深入开展碳排放总额核查、配额分配和能力建设等工作，加强中国特色的碳排放权交易市场建设。借助于全国碳排放权交易市场的建设，我们期待有关大气治理的其他基础设施、条件、平台建设同步启航。

（四）协同社会力量，打造多元参与的网络治理格局

欧盟在发动社会力量参与大气治理方面可以说不遗余力。欧盟注重民众环保意识、环保理念的培养，环保教育无处不在。为鼓励公众参与，专门立法，保障民众通过多种渠道免费、及时获得空气监测信息和执法信息。例如，《欧盟环境空气质量评估和管理指令》的主要目标之一就是使公众提供足够的环境空气质量信息。同时，欧盟借助税收减免、补贴、处罚等执法机制和市场的调控作用，引导企业和相关单位参与大气治理。

---

〔1〕 参见华炜：《欧盟碳排放权交易机制的法律实践及对中国的启示》，载《能源与环境》2017年第3期。

雾霾治理绝不仅仅是靠中央政府出台法律、政策就可以解决的问题,它需要全民行动,从上到下,从政府到民间,所有主体全方位的参与。因此,欧盟建立了多层网络治理机制。当前,中国的雾霾治理,社会参与严重不足,区域之间存在断裂。雾霾治理的系统性要求所有区域、所有单位、社会组织、个人在制定、实施规则时上下连成一个整体。借鉴欧盟的多层网络治理,中国应在充分考虑地方发展差异的前提之下,应打造中国特色的雾霾治理联盟。因为,只有在中央统筹安排、布局的前提下,各区域、各部门、各主体分工负责,只有基于共同信念而形成的协调一致的行动,才能在雾霾治理中更见成效。

雾霾治理是关系到人类生存以及社会未来发展的大事,它是一项长期的综合工程,需要我们几代人以极大的决心、耐心,通过我们的智慧,科学的布局安排,才能最终获得和自然的和谐共处。肩负这一功在当代、利在千秋的重大历史使命,无论是欧盟,还是中国,都必须通力合作,共同携手面对和解决这一对人类最具威胁的全球性环境问题。中国作为目前世界上最大的经济体之一,当前同样遭遇着发展经济与环境保护的矛盾。欧盟是大气治理的风向标,对中国有极强的参考借鉴价值。由于具体情况不同,对欧盟的做法不能完全照搬照抄,而是应吸收其成功的经验,避免其走过的弯路。通过提升大气治理的能力,树立中国在国际大气治理中的正面大国形象。

第六章　我国雾霾治理区域合作机制法治化的现状与不足

中国在雾霾污染上基本上复制半个世纪前英、美、德、日等工业发达国家的老路，即“先污染，后治理”。从 2013 年年初，我国首次认识到雾霾的严重性至今，经过了 7 年时间的治理，其间有突出的治理经验和成果，也存在缺乏长效治理体制、机制致雾霾反复出现的问题。如 2020 年春节假期，虽然受新冠肺炎疫情防控的影响，各种社会活动水平减少，但京津冀及周边地区依旧多次出现严重雾霾天气。因此，回顾和梳理我国雾霾法治治理区域合作的发展道路，精准查明雾霾污染的特点与成因，对于探究未来的有效治理路径，可起指向性作用。

第一节　我国雾霾污染的特点与成因

一、雾霾污染的特点

（一）雾霾污染的区域性

从中国生态环境部网站查询到的 2020 年 6 月 9 日全国空气

质量指数(AQI)PM2.5实时地图[1],我国雾霾污染严重的地区主要是东北、京津冀、长三角、西北部、成渝等区域。即便在空气质量相对较好的6月,局部地区如和田地区、海西州、安阳、太原、德州、晋中、濮阳等城市,依旧出现严重程度不等的雾霾。

从整体来看,经济发达、人口稠密的大城市雾霾比小城市严重;城市雾霾比农村严重;北部地区雾霾比南部地区严重。京津冀、长三角、华中城市群、成渝城市群已经形成严重的“污染带”,而广东、广西、福建、海南等东南沿海区域,受雾霾影响较小。此外,雾霾污染呈现跨区域传输影响。受到大气环流、大城市规模的不断扩张、区域经济一体化的发展等因素影响,雾霾污染在相邻省份及城市之间扩散的现象越发明显,相邻地区的雾霾污染表现出了明显的同步性。如在京津冀、长三角、珠三角地区,部分城市的污染物浓度外部来源的贡献率很高,其中氮氧化物为12%~20%、SO_2达到30%~40%、可吸入颗粒物为16%~26%。[2]

(二)雾霾污染的季节性

全国范围内,雾霾最严重的阶段往往出现在每年11月至次年2月,在其他月份,雾霾偶有发生,但频率明显降低。近几年的几次重大雾霾污染都发生在11月至次年2月。如2013年1月,仅有5天不是雾霾天,雾霾笼罩着30个省(区、市)。在中国最大的500个城市中,只有不到1%的城市达到世界卫生组织推荐的空气质量标准。2016年12月,中国出现持续时间最久、范围最广、强度最大的雾霾,京津冀中南部、山西南部、山东西部和河南北部空气质量下降为中度到重度污染,多个城市严重污染。

---

[1] 资料来源:www.air-level.com。

[2] 参见蓝庆新、侯姗:《我国雾霾治理存在的问题及解决途径研究》,载《青海社会科学》2015年第1期。

(三)涉及地域范围呈逐步扩大趋势

雾霾污染的地域范围从北到南,呈现逐步扩大趋势。2016 年的雾霾范围,达到 75 万平方公里。珠三角原本受雾霾影响较小,但是近年来,因气候条件、工业经济发展,也开始受到雾霾侵扰。根据中国气象局、中国社科院联合发布的《气候变化绿皮书:应对气候变化报告》(2013 年)显示,近 52 年来,长三角、珠三角雾霾天数增长最快。就连海南,也无法幸免雾霾。根据中央气象台的数据记载,2015 年 2 月 12 日,海南出现大面积重度雾霾天气,AQI 一度超过 200,曾经的绿色省会变成了灰色省会。

(四)雾霾污染的原因差异性

中国雾霾原因的差异性随区域、季节而变化。西部地区的雾霾与沙尘天气、地势条件等自然因素紧密相关。京津冀、长三角、中原城市群等中部、北部地区的雾霾,与煤、油、汽车尾气、工厂排放等人类的生产、生活活动直接相关。南方地区,由于汽车尾气和工厂废气,在阳光和紫外线的作用下,形成类似于 1955 年洛杉矶的光化学污染。就季节而言,冬季大量的采暖、不流动的大气、较低的混合层高度很容易形成雾霾;春季沙尘、城市酸性气体、扬尘与空气中较多的水分结合,促成雾霾的形成;夏季的高温、高湿、高辐射会促进污染物的光化学反应;秋季白天强烈辐射、高温会加速光化学气粒转化,而早晚温差也容易催生雾霾污染。

(五)雾霾污染的严重性

中国的雾霾污染虽然未列入世界八大公害事件,但从数据统计的结果来看,中国的雾霾污染与洛杉矶光化学烟雾事件、伦敦雾霾事件等众人所知的公害相比,显得更为复杂和严重。当前,中国已经成为全球大气污染最严重的地区之一。根据生态环境部 2019 年全国生态环境质量的统计数据显示,全国空气质量达标的城市仅占到全部城市的44.6%,意味着全国一半以上的城市空气质量不达标。美国耶鲁大学发布的《2018年全球环境绩效指数(EPI)报告》更是指出,中国空气质量绩效较差,在180个国家中,位列177名。[1] 显然,雾霾已经严重影响社会的可持续发展,威胁到广大人民群众的身体健康、生命安全以及生产生活,如何治理雾霾污染成为中国社会各界高度关注的焦点问题。

二、雾霾污染的成因

雾霾在中国也不是与生俱来的,是中国社会发展到一定时期的产物。雾霾的系统治理,必须追根溯源,方可对症下药。科学研究表明,90%的雾霾来自人为影响,或直接来自人类的经济社会活动,只有大约10%的雾霾是自然因素造成的。从国家发展的宏观层面探讨雾霾形成的根本原因,主要包括经济发展模式、能源消费结构、城市的扩张、生活方式的转变。

(一)经济发展模式

中国雾霾的出现、发展、爆发,基本上与中国经济发展同步进行。因而,必须探求经济结构、模式与雾霾之间的必然联系。对二者的关系,社会各界基本达成共识,一致认为中国粗放式经济发展模式是雾霾的根源或深层次的诱因。自1978年改革开放以来,我国经济发展一直保持着较高的增长速度,创造了举世瞩目的成绩。但我国经济发展模式粗放落后,经济发展主要靠高投入、高消耗来拉动的,形成了以“高投入、高耗能、高污染”为主的产业结构。高耗能、高污染的重工业占GDP的比重呈上升趋势,1999~2011年,重工业由58.1%上升到70%以上,轻工业产值比

---

[1] 参见李从欣、李子宁、李国柱:《区域环境污染的时空演进研究——以SO_2为例》,载《区域经济》2019年第9期。

重由41.9%下降到30%以下,重工业占比比改革开放前还要高。单位工业产出的能耗及空气污染是服务业的4倍,重工业的单位产出能耗及空气污染是服务业的9倍。[1] 工业化的发展必然带来工业废气的倍速增加。依据20世纪90年代美国经济学家格鲁斯曼(Gene Grossman)和克鲁格(CAlan krueger)提出了环境库兹涅茨曲线(EKC)理论,如果没有一定的干预,在经济发展的初期,一个国家的整体环境质量或污染水平随着国家经济增长而恶化。经济越发展,环境的损伤就会越大;而当经济发展到较高水平,环境质量的恶化程度或污染水平开始保持相对平稳;随着国家经济的继续增加而逐渐好转,即环境污染与经济发展呈"倒U"形曲线关系。[2]

显然,在最近的几十年里,我国各地政府均将经济增长作为发展的目标,甚至一些地方在考核时"唯GDP"指标。为追求GDP的高速增长,地方政府不惜一切代价的招商引资。当经济发展与大气污染发生冲突时,一些地方政府会毫不犹疑地选择牺牲环境。一些地方罔顾环境污染,大量引进发达国家的高污染投资企业,甚至洋垃圾,成为发达国家转移污染的"接盘侠"。同时,政府从功利主义的角度,对于投资大、见效慢的环保技术扶持不足,致使我国经济发展过程中环保技术发展明显滞后,低于国际平均水平。对于中国雾霾与中国工业化发展度之间存在的相关关系,有研究指出,在中国现阶段增长方式不变的前提下,规模以上工业增加值占GDP比每提升1%,雾霾天数将增加约4天;规模以上工业总产值每增加1%,雾霾天数增加0.2%;反映重工业化程

---

[1] 参见魏巍贤、马喜立:《能源结构调整与雾霾治理的最优政策选择》,载《中国人口·资源与环境》2015年第7期。

[2] See Li Yuheng, et al., *Urban Rural Transformation and Farmland Conversion in China: The Application of the Environmental Kuznets Curve*, Journal of Rural Studies, Vol. 36, p. 311 - 317(2014).

度的霍夫曼系数倒数每提高 1%，雾霾天数将增加约 1 天。重工业的比例越高，工业增加值占 GDP 比越大，雾霾就越严重。[1]

（二）能源消费结构

与 20 世纪五六十年代的老牌工业国家英国、德国、美国等一样，我国的快速工业化以大量发展的能源消耗为支撑。一直以来，传统能源煤、石油等，是我国能源消费结构中的主要成分，电力、钢铁、化工、建材等重工业均主要使用传统能源。根据《BP 世界能源统计年鉴 2019》统计结果显示，2018 年，中国能源消费占全球能源消费量的 24%，是名副其实的能源消费大国。2018 年的中国能源市场尽管经济增速放缓，但中国的一次能源消费在 2018 年增长 4.3%，是 2012 年以来的最高增速。虽然中国持续不断地进行能源结构改进，煤炭仍是中国能源消费中的主要燃料，占比为 58%。中国化石能源消费增长主要由天然气（+18%）和石油（+5.0%）引领。2018 年，中国因能源使用产生的二氧化碳排放增长 2.2%，相较于近五年平均增速 0.5%，显著增长。

图 6－1、图 6－2 分别为我国 2016 年能源消费结构和 2016 年能源消费行业分布。

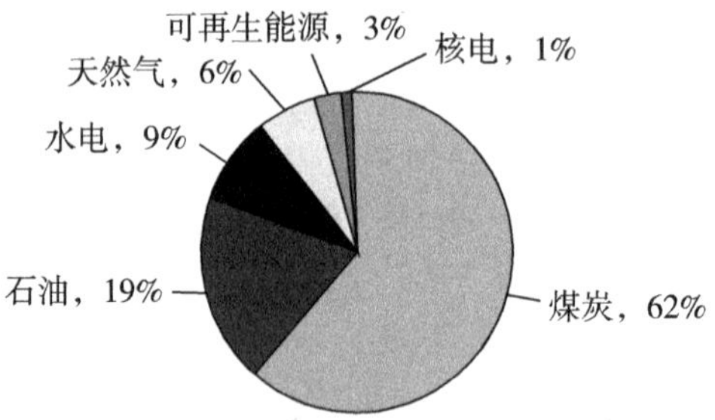

图 6－1　我国 2016 年能源消费结构

[1] 参见何枫、马栋栋：《雾霾与工业化发展的关联研究——中国 74 个城市的实证研究》，载《软科学》2015 年第 6 期。

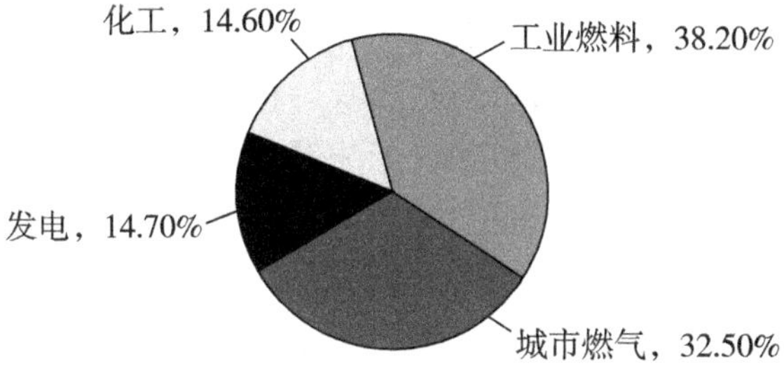

图 6－2 我国 2016 年能源消费行业分布

燃煤排放的空气污染物是 PM2.5 的第一大来源，显然我国以煤炭支撑的工业能源消费结构便是我国大面积雾霾的主要原因。此外，民间和中小企业的常规、初级燃煤，对煤炭被直接燃烧利用（如居民分散燃煤供暖），燃烧的颗粒污染物直接排放到大气中，更是加剧了大气污染。因此，如果以煤炭为主的能源结构和燃烧技术无法得到根本性的改变，则雾霾治理的压力将无法得到有效缓解。

（三）城市的扩张

城市化是中国社会发展的一个基本战略方向。根据国家统计局公布的 2019 年的经济数据显示，2019 年中国工业化、城镇化取得重要进展，中国总人口突破 14 亿。其中，城镇常住人口 84843 万人，比上年末增加 1706 万人；乡村常住人口 55162 万人，减少 1239 万人；城镇人口占总人口比重（城镇化率）比上年末提高 1.02 个百分点，达到 60.60%。按照国际经验，当城镇化率超过 60% 后，人口会加速向直辖市、省会城市、计划单列市等中心城市聚集。城市化的进程必然会加剧城市大气污染。

研究者多次通过全国雾霾鸟瞰图发现，雾霾主要分布在城市，农村雾霾出现较少。且雾霾重污染区域的城市化水平相对较高,城市规模大,人口密集。大量的生产生活消费使得城市生活垃圾污染和交通尾气排放也较多。比如京津冀、长三角、中原城市群落,都是城市化水平较高的区域。而且,城市越大,雾霾污染会更严重。那么,城市化是如何影响雾霾的呢?(1)城市化降低了人口居住和经济活动的密度,增加了对建筑物的需求,导致建筑施工过程中的粉尘污染物排放量上升,加重雾霾污染。(2)城市化会增加民众交通出行的成本,尤其是大城市,交通拥堵严重,大量汽车尾气的排放,增加雾霾形成的风险。(3)城市的扩张与蔓延会侵吞大量的绿地,影响城市自身的空气净化功能。(4)城市郊区通常分布大量的工业,由于地方环保部门监管松懈,企业"任性"排放,恶化了城市空气质量。[1] 未来中国的雾霾治理,必须与中国的城市化进程和城市规划统筹协调发展。

(四)生活方式的转变

雾霾的形成与每个普通民众的生活息息相关。甚至可以说,是因为人们自身的生活方式加剧了雾霾的产生。通过对北京2013年1月五次强霾污染分析得知,PM2.5排放中,机动车占19%,餐饮占11%,燃煤占26%(主要是生活燃煤)。挥发性有机物,包括来自汽车尾气烃类有机颗粒物,来自烹饪源的油烟型有机物。这些有机物在大量二氧化硫、氮氧化物的作用下再次发生反应,向二次有机气溶胶转化,形成更具毒性的细颗粒污染物,产生大气污染。

汽车给人们的交通提供了极大的便利。但人们在享受这一便利的同时,必须承受尾气排放对大气的污染。自2010年以来,我国的汽车保有量飞速增长,国内每一年的汽车销量都稳居全球

---

[1] 参见秦蒙、刘修岩、仝怡婷:《蔓延的城市空间是否加重了雾霾污染——来自中国PM2.5数据的经验分析》,载《财贸经济》2016年第11期。

第一。据公安部统计,2019 年全国机动车保有量达 3.48 亿辆,新注册登记机动车 3214 万辆;汽车保有量达 2.6 亿辆,新注册登记汽车 2578 万辆。大城市更是机动车高度集中使用的区域,如北京 2019 年民用汽车的保有量为 593.4 万,上海为 415.8 万,广州为 280.3 万。如此众多的汽车排放的尾气,与其他烟尘排放源排出粒径在微米级的细小颗粒物聚集在大气中,当逆温、静风等不利于扩散的天气出现时,便会形成霾。[1] 当今,由于物质财富的增加,人类对物质文明的过度索取和追求,一度将生态环境逼至极限,因而爆发生态危机。雾霾便是大气环境对人类生活的一种警醒,人类必须学会与大自然和谐共处,重建低碳、健康的生活方式。

第二节　我国雾霾治理区域合作法治化的发展历程

我国雾霾法治治理区域合作的发展是随着人们对雾霾的认识逐渐深入而发展变化的。雾霾是大气污染的一种,中国直接面对雾霾污染的时间较短。但中国大气污染的治理则可追溯到 20 世纪 70 年代。

一、2013 年以前:零散的大气治理

2013 年以前,中国人对雾霾的认识与研究主要停留在主要工业国家过往雾霾历史样本分析上,不曾料到中国已经不知不觉重蹈覆辙。雾霾的形成与发展经过了一定的要素积累。实际上,随着工业化的发展,在 2013 年以前,中国许多地方已经出现雾霾,

---

〔1〕 参见肖宏伟:《雾霾成因分析及治理对策》,载《宏观经济管理》2014 年第 7 期。

只是尚未引起重视。据 2000 年以来的国际上的不完全统计数据，世界上大部分地区年平均 PM2.5 浓度约 100μg/m^3，而我国京津地区 PM2.5 的年平均浓度超过 500μg/m^3，接近欧美发达国家的 10 倍，远远高于世界平均标准。我国 PM_{10} 的平均浓度也大大高于欧美地区。[1] 根据空气质量相对较好的广东气象对 1980～2003 年广东省沿海地区 26 个地面气象站 23 年的观测资料显示，广东省多个城市雾霾已经频繁出现，致使能见度降低，城市空气污染加重。雾霾天气已经发展成为一种新的气象及环境灾害性现象。[2] 自 2003 年，北京开始出现持续不断的沙尘天气，在今天看来，实际上已经是雾霾在肆虐。

但中国人此时对雾霾没有表现出足够的重视，缺乏科学的应对。2004 年，美国航空航天局通报，已经监测到中国上空的雾霾形成的"褐色的云"，2005 年开始，国内媒体开始轻描淡写地出现"雾霾"的字眼。2006 年、2007 年，美国、日本开始关注并抗议中国的雾霾，国人开始思考到底什么是雾霾。2008 年北京奥运会的召开，美国开始持续不断地更新北京的 PM2.5 浓度。当年几个外国运动员因为北京质量较差，戴着口罩参加奥运会，引发国人的抗议与深思。2009 年，中国人开始关注美国航空航天局公布的北京 PM2.5 浓度数据，国内的主要官媒也谨慎地提及雾霾的危害性。2010 年，PM2.5 进入百度百科词条。2012 年，PM2.5 被纳入空气质量监控指标。此时，有关雾霾的学术研究也开始繁荣。

在此阶段，雾霾的治理，尚未上升至法治层面。雾霾治理与其他大气污染治理一样，被视为各地方政府自己行政执法工作应解决的地方事项。雾霾治理、大气治理实行属地治理模式，2000

---

〔1〕 参见周峤：《雾霾天气的成因》，载《中国人口・资源与环境》2015 年第 5 期。

〔2〕 参见钱峻屏、黄菲等：《广东省雾霾天气能见度的时空特征分析 Ⅰ：季节变化》，载《生态环境》2006 年第 6 期。

年修订的《大气污染防治法》明确规定：以行政区划为基础，地方各级人民政府对各自辖区范围内的大气环境质量负责，中央政府统筹全国范围内的大气污染防治。具体到执行中，各地以行政区划为基础，只在本辖区范围内进行各自的大气污染治理，对本辖区范围内的大气环境负责。对于相邻的其他同级地方政府的大气污染防治措施缺乏应有的关心，缺少横向沟通协调。大多数治理措施采取“命令——控制”方式，依靠政府行政命令推进，上级政府对下级政府下达治理指标与任务，下级政府被动、应付地遵照执行。[1] 各地做法五花八门，由于政出多门，且缺乏法律支撑，多数做法靠“长官意志”完成，无法获得实质性效果。如自从2012年“雾霾”“PM2.5”正式出现在公众视野，国家出台了一系列的法律法规来防治空气污染。地方政府也积极跟进出台政策。作为雾霾治理重地的河北省，针对大气污染，为淘汰落后产能，压减煤炭使用，推出了“压钢减煤治气控车抑尘增滤”的组合拳，实施“6643工程”。[2] 其他大气污染严重的区域，如北京、沈阳等，也主要通过政府决策，推出了各自的孤立、零散的治理政策。

在区域合作方面，这一阶段也存在亮点和突破。重要成果之一是2010年5月环境保护部、发展改革委、科技部、工业和信息化部、财政部、住房城乡建设部、交通运输部、商务部、能源局联合发布的《关于推进大气污染联防联控工作改善区域空气质量的指导意见》，该规定将区域大气环境作为整体进行统一协调和管理，打破了地方行政区划界限，首次提出在全国范围内建立区域大气污染联防联控的协调机制。为控制区域复合型大气污染，2011年

---

〔1〕 参见陶品竹：《从属地主义到合作治理：京津冀大气污染治理模式的转型》，载《河北法学》2014年第10期。

〔2〕 参见王丽：《雾霾治理的秩序维度：京津冀协同的个案》，载《河南社会科学》2017年第2期。

《国民经济和社会发展第十二个五年规划纲要》进一步提出建立健全区域大气污染联防联控机制。同时，探索区域大气环境管理机制。2010年，国务院批准成立环境保护部际联席会议，联席会议组织编制重点区域大气污染联防联控规划，明确污染防治措施及重点治理项目、重点区域空气质量改善目标、协调解决区域大气污染联防联控工作中的重大问题。成立具有一定行政管理职权的区域督查中心，探索国家对地方垂直管理。区域督查中心的主要职责是对地方政府和地方环保部门进行督查、协调，实现对大气污染区域的联防联控。这一阶段，大气污染联防联控机制，仅出现在国家的规范性文件中，并未上升成为国家层面的法律制度。虽然法律位阶不高，但是在全国的行政管理工作部署中，大气污染联防联控机制却受到了高度的重视，相关的理论研究与实践活动都稳步推进，这些成果无疑为后来的立法打下了扎实的理论和实践基础。[1]

二、2013～2017年：雾霾治理区域合作法治化的试点与探索

2013年，"雾霾"成为年度关键词。自此，中国开始正式向雾霾宣战。学术界加强对雾霾的科学研究，媒体开始正面引导民众，中央政府亦从立法层面推进雾霾法治治理区域合作的试点。雾霾法治治理区域合作的地方试点与探索毫无疑问是从雾霾污染最严重的京津冀开始，然后推及中原城市群、长三角、珠三角等区域。

可以说，2013年和2016年的两次大面积和高强度的雾霾，如同1952年的伦敦雾霾事件和1943年洛杉矶光化学污染事件，深深刺痛了社会各界。从中央到地方，从政府到民间，全社会认真

〔1〕 参见姜明：《中国大气污染治理法治化进程的检视与展望》，载《长沙理工大学学报（社会科学版）》2020年第1期。

关注雾霾治理。2013 年的总理记者会上,针对记者关于雾霾治理提出的问题,李克强表示,政府应当铁腕执法、铁面问责,以更大的作为去进行治理。2014 年 1 月 4 日,国家减灾办、民政部首次将危害健康的雾霾天气纳入自然灾情进行通报。国家卫计委印发《2013 年空气污染(雾霾)健康影响监测工作方案》,提出通过 3 年至 5 年时间,建立覆盖全国的空气污染(雾霾)健康影响监测网络,分析研究不同地区 PM2.5 污染特征及成分差异。2014 年 2 月,习近平同志在北京考察时指出,治理雾霾污染,首要任务是控制 PM2.5,要从联防联控、依法治理等方面采取重大举措。

在此阶段,雾霾法治治理区域合作在中央和地方层面均有不少突破。中央层面:2013 年 9 月,国务院发布《大气污染防治行动计划》,提出“区域协作与属地管理相协调”的指导原则。区域协作首次被置于属地管理之前,看似简单的语序位置调整,背后却酝酿着区域管理体制的重大变革。[1] 自此,我国大气污染治理区域合作进入国家立法层面。2015 年 1 月 1 日实施的《环境保护法》明确规定“国家建立跨行政区域的重点区域、流域环境污染联合防治协调机制”。同年 8 月修订的《大气污染防治法》提出建立“重点区域大气污染联防联控机制”。2014 年,全国大气污染防治部际协调小组成立,负责全国大气污染防治的协调与监督,高层次的跨区域大气污染防治协作机制开始启动。环保部门也通过部门规章立法的形式进一步推进雾霾法治治理的区域合作发展,如 2014 年的《环境保护部约谈暂行办法》,将约谈作为监督地方政府履行环保职责的主要措施之一,上升到法规层面。显然,大气污染治理从“督企”转向“督政”,并实现“党政同责”“一岗双

---

〔1〕 参见王清军:《区域大气污染治理体制:变革与发展》,载《武汉大学学报(哲学社会科学版)》2016 年第 1 期。

责”。这一阶段，也注重雾霾治理的司法参与。如 2013 年，出台《关于办理环境污染刑事案件适用法律若干问题的解释》降低了环境污染罪等入罪门槛，《环境保护法》扩大了环境公益诉讼主体的范围。尤其是最高人民法院在 2014 年出台的《关于全面加强环境资源审判工作为推进生态文明建设提供有力司法保障的意见》中明确要求，积极推动建立公检法与环境执法机关之间的执法协调机制。

地方层面：雾霾法治治理区域合作形成典型样式。如京津冀、长三角，因为直接受雾霾影响最大，在雾霾法治治理区域合作方面迫切地迈出第一步。按照中央雾霾治理的法治精神与政策，京津冀、长三角率先进行了地方探索。2014 年，与国家重点区域大气污染合作治理的需要相适应，“京津冀及周边地区大气污染防治协作小组”“长三角区域大气污染防治协作小组”两个区域合作小组成立。随后，京津冀、长三角地区逐步探索本区域雾霾法治治理区域合作机制，并形成区域特色。在此阶段，地方司法在雾霾治理方面也形成一些具有里程碑意义的案例。如 2016 年山东省德州市的全国首起雾霾公益诉讼一案。基本案情为：据德州市环境保护监测中心站监测，2013 ~ 2015 年，被告振华公司因排放二氧化硫、氮氧化物及烟粉尘存在超标被德州市环保局和山东省环保厅给予五次行政处罚。2015 年 3 月 27 日，原告中华环保联合会起诉振华公司，此案由山东省德州市中级人民法院受理。德州市中级人民法院一审判决被告振华公司赔偿因超标排放污染物造成的损失 2198.36 万元，用于德州市大气环境质量修复，并在省级以上媒体向社会公开赔礼道歉。[1] 这起案件是环保法

[1] 参见新华社：《“全国首起雾霾公益诉讼”案一审宣判》，载新华网 2016 年 7 月 20 日，http://www.xinhuanet.com/politics/2016-07/20/c_1119250591.htm。

实施后全国首起针对雾霾污染的环境公益诉讼案件,标志着地方雾霾法治治理迈向一个新的台阶。

三、2017 年至今:雾霾治理区域合作法治化全面展开

截至 2017 年,大气污染形势依旧严峻,一些地区严重雾霾频发。在这一年,李克强总理亲自把“坚决打好蓝天保卫战”写进报告,并强调通过污染源治理、机动车尾气治理、重污染天气有效应对、严格环境执法、督查问责五大举措,治理雾霾。2018 年 7 月,国务院通过《打赢蓝天保卫战三年行动计划》(以下简称《行动计划》),进一步明确了大气污染防治工作的总体思路、基本目标、主要任务、保障措施,实现目标的时间表和路线图。经过几年从中央到地方层面的探索,雾霾治理区域合作法治机制全面展开。

首先,雾霾治理区域合作法治机制的广度、深度拓展。按照《行动计划》的部署,雾霾治理从以下 6 个方面全方位展开:一是推进产业绿色发展,调整优化产业结构。二是构建清洁低碳高效能源体系,加快调整能源结构。三是发展绿色交通体系,积极调整运输结构。四是推进面源污染治理,优化调整用地结构。五是大幅降低污染物排放,实施重大专项行动。六是有效应对重污染天气,强化区域联防联控。雾霾治理的关键和敏感问题是减排,2018 年《大气污染防治法》的修订将排放总量控制和排污许可由“两控区”(酸雨控制区和二氧化硫控制区),扩展到全国。对于不达标的区域负责人,将会被约谈。各地方政府对本地大气污染负责,相邻区域应建立和完善区域大气污染防治协作机制。为将节能减排的任务落到实处,2017 年 12 月 19 日,国务院批准《全国碳排放交易市场建设方案(发电行业)》,全国统一碳市场正式启动。排污许可证的范围从 2018 年的部分行业,到 2019 年的全部重点行业以及 2020 年的固定污染源的扩大发展。京津冀、长三角地区作为雾霾治理的主战场,区域合作更加紧密。2018 年 11 月,中

共中央、国务院明确提出推动京津冀协同发展。并进一步调整区域经济结构和空间结构，建设河北雄安新区和北京城市副中心，探索京津冀区域人口经济密集地区有序疏解的优化开发模式。北京大兴国际机场的整体规划便是区域协调与合作的重要结果。长三角的区域合作更是形成特色，2019 年 12 月中共中央、国务院印发《长江三角洲区域一体化发展规划纲要》就强化生态环境共保联治、高水平建设长三角生态绿色一体化发展示范区提供了长三角方案。

其次，雾霾治理区域合作法治机制更加细致，可操作性增强。为发动全社会参与大气治理的积极性，《大气污染防治法》在 2018 年修订时，设定了明确的奖惩激励机制。一方面，在大气信息公开的基础上，对大气污染行为举报的，应该进行保护和奖励。另一方面，加大了对大气污染企业的处罚，处罚不设上限。特定条件下的处罚，可“按日计罚”。2019 年 1 月 1 日起施行的《环境影响评价公众参与办法》更是为规范环境影响评价公众参与，保障公众环境保护知情权、参与权、表达权和监督权提供了具体的法律依据。大气治理的督察也确保了各地高度重视并积极推进工作的落实。2018 年至 2019 年，生态环境部就打赢蓝天保卫战重点区域强化督查，督促重点区域各级地方政府落实大气污染防治责任。2019 年，又启动第二轮中央环境督察，全面盘点全国大气污染治理情况。这一时期，为落实区域合作，一系列具体、可操作性的实施细则出台。以京津冀的区域合作为例，规范性文件有：《京津冀及周边地区 2017 年大气污染防治工作方案》（2017 年 3 月）、《关于京津冀及周边地区执行大气污染物特别排放限值的公告》（2017 年 6 月）、《京津冀及周边地区 2017 – 2018 年秋冬季大气污染综合治理攻坚行动强化督查方案》（2017 年 8 月）、《京津冀及周边地区 2018 – 2019 年秋冬季大气污染综合治理攻坚行动方案》(2017 年 3 月)等。雾霾治理的措施,也更加集中统一。根据《长三角地区 2019—2020 年秋冬季大气污染综合治理攻坚行动方案》,长三角针对汽车尾气、燃煤,开始执行统一区域标准,连续出台多项措施,稳中求进,通过区域大气污染联防联控和协同执法,推进区域内环境空气质量持续改善。

第三节　我国雾霾治理区域合作法治化的经验与保障

自 2013 年起,我国雾霾治理在短短的 7 年时间内完成了西方主要工业国家几十年的治理任务,取得了令全世界刮目相看的治理成果。如同新冠肺炎疫情,其蔓延之势得到有效控制,并逐步获得一些破解之道。作为后发型国家,我们在借鉴早发国家的治霾经验基础上,根据本国国情探索雾霾治理的路径与方法,充分发挥雾霾治理的制度优越性,完善雾霾治理区域合作的法律措施、提高雾霾治理的技术水平等,以人文与科学、自然与社会融会贯通的视角实现雾霾综合治理,凸显我国雾霾治理的后发优势。[1]

一、治理成效

(一)关键指标的例证

雾霾治理的主要任务控制区域内 PM2.5 和 PM_{10} 等污染物的排放量。选取 2013 ~ 2017 年 125 个地级及以上城市,其中包括

〔1〕 参见卜风贤、吴洋:《试论我国雾霾治理的后发优势》,载《理论与现代化》2020 年第 2 期。

72 个处理组和 53 个控制组进行准自然试验，运用双重差分法对主要空气污染物 PM2.5，PM10，SO_2，NO_2，CO，O_3等指标进行检测。结果显示：PM2.5，PM10，SO_2，NO_2，CO、O_3月均排放量显著下降。其中 PM2.5 的降幅达到36.33%，PM10 的降幅达到31.87%。重点区域的降幅更为明显，京津冀 PM2.5 的降幅为 39.6%，PM10 降幅为 34.3%；长三角 PM2.5 的降幅为 31.1%，PM10 降幅为 38.3%；珠三角 PM2.5 的降幅为 27.7%，PM10 降幅为 21.9%。[1] 从数据显示来看，全国范围内雾霾关键指数整体下降，雾霾越严重的区域，下降越明显。到 2019 年，北京 PM2.5 的浓度为 42μg/m³，天津达到了 51μg/m³，河北为 61μg/m³，均已达到中国大气质量 PM2.5 浓度 75μg/m³的国家标准。

（二）大气质量监测

2013～2020 年，我国雾霾治理尤其是京津冀重点区域，采取的措施如产业转移、节能减排、散乱污企业整治等，力度之大前所未有。同时，我国大气雾霾治理进展迅速、成效显著，在世界各国大气治理中是少有、突出的。通过查阅、对比国家空气质量在线监测平台的相关数据，可以直观感知 2019 年 12 月与 2013 年 12 月，全国空气质量的状况，其中与 2013 年 12 月相比，2019 年 12 月全国空气质量改善成果显著，空气质量“优”和“良”地区大幅增加，空气质量“轻度污染”和“中度污染”地区数量减少，空气质量“重度污染”和“严重污染”地区已不再出现。

显然，经过经年的治理，全国各地优良空气质量天数明显增加，污染天数，尤其是重度污染天数减少。

---

[1] 参见杨斯悦、王凤、刘娜：《〈大气污染防治行动计划〉实施效果评估：双重差分法》，载《中国人口·资源与环境》2020 年第 5 期。

（三）民众的体感

体感指数是指人们对外界的舒适感觉程度，具体是指个体通过自己器官的直观感受，尤其是皮肤与外界环境接触后在身体上或精神上所获得的一种体验、感受。如身体对气温的感觉，其中包含“体感最高气温”和“体感最低气温”两种指数。气象部门已经将体感指数列入监测、服务范围。2013 年，上海市气象局首度将体感指数升级，涵盖至雾霾对人体健康的影响。2013 年严重雾霾期间，民众出行困难，出门时大量佩戴专业防护口罩。民众体感严重不适，医院的呼吸疾病、心血管疾病的患者暴增。但通过近几年的社会调查统计，重点区域重现蓝天白云，雾霾出现频率、强度显著降低，民众纷纷开始享受户外美好生活。

二、法治成果

（一）理念变化

近些年，环保、节能、绿色、低碳的理念已经深入人心，并通过市场引起人们生产生活方式的转变。民众越发重视空气质量，积极响应政府号召，身体力行，积极参与政府主导下的雾霾治理工程。2018 年中国环境文化促进会发布的《公民环保行为调查报告》显示，公民高度接受认同“绿水青山就是金山银山”等生态文明理念，有 66.88% 的受访者表示在近半年内交流讨论过“绿水青山就是金山银山”等生态文明理念。简约适度、绿色低碳的消费理念深入人心，环保行为体现在方方面面。而根据最新的调查结果《公民生态环境行为调查报告（2019 年）》显示，公众普遍意识到个体行为对生态环境保护的重要作用。在关注生态环境、选择低碳出行、节约资源能源、保护自然生态、减少污染产生等多数生态环境行为领域，能够“知行合一”，践行度较高。在接受问卷调查的 31 个省（区、市）13086 个网络调查对象中，超六成受访者经常关注生态环境信息，84.9%的受访者知道“雾霾的产生与散煤燃烧无关”是错误的、78.8%的受访者认识到“露天烧烤会产生PM2.5”，对生态环境知识的掌握程度总体良好；近九成公众经常注意随手关灯及电器电源；超七成公众践行外出就餐时适度点餐或餐后打包；84.7%的受访者认为购物时应自带购物袋，尽量避免使用塑料袋；73.9%的受访者认为在日常生活中应积极改造利用、交流、捐赠、买卖闲置或旧物品等；84.6%的受访者日常出行以步行、骑自行车或乘坐公共交通工具为主，超六成公众经常选择低碳出行方式；92.2%受访者认为垃圾分类对于保护生态环境重要；69.2%的人几乎不或很少燃放烟花爆竹等，72.4%的人认为不燃放烟花爆竹对于保护生态环境重要。

公众生态环境意识和行为水平的整体提升，为我国的雾霾治理工作的推进奠定了基础。民众的自觉参与与有效监督，亦将督促各地政府加强联防联控，形成雾霾法治治理的命运共同体。

（二）法制成果

1. 立法：法律制度体系的构建。从中央到地方，纵深推进雾霾法治治理区域合作的发展。中央层面的法律有：《环境保护法》《大气污染防治法》等。从上述法律的近几次修改来看，均为进一步加强雾霾治理的区域合作。如2018年修订《大气污染防治法》，设专章规定重污染天时各区域的应对。中央层面的规章、政策：《大气污染防治行动计划》《打赢蓝天保卫战三年行动计划》《关于推进大气污染联防联控工作改善区域空气质量的指导意见》等，以专项规定的形式，具体落实雾霾法治治理的区域合作。地方层面的立法：《京津冀协同发展生态环境保护规划》《关于支持和保障长三角地区更高质量一体化发展的决定》《广东省珠江三角洲清洁空气行动计划》《广东省珠江三角洲大气污染防治办法》等，各地区根据区域发展的实际情况，在地方立法权限范围内，积极探索区域合作的具体模式。显然，我国关于雾霾法治治理区域合作的法治体系已经全面建成。

2. 执法：按照立法的部署，区域合作的机构不断进行探索、调整，如环保部门机构、职能的垂直管理改革、长三角地区的联合执法机制等。区域合作从早期简单的面上合作逐步触及实质。根据生态环境部2019年发布的《中国空气质量改善报告（2013－2018年）》显示，党的十八大以来，中国政府高度重视大气污染防治工作。中国大气污染治理进程全面提速，通过法制建设、综合减排、科技支撑、管理创新、社会共治五个方面的全力推进，构建了科学的、系统的大气污染防治措施体系，并取得明显的治理成效。从整体上来看，在最近7年的雾霾治理实践中，已经形成了“政府主导、部门联动、企业尽责、公众参与”的雾霾治理框架结构。

3. 司法：雾霾治理在司法中表现出专门化的发展趋势。公检法等司法机关针对大气环境案件，在机构设置、程序改革等诸多方面，均作出相应调整。检察机关根据民众对生态环境的新需求，2019年进行机构改革时，将公益诉讼作为重要职能之一，形成“刑事检察、民事检察、行政检察、公益检察”并行的检察新格局。人民法院以环境审判机构和环境审判机制为中心，在环境司法专门化发展上迈出了坚实的步伐。作为一种理论归纳，环境司法专门化是指国家设立专门的环境法院或者在现有法院内设立专门的环境法庭，依据专门的审判程序对环境案件进行专门审理。专门化主要包括：环境审判机构、环境审判机制、环境审判程序、环境审判理论和环境审判团队“五位一体”的专门化。[1] 根据《中

---

〔1〕参见张忠民：《环境司法专门化发展的实证检视：以环境审判机构和环境审判机制为中心》，载《中国法学》2016年第6期。

国环境资源审判(2019 年)》(白皮书)统计的数据显示,截至2019年,司法机关出台了最高人民法院《关于审理生态环境损害赔偿案件的若干规定(试行)》,最高人民法院、最高人民检察院、公安部、司法部、生态环境部《关于办理环境污染刑事案件有关问题座谈会纪要》,最高人民法院、最高人民检察院《关于人民检察院提起刑事附带民事公益诉讼应否履行诉前公告程序问题的批复》等一系列专门的司法解释,发布了关于大气污染以及其他环境污染的系列典型案例。环境法庭的设置如表6-1、表6-2、表6-3所示[1],更是覆盖到各个区域、各级法院。

表6-1 全国环境资源法庭设置情况

单位:个

省份/地区	基层	中级	高级	总数
北京	1	0	1	2
天津	0	0	0	0
河北	9	7	1	16
山西	0	1	1	2
内蒙古	1	4	1	6
辽宁	1	1	1	3
吉林	7	2	1	10
黑龙江	0	0	0	0
上海	4	1	1	4
江苏	9	9	1	21
浙江	10	3	1	14
安徽	70	2	0	72

[1] 表6-1、表6-2、表6-3的数据均原文引用《中国环境资源审判(2019年)》(白皮书),具体表述不做修改。

续表

省份/地区	基层	中级	高级	总数
福建	66	10	1	77
江西	87	4	1	92
山东	0	3	1	4
河南	0	10	1	11
湖北	0	5	1	6
湖南	3	4	1	8
广东	2	4	1	7
广西	1	0	1	2
海南	2	4	1	7
重庆	5	5	1	11
四川	59	20	1	81
贵州	19	9	1	29
云南	5	6	1	12
西藏	0	0	0	0
陕西	4	2	1	7
甘肃	0	1	1	2
青海	1	1	1	3
宁夏	2	0	0	2
新疆	0	0	1	1
兵团	0	0	0	0
总计	368	118	26	512

表 6－2　地方各级法院环境资源庭的设置

单位：个

省份/地区	审判庭	合议庭（团队）	人民法庭（巡回法庭）
北京	2	20	0
天津	0	5	0
河北	17	47	0
山西	2	10	0
内蒙古	6	50	3
辽宁	3	4	0
吉林	10	82	1
黑龙江	0	6	0
上海	6	13	0
江苏	19	24	0
浙江	14	24	0
安徽	72	53	3
福建	77	0	0
江西	92	26	8
山东	4	39	8
河南	11	104	5
湖北	6	58	0
湖南	8	21	7
广东	7	32	4
广西	2	68	2
海南	7	1	7
重庆	11	0	0
四川	80	0	39

续表

省份/地区	审判庭	合议庭(团队)	人民法庭(巡回法庭)
贵州	29	0	0
云南	12	5	0
西藏	0	0	0
陕西	7	0	0
甘肃	2	14	1
青海	3	0	1
宁夏	2	29	1
新疆	1	14	0
兵团	0	0	0
军事	0	0	0
最高院	1	0	0
总计	513	749	91

表6-3　高级法院环境资源庭设置情况

单位	机构名称	环境资源案件归口审理模式
北京高院	环境资源审判庭	刑事、民事、行政案件
河北高院	环境资源审判庭	刑事、民事、行政案件
山西高院	环境资源审判庭	刑事、民事、行政案件
内蒙古高院	环境资源审判庭	刑事、民事、行政案件
辽宁高院	环境资源审判庭	刑事、民事、行政案件
吉林高院	环境资源审判庭	刑事、民事、行政案件
上海高院	环境资源审判庭	刑事、民事、行政案件
江苏高院	环境资源审判庭	刑事、民事、行政案件
浙江高院	环境资源审判庭	民事、行政案件

续表

单位	机构名称	环境资源案件归口审理模式
福建高院	生态环境审判庭	刑事、民事、行政案件
江西高院	环境资源审判庭	刑事、民事、行政案件
山东高院	环境资源审判庭	民事案件
河南高院	环境资源审判庭	民事、行政案件
湖北高院	环境资源审判庭	刑事、民事、行政案件
湖南高院	环境资源审判庭	民事案件
广东高院	环境资源审判庭	民事案件

可见,我国雾霾司法的专门化虽然起步较晚,但在机构设置、机制和程序改革、理论研究等各个方面,个性鲜明,本土化、专门化韵味十足。环境司法审判机构、环境审判机制、环境审判程序、环境审判理论、环境审判团队“五位一体”格局处于不断的建设和优化过程中。

三、实践样式

在近几年的雾霾法治治理区域合作实践中,地方各级政府通过摸索,也获得了一些宝贵的经验,成为雾霾法治治理区域合作的典范。虽然这些典范也时常被指责为“突击工程”“运动式治霾”“治标不治本”,但不可否认的是,集中力量、通力合作、综合治霾,的确是雾霾治理的利器。雾霾法治治理区域合作的亮点主要有北京 APEC 蓝、上海世博会、广州亚运会期间的大气治理实践样本,在此期间,三地均采取了区域合作治理措施,取得了积极成果。尽管由于多种原因,这种治理模式只是一种运动式、暂时性的治理行为,但这种通过实践检验所留下的经验、教训,却为我国建立长期性大气污染防治奠定了坚实的基础,为加强区域大气污染防治提供了借鉴。

（一）北京“APEC蓝”：京津冀科层元机制主导的合作治理

2014年的APEC会议，确定在受雾霾污染严重的北京举办。当年北京已经有四次雾霾记录，空气质量一直在重度污染和轻度污染之间波动，这给11月APEC会议的雾霾治理带来非常大的压力。面对外界的质疑，中国政府作出了APEC会议期间空气质量达标的承诺。在中央政府的统一领导下，北京及周边五个省市集中进行联防共治。经过治理，成效明显，到2014年11月3日，北京市城六区PM2.5浓度为每立方米37微克，接近一级优水平。“APEC蓝”获得与会代表、专家、市民的高度称赞，“APEC蓝”也入选2014年度十大科普事件。

“APEC蓝”是中国政府用超常规手段治理出来的。在此期间，区域合作达到空前高度。其特色做法有：(1)中央政府领导下的科层元机制发挥作用。科层机制作用方式来源于科层组织理论，要求国家力量强大到一定程度，通过法律和命令的权威，为非政府行动者参与治理与决策提供“可信”的参与机会与动力。APEC会议期间的雾霾治理正是在中央政府直接引领、区域政府的参与下完成的。中央制定了《京津冀及周边地区2014年亚太经济合作组织会议空气质量保障方案》，重点控制区的一把手作为总负责人亲自落实工作。[1] (2)采取史上最严雾霾治理措施。包括督导治理、机动车限行与管控、实施应急减排措施、燃煤和工业企业停限产、加强城市道路保洁、工地停工等，坚守治霾治理“最后一公里”。(3)以强有力的行政手段推动地方联防联动。京津冀区域内地方政府以保障APEC会议期间空气质量为头等大事，所有工作都必须无条件服从大气治理。数据统计显示，APEC

〔1〕 参见范永茂、殷玉敏：《跨界环境问题的合作治理模式选择——理论讨论和三个案例》，载《公共管理学报》2016年第2期。

会议前后，环境保护部16个督导组对250处施工现场、1286家工业企业进行监督检查。各地出动43.4万人次，检查工业企业6.1万家，其他污染源12.3万处。因落实不力，河南省安阳市市长、河南省环保厅厅长、副厅长、山西省太原市6名官员等被约谈。地方政府责令9298家企业停产，40000余处工地停工，3900家企业限产，1173万辆车限行。[1] 地方政府在区域合作上节奏、立场高度一致，同时发力，确保了APEC会议短期治理的明显成效。

（二）上海世博会：长三角区域大气污染的联动治理

第41届世界博览会于2010年5月1日至10月31日在上海举办。世博期间空气质量优良率达到95%，蓝天白云给中外游客留下了深刻印象，成功演绎了“城市，让生活更美好”的世博主题。上海市除通过自身努力实施一系列保障措施外，也积极主动联系周边区域，开展区域联合行动。其区域合作的主要做法有：

（1）开发了长三角区域空气质量预警联动系统。系统由区域数据共享、信息发布、预报预警、应急联动4个子系统构成。在世博会期间，通过系统对长三角区域空气质量状况适时监控，成功发布了5次大气污染预警。系统为世博空气质量保障提供了坚实的技术基础。根据预测，地方政府及时启动了应急联动措施。同时，该系统也是一次跨行政区解决区域性空气污染问题的有益实践，具有十分重要的示范意义。[2]

（2）以法治为区域合作保驾护航。2008年，长三角两省一市签订了《长江三角洲地区环境保护工作合作协议》，从应急保障、

---

[1] 参见周宏春：《APEC蓝及其对我国大气污染治理的启示》，载《中国经济时报》2015年第3期。

[2] 参见陆涛：《上海世博会长三角区域空气质量预警联动系统开发与应用》，载《中国环境监测》2013年第1期。

空气质量联合监测、污染源控制、机动车尾气污染控制四方面为世博期间的空气质量提升制定联合防治的工作方案。2010年，上海市和江浙两地的环保部门制定了《2010年上海世博会长三角区域环境空气质量保障联防联控措施》，强调实现长三角区域的环境数据信息共享和重点控制高架污染源等主要污染源，并设计了按程序启动的环境空气质量保障应急措施。

（3）成立了区域环境空气质量预报会商小组及联防体制。各部门的支持、配合与协作是实现世博会"蓝天白云"的重要保障。江浙沪三省市的环保部门在世博应急保障等方面加强联防联治，如三省市的工业部门合力解决大力控制施工工地扬尘和挥发性有机物污染；环保和农业部门互相协作配合，共同解决秸秆燃烧产生的大气污染问题；交通部门联合进行机动车尾气排放控制；能源部门统一推进加油站油气回收等。正是长三角区域所有单位、组织、行业的有效衔接与联防联治，才有了世博会期间令人难忘的"蓝天白云"。

（三）广州亚运会：珠三角契约元机制主导的大气污染联合防治

相比京津冀、长三角地区，珠三角地区的雾霾似乎没有那么严重。其雾霾也以光化学污染、酸雨为主。珠三角的雾霾治理也呈现出不同于京津冀、长三角的地域特色：既提升区域大气污染防治联席会议规格，又加大市场化的契约机制和科层机制的融合，更多采用经济手段来鼓励和刺激市场主体自觉落实减污措施。[1] 这种特色在2010年广州亚运会期间得到淋漓尽致的体现。

---

〔1〕 参见范永茂、殷玉敏：《跨界环境问题的合作治理模式选择——理论讨论和三个案例》，载《公共管理学报》2016年第2期。

(1)以科学研究和技术发展为基础推进雾霾治理。为推动珠三角区域大气复合污染防治体系研究的深入进行,2006年,广东省人民政府与科技部合作,启动了“重点城市群大气复合污染防治技术与集成”项目。2008年6月,为共商珠三角大气污染联防联控工作,广东省召开珠三角大气污染防治高峰论坛。2010年广东省成立了区域大气质量科学研究中心,通过产学研一体化合作,为跨界大气污染的合作治理提供技术支持。

(2)畅通区域合作法治机制。针对珠三角地区大气污染特征和空气质量现状,广东省政府出台了《广东省珠江三角洲大气污染防治办法》,明确提出广东省要建立跨界大气污染监督和治理合作机制。为了降低跨行政区域协调难度,提升联席会规格,加强长效机制建设,2008年10月,广东省人民政府建立了珠江三角洲区域大气污染防治联席会议,会议由区域内18个省直单位的相关负责人和9个市主管环保工作的副市长为主要成员。广东省政府还建立区域大气污染联防联控领导机构,在全国率先建立了以分管副省长为第一召集人、珠三角地区各市政府主管市长和省直相关部门等27个单位有关负责人参加的大气污染防治联席会议制度。为提升联席会议的效能,制定了《珠江三角洲区域大气污染防治联席会议议事规则》。

(3)出台针对性严格治理措施。2010年广州亚运会前夕,成立“亚运会空气质量保证工作协调小组”,实施火电厂污染控制、大气环境监测预警、工业污染防治、机动车污染防治、工地扬尘控制、饮食业油烟整治、油气回收治理、区域联防联治等措施,并严格执行“五个一律”:亚运会期间,未持有绿色环保标志的外市籍车辆,一律禁止进入广州、东莞、佛山三市;亚运会期间发现有偷排或超标排污的企业一律停产整治;对未完成治理任务或治理后仍不达标的企业或项目,一律责令停产治理;珠三角区域内环保验收不合格或未申请环保验收的储油库、油罐车、加油站一律暂停营业和使用；一律禁止在涉及 11 市包含所有近海海域内，散装液态污染危害性货物过驳，船舶的原油洗舱、驱气作业。上述针对性、科学性、有效性的措施，实现了广州亚运会"天更蓝"和"绿色亚运"的目标与承诺，并为亚运后建立空气质量保障长效机制作出重要贡献。

上述三个案例中，虽然雾霾治理取得了一定的成效，但显然也存在明显的不足：雾霾治理过度依赖临时措施，缺乏区域合作治理法治化的长期机制，不利于区域大气污染防治的持续运行。甚至会导致临时治理方案解除后大气污染的反扑，造成更加严重的大气污染。因此，探索规范化、法治化的大气污染治理区域合作机制，方为可持续发展之要义。

第七章　我国雾霾治理区域合作机制法治化存在的问题及障碍

第一节　我国雾霾治理区域合作法治化存在的问题

中国雾霾从整体上得到了有效的控制，但尚未形成系统的、全面的解决机制。因而，雾霾在中国依旧是一个大气隐患，并随时可能发作，危及民众生产、生活以及身心健康。尤其是秋冬季节，如遇上不利的气象条件，雾霾甚至会持续时间更长，扩散范围更广。2019 年 9 月，山东临沂就早早地遭遇雾霾，发布重污染的橙色预警。9 月底 10 月初，京津冀地区也出现了区域性大气污染过程，影响范围包括京津冀大部分地区、河南全省、江苏与安徽的北部地区、山东大部分地区。秋冬大气污染攻坚行动依旧是各地区的工作重点，不能掉以轻心。一些地方的雾霾治理也投入大量成本，却陷入反复治理、治理效果反复的怪圈。检视我国的雾霾法治治理区域合作，基本上停留在浅层，进而影响我国雾霾治理的整体效果。深度剖析，我国雾霾法治治理区域合作存在的问题归纳起来,主要表现为以下几个方面。

一、法律在雾霾治理中的角色缺位与指引不足

在法治社会,法律是社会管理、控制的最有效工具。于雾霾治理而言,法律通过为决策者、管理者、执行者提供决策依据和激励措施而影响治理工作的开展;法律通过设定权利义务、规范行为、责任界定而引导社会对大气变化的适应与治理的参与。基于法律对大气治理的巨大作用,一些在雾霾治理上较为成功的国家都制定了本国专门的雾霾治理法以及协作机制。中国当前正在启动关于《气候变化应对法》的立法工作,但从整体上来看,关于大气污染防治以及区域合作治理方面的立法建设,法律的形式、内容严重滞后,法律所起作用极其有限。

(一)大气污染防治在相关立法中无法成为环境决策的主要因素

国内当前涉及雾霾治理的法律主要分布在环境保护、能源开发、气候变化的立法中,主要有:一是自然资源法,主要包括《土地管理法》《水法》《渔业法》《矿产资源法》《森林法》《草原法》《海洋环境保护法》《野生动物保护法》等。二是防治自然灾害的法律,如《防震减灾法》《消防法》《突发事件应对法》《道路交通安全法》等。三是大气污染防治法,如《环境保护法》《大气污染防治法》以及一些地方性大气治理法律法规。客观地讲,上述法律体系已经较为完备,很好执行的话,法律足以完成雾霾治理与生态保护的任务。但遗憾的是,大量的调查研究表明,由于上述法律法规的制定与修改,从未将大气治理作为主要的针对对象,从而导致了当前的法律体系对敏感、脆弱的大气污染只具备较低的适应能力。[1] 因此,在

---

〔1〕 参见何香柏:《突破还是保守:评我国适应气候变化的法律框架》,载《南京大学法律评论》2015 年第 2 期。

中央各类的立法中，应加大对大气污染防治的考量与关注，使之在环境决策中占据本应有的分量，从而引起全社会对大气治理工作的重视，推进雾霾治理工作的顺利开展。

（二）关于雾霾治理区域合作缺乏充分的条文支持

我国《宪法》中虽然有关于环境保护的总纲性规定，但对环境区域合作制度却没有原则性的指导，这使我国的环境法律法规缺少了其在制定环境区域合作制度时的指导方针。2014 年最新修订的《环境保护法》也只是对纵向的环境治理主体作出了规定，但它只对国务院、环境保护部、地方各级政府的职权作出了明确了划分，对地方各级政府之间如何展开环境合作并没有提出有建设性的规定。2018 年修订的《大气污染防治法》第五章专门规定了“重点区域大气污染联合防治”制度，使我国雾霾治理区域合作在法治上迈出了可喜的一步。2018 年的《大气污染防治法》与 2015 年《环境保护法》一起构建了“史上最严”的环境责任追究机制，使得雾霾法治治理区域合作实施保障大大增强。但从现行法律规定来看，依据还存在区域合作机制不明确、激励补偿实施机制缺乏、社会参与机制不健全、法律责任制度不完备等问题。

（1）法律层面的规定过于原则而可操作性弱。对于区域合作，立法大多作了简单的描述和抽象的表达，并无具体可操作的实施机制来引导合作的开展。当前我国立法关于区域合作尚无实质性突破，虽然有些法律涉及区域合作，但在我国区域发展极不平衡的背景下，立法通常也只是对各级政府在各自管辖区域内的管理职权作出了规定，对于上级政府在处理跨区域事务的职责，以及地方政府在政府合作中的责任与权力等缺乏明确指引。[1]

---

〔1〕 参见汪伟全：《论我国地方政府间合作存在的问题及解决途径》，载《公共管理学报》2005 年第 8 期。

(2)激励补偿实施机制缺乏。区域经济发展不平衡、雾霾治理的渴求程度存在差异,势必导致各地雾霾治理的能力和态度不一。而解决这一问题的核心是雾霾治理中的差异补偿和激励分配。政府合作治理雾霾污染以协同治理为基础,而"协同治理"是包含以及覆盖公共和私人机构以及个人管理他们共同事务的全部行为。这是一个连续性的过程,各种矛盾的利益和由此产生的冲突得到调和,并产生合作。[1] 区域合作治理雾霾要可持续的深入发展,必须实现利益上的融合。即对于纵向政府间、横向地方政府间、政府部门间,不能单从治理目标出发来制定硬性的监管规章。而是追求在大气污染治理中形成共同协作、利益共享的最佳状态,通过激励或是约束功能的制度安排促进实现政府间利益最大化,进而形成区域合作治理雾霾的默契。[2] 但因为利益问题的敏感性,现行法律仅仅通过《环境保护法》第 31 条"国家建立、健全生态保护补偿制度"对补偿做了原则性的宣告,但如何具体实施对雾霾治理的利益补偿与激励,缺乏可操作性的实施机制。

(3)社会参与机制不健全。雾霾治理本质上是一个社会问题。从社会管理到社会治理,从政府独治到多元共治,体现了社会参与雾霾治理联防联控的必要性。《环境保护法》和《大气污染防治法》都规定了企业、公民、社会组织大气环境保护义务与职责,为雾霾治理的社会参与提供了法律依据。但实际上,简单的义务规定却无法真正激活社会参与雾霾治理的积极性。只有义务没有权利的规定,使义务空洞而缺乏支撑。立法应回应公民的环境权利,为社会参与雾霾治理提供实体法、程序法的保障。

(4)雾霾防治法律责任不完备。大气污染防治的相关法律对

---

〔1〕 Philippe Moreau Defarges, *La gouvernance*, University Presses of France, 2003.

〔2〕 参见罗文剑、李娟:《政府协同治理大气污染的激励相容制度分析》,载《江西社会科学》2019 年第 11 期。

政府、企业、公民大气环境责任界定不明确，且存在大量的灰色地带。违法成本低，守法成本高成为雾霾治理的一大障碍。此外，对于违反大气治理责任的追究，也存在问责机制不完善的问题。如对责任的判定标准、责任形式等规定不明确，实践中发生的追责多依靠行政政策或行政长官的命令执行，处罚结果随意、差异性大，影响大气环境法治精神的践行。以地方政府的责任承担为例，雾霾治理区域合作是地方政府与地方政府之间的合作，然而依据现有的法律体系基本无法追究地方政府这一主体在雾霾治理区域合作不力时的法律责任。原因是在我国的法律责任体系中，地方政府较少成为责任主体或直接的责任承担者。而现有行政协议的性质、效力、法律责任不明朗，区域性行政协议的缔约方因领导层变动或利益冲突等原因最终不了了之的现象屡见不鲜。[1] 雾霾法律责任体系自身也不健全，《民法总则》《环境保护法》《大气污染防治法》之间法律责任体系不协调，环境刑事责任、行政责任、民事责任之间不协调。上述种种问题，都对区域合作的雾霾治理提出了追究法律责任的法治需求。

（三）地方立法对开展雾霾治理区域合作、协同治理多依靠政策以及政府决议、文件，缺少相应的配套法规

每个区域的雾霾治理具有较大的地区差异性，在进行地方立法时必须考虑本地实际的需求以及大气问题的区域性，因地制宜进行雾霾治理的立法。但在实际的地方立法工作中往往表现出立法形式主义，盲目地追求与中央有关立法的对应一致，这就致使我国地方立法的质量不高。在区域合作上，大多数地方政府原则上应以所辖行政区域为其效力范围，甚少考虑跨行政区域立法

〔1〕 参见程雨燕：《地方政府应对气候变化区域合作的法治机制构建》，载《广东社会科学》2016 年第 2 期。

的合作与协商。在一些突发大气事件的处理上，大多通过政府临时开会、协商解决，地方立法对于区域合作的主体、措施、纠纷解决等重大问题尚未实质展开。雾霾治理的区域合作，地方立法必须直面地区间大气标准、监控、监测及处罚"不统一"以及地区间在雾霾治理补偿机制、技术投入、配套资金等方面缺乏全面统筹等现实问题，制定可操作性地方实施细则，方可发挥地方立法在区域合作上的推动作用。

二、主体间横向、纵向合作缺乏动力，治理呈现"碎片化"

（一）区域合作能力和愿望存在差异

区域参与大气治理的行为是由合作愿望与合作能力决定的。大气治理必然触及地方经济的发展以及财政经费的支出。从投入与产出的经济效益计算，每个区域的结果完全不同，所以各级政府治理的能力、动力也不尽相同。加之中国相对独立的行政区域体制，在以经济增长为主要评价指标的单一发展理念之下，政府间真诚的合作缺乏本原的动力。所以，当前政府间的合作效果差强人意，气候治理呈现"碎片化"局面。

1. 从纵向合作来看，越是基层合作的愿望以及合作的能力越薄弱，越是高层合作治理的决心和能力越大。表 7 – 1 通过大量实证和网络调研、分析得到的数据证实了这一结论。

表 7 – 1　不同层级政府雾霾治理区域合作愿望、能力、行为与效果

衡量指标	省级政府	地级政府	县级政府	乡镇政府
合作愿望	强	较强	弱	基本无
合作能力	强	较强	弱	基本无
合作行为	强	较强	弱	基本无
治理效果	突出	明显	略有表现	基本无

合作愿望与能力决定合作行为，合作行为决定合作效果。高级别政府对合作治理的积极态度与良好效果更多是权力的安排或者政治层面的考量。很多时候，高层在自说自话，基层冷眼旁观，或认为事不关己而不作为。由于没有对大气治理从上到下的共同认知和统一的部署，所以，在雾霾治理问题上，行为出现断层，措施出现脱节，效果往往集中在高层级政府关注的重点，甚至出现“头痛医头、脚痛医脚”的被动局面。雾霾治理的纵向合作缺乏凝聚力和执行力。

2. 从横向合作来看，越是经济不发达的地区，合作的愿望以及合作的能力越薄弱，越是经济发达的地区合作治理的决心和能力越大。表7－2通过对珠三角、长三角、西部地区等几大经济发展程度发展不一的板块进行调研，分析得到的数据证实了这一结论。

表7－2　不同区域政府雾霾治理区域合作愿望、能力、行为与效果

衡量指标	经济发达地区	一般发达区域	贫困地区
合作愿望	高	中	低
合作能力	高	中	低
合作行为	高	中	低
治理效果	高	中	低

各区域经济机构、类型、发展程度上存在巨大差异性、复杂性，加之在雾霾治理上责任的承担不明、缺乏区域横向合作的监管机制，致使当前的横向合作几乎是松散型。遇到极端或突发事件，基本上一事一议。甚至许多合作在失去领导人或社会的关注后，不了了之。一些地方政府以邻为壑，各治一方，其结果是气候治理此消彼长、相互抵消，大家都做了无用功。横向合作治理的各主体之间必须抛弃固有的成见，相互融合、相互协助，整体推进

大气治理工作的开展。

(二)区域合作集体行动困难

对于跨区域的雾霾治理,每个主体不可避免地要面对自身利益最大化的理性追求与集体行为的非理性选择之间的矛盾。诚如奥尔森所说,在某一个集团中,即便每一个人都非常具有理性,都以追求自我利益为最大目标,但在共同的利益和目标都达到后,他们仍然不会主动采取措施来关注集团利益的最大化。[1] 雾霾法治治理区域合作集体行动困难主要表现在以下几个方面:(1)区域主体间难以形成雾霾治理的共同利益。我国区域经济的发展程度、经济结构、能源耗费等,存在较大的地域差异性。而雾霾治理公共性、长期性、艰巨性,势必让各区域政府计算投入与产出。显然,跨区雾霾治理短期内无法形成区域共同利益。加之区域政府领导对任期政绩的渴求,多种复杂利益的并存,形成了政府集体行动的动力性障碍。(2)区域间缺乏雾霾治理的合作信任。良好的信任关系是实现区域合作的基础。然而当前各地方区域自利性膨胀,心存"搭便车"想法,大多会理性选择消极雾霾治理。个体自私的理性最终对集体造成非理性,形成雾霾治理集体行动的困境。如京津冀区域合作中,河北被认为是雾霾的源头,京津产业转移是根本,因此三地的雾霾治理不能相互指责,而应以大局为重,考虑长远利益,全力支持雾霾治理的区域合作。

(三)区域合作规范化、法治化程度低

雾霾法治治理的区域合作包含从立法到执法、司法层面的系统性合作,但实际上我国的立法、行政、司法都以地域为限,严格

---

〔1〕 参见[美]曼瑟尔·奥尔森:《集体行动的逻辑》,陈郁等译,上海人民出版社1995年版,第2页。

按照区域划分。雾霾法治治理的区域合作,很难突破区域限制。虽然京津冀、长三角、珠三角等区域进行了一些地方立法、执法、司法合作的探索,但始终未获得突破。以区域合作协调组织的设立为例,有力的区域合作协调组织,是良性而高效的公共管理机制的前提。而依据京津冀2015年共同签署的《京津冀区域环境保护率先突破合作框架协议》,成立了京津冀及周边地区大气污染防治协作小组。该机构具体负责协调的是北京市环保局下的一个处级办公室。一个处级部门来协调京津冀三地,其效率和效能可想而知。类似现象在其他区域合作中比比皆是。此外,在我国传统的"条块分割"政治思维模式的影响下,区域合作处于条块分割的状态,效率低下,地方政府之间缺乏必要的横向合作与纵向互动,片面依靠中央政府的指挥,缺少主动有效的沟通,致使雾霾污染不断扩散并形成跨区域问题。[1] 雾霾治理区域合作既要有成效,又必须有长效。建设雾霾治理立法、执法、司法区域合作的长效机制,对打破当前雾霾治理协同治理的僵局、实现雾霾治理"质"的飞越具有重大意义。

三、利益分歧阻却多元化社会化主体对大气治理网络格局的参与

雾霾治理是一项长期的工程,不单单是政府的任务,需要全社会各种力量的参与,协同治理。中国各级政府在雾霾治理上几乎是唱独角戏,身兼多职,涉足所有领域,既是决策者,又是执行者、监督者,也完全背离国家、市场、社会复合提供公共服务之趋势以及大气协同治理之需求,所以在雾霾治理上,政府虽然铆足了力,但孤军作战,时常感觉力不从心,治理效果也不尽如人意。

---

[1] 参见汪旻艳:《政府合作治理雾霾的理论依据、现存缺陷及模式选择》,载《中共天津市委党校学报》2015年第5期。

(一)民众参与大气治理的整体意识不强

雾霾在中国民间还是一个并不久远的概念,民众的直观认识也仅仅源于2013年京津冀的严重雾霾污染。社会对雾霾治理尚谈不上深刻、理性的认识,要求民众牺牲对物质利益的追逐而参与大气治理,还需要一个逐步接受与适应的过程。虽然近几年中国政府加大了对大气治理知识的宣传和普及力度,但公众对大气治理的认识度依然较低,参与积极性不高。从整体上来看,社会民众尚未养成低碳、绿色、环保的生活习惯并自觉的采取行动。低碳、绿色、环保成为一种时尚,逐步为青年人或受教育程度较高的部分环保支持者所接受。但是不能忽视的是,中国是一个人口众多的发展中国家,有6亿人每个月的收入为1000元左右,尚处于生活较为困难的阶段。根据第六次全国人口普查的结果显示,小学教育程度的人口占比27.2%,初中文化程度的占比41.2%,中国人口受教育程度普遍较低。对于低收入或受教育程度较低的群众而言,甚少会主动关心、参与大气治理。人们对大气治理的不了解、不关心、不熟悉以及对气候变化感知的滞后性致使其在参加气候治理时无法积极主动,公众的参与不足使气候变化治理结构存在缺陷。[1] 雾霾治理也因缺乏扎实的群众参与基础而略显单薄。

(二)企业的观望与消极应对

雾霾治理对企业的节能、减排等提出了新的要求。传统企业面对环保的压力,选择了生产转型或技术改进。但仍然有大部分企业在夹缝中生存,甚至利用国家政策的“漏洞”或地区环保标准

---

〔1〕 参见齐晔、马丽:《走向更为积极的气候变化政策与管理》,载《中国人口·资源与环境》2007年第2期。

的不统一,游走在大气污染违法的边缘。根据生态环境部部长李干杰部长在十三届全国人大常委会第九次会议第一次全体会议上所作的《国务院关于研究处理大气污染防治法执法检查报告和审议意见情况以及有关决议落实情况的报告》显示,2018 年国家全面落实《大气污染防治法》等法律法规要求,严厉打击涉气企业大气违法行为,尤其是排放不达标企业,共查处"散乱污"企业、工业企业环境违法等涉气环境问题 2 万多个。显然,绝大多数企业对于大气治理带来的压力只是消极、被动的应对,缺乏主动作为的积极性。由于缺乏市场机制的引导,企业面对大气污染治理的形势及风险,长期处于观望状态,难以在大气污染治理过程中发挥主体作用。[1]

(三)社会组织游离在大气治理之外

在国家治理现代化的进程中,社会治理体制不断创新。社会组织是构建社会治理新格局的重要力量,社会组织以其天然的优势,在提供公共服务、扩大公众参与、反映利益诉求、增强社会活力、促进社会发展等方面发挥着不可替代的作用。[2] 按照戴维·奥斯本、特德·盖布勒对社会组织优势的分析,公共部门适合在政策管理和注重公平的领域发挥作用,私营部门则更适合在追求效率的领域发挥作用,而第三部门则在与利润关联程度较低的领域具有更大的作用。[3] 由于利益疏导、责任分担机制的不足,社会组织也游离于大气治理系统之外,尚未承担起应有的使命与责

---

〔1〕 参见胥彦玲、闫润生、袁汝兵:《"2 + 26"城市大气污染治理产业现状及投资建议》,载《技术经济与管理研究》2019 年第 11 期。

〔2〕 参见姜晓萍:《国家治理现代化进程中的社会治理体制创新》,载《中国行政管理》2014 年第 2 期。

〔3〕 参见[美]戴维·奥斯本、[美]特德·盖布勒:《改革政府——企业精神如何改革着公营部门》,周敦仁等译,上海译文出版社 1996 年版,第 20 页。

任。主要存在的问题有:社会组织受“官本位”观念、经费等因素限制,缺乏独立性,自身发育不成熟,公众对社会组织的认可度与参与积极性普遍不高,大气治理方面更是如此;社会组织对大气污染尤其是企业的大气污染监管不到位;社会组织参与大气污染治理的意识和能力不足;政府对社会组织不信任,排斥其参与大气治理等。

四、大气治理多为应急、应景之作,系统、规范的治理模式尚未正式形成

雾霾治理与国家的产业结构、能源、贸易、知识产权、科技发展等息息相关,不仅仅是一项环境保护的制度。雾霾治理工程的启动无一例外会触动所有个人、单位、组织的神经。理论上,对于大气治理的重要性,各级领导都有着清醒的认识。但从实践的防治措施来看,管理体制、技术更新等都存在严重不足。

(一)治理机制建设滞后

徘徊于“先污染,后治理”的老路,在预防上似乎大家都不愿意投入更多的精力,大气治理很多时候成为一个时髦的面具。大气污染的预防是治理的根本,但预防是一个投入大、见效慢的过程,需要全社会以较大的决心和耐心,先预防、后治理,重点在预防。大气治理在全世界都是一个艰巨的任务,即便是发达国家,经历剧痛,也尚未找到治理良方。中国国内也同样经历着发展经济与保护环境的纠结与煎熬。致使一些体制、制度建设略显犹豫。宏观方面,治理政策缺位、失衡,缺乏具有前瞻性和具体可行的战略安排。微观方面,在大气环境标准体系、排污许可、环境信息网络体系等方面,存在明显体制建设不足、执行不顺畅的现象。

(二)治理手段与措施的科学性论证不足

大气治理是一项科学的工程,绝不是“拍脑袋”的心血来潮之

作。科学和技术在气候治理中扮演不同的角色。一些地方政府在大气治理上罔顾科学规律，不做科学研究和合理论证，关起门来随心所欲地决策，致使大气治理花了钱，但效果还适得其反，在大气治理上多走弯路。全球大气治理的实践证明，只有以开放的合作视野来谋划气候治理的大业，才可能取得突破，自然科学与社会科学的研究与论证必须得到充分的重视。

雾霾治理成功的国家，如德国、日本、法国、美国，无一不是技术强国，充分依靠科学技术治理雾霾。科学技术创新是提升雾霾治理水平的源动力。我国的雾霾治理中，科技的作用开始被强调，如新能源汽车的开发。雾霾治理对科技的需求主要表现在以下三个方面：(1)雾霾控制的科技需求。具体包括：节能减排、新能源技术、焦炉煤气深度净化技术、汽车尾气处理技术等。(2)雾霾监测的科技需求。具体包括：大气氧化性自由基现场检测技术、烟雾箱系统建设、在线监测技术、预警网络系统建设等。(3)雾霾预防的科技需求。具体包括：研制高效可靠的PM2.5防护产品、研究综合反映多种大气污染物对健康危害的“空气质量健康指数”、研究利于排除吸入体内细小霾粒子的饮食搭配等。[1]

从整体上来看，我国雾霾治理的上述三个环节普遍存在科技成果的转化率低、覆盖面窄、渗透层度不深、供需脱节等问题。在雾霾治理科学技术的研究、开发、转化上，我国与德国、日本等国家还存在较大的差距。

(三)市场机制不成熟

雾霾污染是经济活动的产物，因此对其治理必须诉诸经济手

---

[1] 参见周志田等：《科学如何为中国治理雾霾决策服务》，载《华北理工大学学报(社会科学版)》2017年第4期。

段。十八届三中全会不断强调市场的作用,雾霾治理同样是这个问题。政府要做的就是引导、设计、推动市场机制的形成,让市场这只“看不见的手”通过供求、价格、竞争、风险等实现雾霾治理的资源配置。我国的雾霾治理主要停留在政府管理层面,政府雾霾治理的决心与措施决定了治理效果的高低起伏,雾霾治理的市场机制似乎还处于沉睡状态。市场培育的不成熟主要表现在:(1)税收、价格、金融等市场手段对大气治理的引导和触动不明显,如资源税对能源结构没有发挥直接的调节作用,金融政策对生产和消费的刺激力度不足。(2)雾霾治理行业市场尚未形成气候,发展前景不充分不明朗。(3)排污权交易市场亟待完善,国务院办公厅于 2014 年 8 月 6 日出台《国务院办公厅关于进一步推进排污权有偿使用和交易试点工作的指导意见》,意在发挥市场机制推进环境保护以及污染物减排,但时至今日,仍存在受让主体范围小、交易机制不公平以及技术监测不全面等问题。(4)统一碳市场尚需推进。碳排放交易允许企业在碳排放交易规定的排放总量范围内,用减少的碳排放量,交易企业内部以及国内外的能源,达到运用市场机制促进环境保护的目的。经过自 2013 年 6 月 18 日的试点,2017 年 12 月 19 日,备受关注的全国碳排放交易体系正式启动。但实践中,碳排放交易的初始分配、利益协调、交易的规则、程序、交易双方的权利义务、纠纷解决机制等都缺乏法律明确的规定,影响市场运行效果。[1]

五、司法途径不畅通

(一)雾霾司法中存在较为严重的地方保护主义阻碍

中立、公正的司法是雾霾治理区域合作的终极法治保障。雾

〔1〕 参见姜明:《中国大气污染治理法治化进程的检视与展望》,载《长沙理工大学学报(社会科学版)》2020 年第 1 期。

霾的流动性、跨界性、公共性、长期性对司法处理雾霾纠纷提出了新的要求。虽然个别地方有探索环境案件跨区域管辖、集中管辖改革,但从整体上来看,我国司法辖区与行政辖区的完全一致、司法财政、人事的地方供给等因素使我国的司法与地方利益、部门利益存在密切联系,审制独立受到影响。对于雾霾治理案件,克服地方保护主义和部门保护主义更为重要。从司法实践来看,地方保护主义是导致大气污染立案难、审判难、判决难、执行难的重要原因之一。部分大气污染企业因为纳税、解决就业、财政增收等原因,受到地方政府的保护或暗中支持,而法院在裁判时,多多少少会考虑政府的立场,无法公正、独立司法。以雾霾治理区域合作中的司法为例,对于跨界的雾霾,涉及责任判定的,任何一个涉案区域的地方法院都无法秉持中立的立场解决雾霾纠纷,就算能公正作出裁决,但其权威性亦会受到质疑。因此,雾霾法治治理,必须破除司法地方保护主义的樊篱。

(二)大气公益诉讼尚未真正激活

根据2017年修订后的《民事诉讼法》第55条的规定,对污染环境、侵害众多消费者合法权益等损害社会公共利益的行为,法律规定的机关和有关组织可以向人民法院提起诉讼。大气污染属于可以提起公益诉讼的案由之一。自2017年起,我国环境公益诉讼办案量大幅上升。从2016年山东德州全国首例大气污染民事公益诉讼,到2017年检察院被授权提起大气污染行政公益诉讼,直至2018年北京首例由检察院提起大气污染民事公益诉讼获得胜诉,大气污染公益诉讼得到了长足的发展。[1] 但受制于大气污染自身的特殊性以及公益诉讼制度设计的不足,我国的大

---

〔1〕 参见赵悦:《气候变化诉讼在中国的路径探究——基于41个大气污染公益诉讼案件的实证分析》,载《山东大学学报(哲学社会科学版)》2019年第6期。

气公益诉讼并未真正被激活。主要表现在:(1)从数量上来看,实际发生的跨区域大气污染争议,只有极少数选择司法解决渠道,大多数案件通过行政调解、协商,或上级行政命令解决。在裁判文书网用“公益诉讼”和“大气污染”两个关键进行搜索,自2018年3月至2019年12月,共有诉讼案件43件。显然,司法并不是解决跨区域大气污染争议的首选。(2)大气污染公益诉讼的相关法律关系并未理顺。如由于大气具有流动性、迁移性,加之其本身亦具有一定的自净功能,如何评估污染行为对大气生态环境造成的损害一直是大气污染民事公益诉讼案件无法解决的困难;大气污染无法投入资金进行修复,法院判决的损害赔偿金如何执行、如何管理使用等,法律只做了笼统的规定,司法实践中各地做法不一:有些地方在地方财政设立相关生态环境损害专用账户,另外一些地方或出台生态环境损害赔偿资金管理办法,或设立民事公益诉讼个案专用账户。[1] 只有进一步理顺大气污染公益诉讼的法律关系,才能真正发挥大气污染公益诉讼的监督作用。

(三)大气司法的专门化有待加强

当前,我国环境司法专门化改革正如火如荼。改革的主要方向是审判机构的专门化、审判人员的专业化、诉讼程序与规则的特别化。虽然环境司法专门化改革的基本框架已经达成,但从整体上来看,我国环境诉讼普遍存在起诉主体诉讼能力不足、受案范围边界不清晰、管辖权配置混乱、传统因果关系证明规则虚置、举证责任分担不合理、法官专业性不足等问题,无法满足环境纠

---

〔1〕 参见常国锋、刘晨霞、伍杨:《大气污染责任纠纷民事公益诉讼案件实践与思考——北京市首例检察机关提起的大气污染民事公益诉讼案实例分析》,载《中国检察官》2019年第6期。

纷解决的需求。理论和实务部门对环境诉讼程序[1]和《环境诉讼特别程序法》提出了强烈的呼吁。[2] 在环境司法专门化改革的背景下,大气污染、雾霾污染纠纷的司法解决,其专门化程度要求更高。在未来的环境诉讼特别程序中,对大气污染案件类型,应进一步加强专门化改革。

第二节　我国雾霾治理区域合作法治化的障碍

对雾霾必须进行区域合作的法治治理,在这一点上中国从政府到民间,从理论到实务,都达成了统一的认识,且当前的所有努力都朝着这一方向进行。实际上,雾霾治理的区域合作法治化进程,因存在诸多障碍,导致现实与预期的巨大差异。本书深度剖析中国社会的政治、经济、文化等要素,归纳整理出影响我国雾霾法治治理区域合作的三个阻碍。

一、观念的限制

(一)法治观念整体薄弱

要在没有法治传统的中国建设法治社会,是何等的艰难。中国近年来的法治建设取得了巨大的成就,颁布了一系列的法律文件,执法、司法体系逐步健全,民众正在学习养成法治习惯。以雾霾治理为例,近十年来自宪法、法律到地方性法规,涉及雾霾治理、区域合作的规定,基本形成体系。当前中国法治社会建设的

---

[1] 参见占善刚、王译:《环境司法专门化视域下环境诉讼特别程序设立之探讨》,载《南京工业大学学报(社会科学版)》2019 年第 2 期。

[2] 参见张宝:《环境司法专门化的建构路径》,载《郑州大学学报(哲学社会科学版)》2014 年第 6 期。

问题不是“有法可依”的问题，而是“有法不依、执法不严”的问题，归根到底是法治观念的缺失。如一些地方政府在执行雾霾治理法律时，大打折扣，或阳奉阴违，或以合法形式掩盖违法目的等，致使一些雾霾治理的法律被束之高阁，形同摆设。企业、公民对于政府的“运动式治霾”，被动应对，在执法周期过后，甚少自觉主动遵守雾霾治理法律，规制自己的行为。此外，不同区域主体之间的法治素质、理念也存在程度上的差异，如在京津冀地区，河北省区域内的法治文化、社会法治观念整体上落后于京津两市。法治理念的发展不平衡，也为雾霾治理区域合作的立法、执法、司法、普法的统一推进带来不少阻力。

法律必须被信仰，才能有生命。正如费孝通先生在其名著《乡土中国》中描述中国的法治建设所言，法治的建立不能单靠制定若干法律条文和设立若干法庭，重要的还得看人民是否或如何去运用这些设备。更重要的是在社会结构、思想观念上进行改革。否则，单靠法律和法庭，法治秩序难以形成。在全社会整体法治理念薄弱、法治习惯尚未养成的前提下，雾霾法治治理一定会遭遇支撑不足的危机。因此，诸多专家指出，如果现有的法律都能够被很好地执行和遵守，我们就离实现法治社会为时不远。同样，只有将雾霾治理区域合作的法治精神、法治理念内化于心，外化于行，让民众自觉遵守、信守法律，才能真正促进雾霾法治治理区域合作的发展。

（二）环保意识尚未真正形成

环境意识作为一种潮流，已逐渐被国际社会广泛接受。在一些发达国家，环境意识已经成为人们思想意识的一部分，规范着个人的生活方式以及社区乃至整个社会的生活方式。自 1978 年中国改革开放以来，国家发展的目标非常明确，即以经济建设为中心，第一阶段目标是达到全体人民温饱为核心的初等幸福（1949～1978年），第二阶段的目标是达到以全体人民小康为核心的中等幸福（1979～2021年）。经过40多年的发展，中国的经济增速创造了奇迹。但不可否认的是，经济的发展，因为忽略了生态环境的保护，中国社会也付出了雾霾等大气污染的代价。在过去40多年的建设发展中，解决温饱、扶贫、快速致富等成为全社会关注的重点，环保成为一个奢侈品，被偶尔提及。日本、德国等国家的环保教育从幼儿园开始，并在中小学的课堂上以丰富多样的形式存在。得益于无所不在的环保教育，德国、日本整体的环保意识强，全社会养成环保低碳的生产、生活习惯。当然，德国、日本环保教育也是基于对先前重大雾霾污染实践的警醒。

相比早期的德国、日本，中国面临人口基数大、经济发展整体较低、区域发展不平衡等问题，社会环保理念的培养和形成似乎更为困难。2005年8月15日，习近平同志在浙江湖州市安吉县余村考察时，首次提出“绿水青山就是金山银山”的理念。今天，这一理念逐步深入人心，成为激励全社会养育环保理念的重要推手。但中国社会的环保意识对生产、生活方式的影响，目前来看，还停留在一个相对表层的阶段。

（三）政绩考核“唯GDP论”根深蒂固

科学的政绩评价考核体系是指引政府行动的指挥棒，也是影响地方政府雾霾法治治理区域合作决策的决定性要素。在过去很长的一段时间内，围绕着经济建设的中心目标，我国的政绩考核体系以GDP为核心目标，从而造成一些地方政府为追求政绩，不惜以牺牲生态环境为代价盲目发展。正是因为意识到了政绩考核“唯GDP论”的弊端，2013年12月，中共中央组织部印发《关于改进地方党政领导班子和领导干部政绩考核工作的通知》，规定今后对地方党政领导班子、领导干部的考核考察，不能仅仅把地区生产总值及增长率作为政绩评价的主要指标，地方各级党委政府不能简单地依此评定下一级领导班子和领导干部的政绩和考核等次。此后，环保、生态文明逐步纳入政绩评价指标，且所占的比重逐步增加。

虽然国家出台了相关法律文件，要求将生态环境类指标纳入政绩考核体系，但在实践中却因为地方政府生态环保不重视，敷衍执行以及生态环保考核指标过于原则，不利于操作等原因，生态环境考核难以落到实处。一些地区仍将经济指标作为干部政绩考核的主要依据，片面强调 GDP 增长速度。个别地区为完成经济增长预期目标，不惜浪费资源和破坏环境，造成经济发展的不可持续性，与生态文明建设要求背道而驰。[1] 政绩考核“唯 GDP 论”的理念影响深远，经济发展与雾霾治理之间的矛盾是区域合作必须面对的现实选择。

（四）过于注重局部利益、当前利益

雾霾的治理具有跨界性、长期性、系统性、综合性，是一项投入巨大但效果显现较慢，造福子孙的事业，功在当代，利在千秋。基于人性逐利的本能和视野的局限，当雾霾严重时，受害人要求坚决治理的决心最大。一旦雾霾减弱或暂时消失，雾霾治理的决心也随之减弱或消失。没有雾霾污染或雾霾影响较弱的区域，对治理雾霾损失自己当前利益的，通常存在抵触心理。实践中雾霾治理此消彼长甚至不同区域之间的相互指责、推诿，很大程度上源于无法正确处理雾霾治理中的局部利益与整体利益、当前利益与长远利益的关系。

---

〔1〕 参见杨春平、谢海燕、贾彦鹏：《完善领导干部政绩考核机制促进生态文明建设》，载《宏观经济管理》2014 年第 10 期。

治理大气污染是一项关系到人类的命运以及社会可持续发展的事业，必须以发展的眼光和全局的意识来面对雾霾法治治理的区域合作，才能真正消除各主体的芥蒂，达成共识，全力以赴完成雾霾的根本治理。

二、行政体制的影响

（一）行政区行政的刚性、封闭性、内部化，影响大气污染等公共问题的区域合作

德国、美国、法国等国家解决雾霾治理区域合作问题的有效途径之一是组建跨区域的大都市政府，与原来的地区政府形成双层政府管理体制。大都市政府主要在整个都市区范围内行使类似地方政府的职能，两级政府上下层职能分工明确。[1] 对空间的占有和分割是空间政治性的具象表现形式，以行政区为单位对空间进行有意识的组织化和制度化是我国行政区行政的典型特征。[2] 我国以边界为基础的传统官僚制延续几千年，传统行政区划基础上形成的治理方式具有明显的“封闭性”和“内部化”，无法满足区域化、全球化的合作要求。

传统行政区行政在现代专业分工以及功能分割理念下形成了“碎片化”的政府管理弊端。以行政区行政对于雾霾治理区域合作的影响为例，其主要弊端表现在大气污染治理权限的条块分割，即横向上管理权限的协同不足以及纵向上行政职能的交叉重叠。从横向来看，难以形成统一的区域合作组织、规划机制、公共政策，雾霾治理往往表现为属地管理下的“块块分割”，公共环境

---

〔1〕 参见蔡岚：《府际合作中的困境及对策研究》，载《行政论坛》2007 年第 5 期。

〔2〕 参见曹海军、孙允铖：《空间、权力与正义：新马克思主义城市政治理论评述》，载《国外社会科学》2014 年第 1 期。

污染和恶化的矛盾呈现加速的态势。[1] 从纵向来看，容易形成“部门分割”。各部门职能界定不清、权限重叠，部门利益存在分歧。而雾霾治理需要多部门的相互协作、配合，部门利益的分歧影响雾霾治理的协同治理，甚至会加剧环境治理的整体危机。[2]

（二）行政“控权论”下社会治理不足

数千年社会发展所形成的、自上而下密集的权力结构控制着中国的社会生活。中国社会发展的主要目标始终是“稳定”和“统一”，即纵向的权力而不是横向的契约总是决定中国社会的资源配置。[3] 当前中国社会基于“维稳”“统一”的价值追求，政府继续延续了由权力掌控和配置绝大部分资源的社会管理模式，行政权力全面干预社会生活。随着中国社会的转型发展，传统的社会治理日益无法满足新形势下社会治理的要求。社会力量日益崛起、参与社会治理的愿望强烈，政府权力无力顾及社会治理的方方面面，单纯依靠强权治理的效果不尽如人意等，要求传统的行政控权治理进行转型和调整。近年来，在社会治理变革的追求中，合作治理因其主体多元化、权力分散性、机制综合性而得到强力推荐。然而，实际上，在长期高度化的行政治理模式下，我国的社会力量也存在依附行政、缺乏自主性、发育不全、力量薄弱等缺陷，影响我国社会合作治理的现实。[4]

在雾霾法治治理区域合作的领域，政府大包大揽，主要以行

---

〔1〕 参见胡若隐：《从地方分治到参与共治——中国流域水污染治理研究》，北京大学出版社2012年版，第108~110页。

〔2〕 参见刘娟：《区域生态府际合作治理的碎片化困境及其出路》，载《环境保护科学》2017年第3期。

〔3〕 参见侯琦、魏子扬：《合作治理——中国社会管理的发展方向》，载《中共中央党校学报》2012年第1期。

〔4〕 参见侯琦、魏子扬：《合作治理——中国社会管理的发展方向》，载《中共中央党校学报》2012年第1期。

政权力来推行区域合作的政策,行政决策、行政协商、行政命令等取代法治与司法,占有绝对的主导地位。通过十多年的实践发展,政府在治理雾霾上显现疲惫与被动,社会协作参与雾霾治理成为共识。但社会力量参与治理的能力培养、路径建设却非一日之功。合作治理需要排除任何政府中心主义倾向,把社会自我治理放在与政府平等合作的位置上来加以考察,这与当前我国行政管理模式的变革具有同向性,其归根结底是要解决雾霾治理区域合作中开放的、综合的体系建设问题。

三、经济利益的限制

经济利益是决定大多数行为的关键因素。经济利益的考量对雾霾治理区域合作的影响更为深远。因为雾霾治理不仅投入大,而且会对短期的经济发展产生巨大影响。

(一)各个行政区存在独立的、封闭的经济利益

行政区行政模式便于中央对地方的管理,但同时也形成了独立、封闭的地方利益。地方政府在发展中逐渐形成相对独立的利益,这种地方利益的存在与晋升锦标赛下官员间相互竞争的叠加造成地方政府间的合作观念淡薄,地方政府的相对收益取决于与其有竞争关系的其他地方政府的收益,对于区域大气治理这种具有收益外溢性的公共事务,地方政府从相对收益的角度考虑会更加倾向于以邻为壑和转嫁污染。[1] 以京津冀为例,不仅三省市之间存在严格的各自利益,每个省内不同县市、乡镇、村落以及每一个行政单位的不同部门、行业之间,都存在错综复杂的个体利益。追求各自利益最大化的主体,在雾霾污染区域的跨界特征和政治

[1] 参见刘娟:《区域生态府际合作治理的碎片化困境及其出路》,载《环境保护科学》2017 年第 3 期。

体系的碎片化现状耦合状态下，空间差异和多个地方利益主体并存，往往导致政府集体行动的动力性障碍，最终没有形成整体利益的最优化。[1]

（二）地方经济发展存在较大差异

雾霾本身是经济活动的产物，雾霾治理必然会触动经济。实际上，每个地方的经济发展程度、产业能源结构、雾霾污染程度、致霾原因、历史排污和当前发展需求各不相同。随着我国经济发展进入“新常态”，经济下行压力增加。如何在降低雾霾浓度的同时，保持经济增长在合理区间运行，是各地政府共同面临的重大现实问题。研究结果表明，煤炭消耗是雾霾主要污染物 PM2.5 的首要贡献者；为实现 2025 年经济增长率保持 6.5% 和 PM2.5 浓度在 2013 年的基础上下降 30% 的目标，工业耗煤占一次工业能源消费的比重须从 2013 年的 68.5% 下降到 2025 年的 50%；能源结构的合理演化不会自发形成，需要政府进行合理的财政补贴。[2] 经济发展的差异势必会影响雾霾治理区域合作的整体规划与集体行动。

（三）利益平衡难度较大

在雾霾治理区域合作中，必然面对一个雾霾治理的损益、受益的计算问题。以京津冀为例，根据国家统计局公布的数据，2019 年北京第一、第二、第三产业占比分别为 0.32%、16.16% 和 83.52%，服务业占据主导地位；天津分别为 1.31%、35.23% 和 63.45%，工业发展起主导作用；河北为 10.02%、38.73% 和

---

〔1〕 参见汪旻艳：《政府合作治理雾霾的理论依据、现存缺陷及模式选择》，载《中共天津市委党校学报》2015 年第 5 期。

〔2〕 参见陈诗一、陈登科：《能源结构、雾霾治理与可持续增长》，载《环境经济研究》2016 年第 1 期。

51.24%,经济发展相对落后,对钢铁、水泥等高能耗产业依赖过高。那么,在京津冀区域合作进行雾霾治理的过程中,河北的损益相对较大,受益相对较小。反之,北京的受益相对较大,而损益相对较小。虽然《民法典》《环境保护法》《大气污染防治法》已经确定生态环境"受益者补偿、损害者赔偿、保护者受偿"的利益平衡机制,但是在实际运行中受到主客观因素影响,无法真正落实,减弱了雾霾协同治理的效果。如长三角和京津冀区域都还没有确定公开的一致性协议以及相应制度,上海和周边地区共同消除雾霾没有建立法定的针对性利益补偿机制,北京虽然在 2018 年 5 月发布《关于健全生态保护补偿机制的实施意见》,提出建立空气质量生态保护补偿机制,但尚未落到实处并与周边地区形成联动。由于缺乏利益平衡机制,雾霾治理区域合作地方政府则或多或少存在一些顾虑与担忧,影响雾霾治理区域合作的动力生成。

第八章　我国雾霾治理区域合作机制法治化的完善

第一节　雾霾治理区域合作法治化的理念更新

理念包含理论、思想、信念。理念是行动的先导。理念的问题解决之后，一切的行动与措施便会起到事半功倍的效果。雾霾治理成功的国家，全社会无一例外地都形成了法治、低碳等可持续发展理念，并影响生产生活方式的转变。中国雾霾法治治理区域合作的实质突破，转变意识、更新理念是前提。

一、法治理念的强化

现代文明区别于以往文明形态的一个重要标志，就在于法治原则在社会成员中获得了普遍的认同。法治原则作为一条基本的文化公理，是现代国家普遍采用的治国方略。[1] 法治理念是法治的精髓和灵魂，表现为反映法治的性质、结构、功能、价值取向

---

〔1〕 参见郑成良：《论法治理念与法律思维》，载《吉林大学社会科学学报》2000 年第 4 期。

的具体观念和信念，是指导立法、执法、司法、守法的基本准则。我国社会主义法治理念主要包含：依法治国、执法为民、公平正义、服务大局和党的领导等，其中法律至上、权利平等、社会自治是法治理念的核心。法治理念的基本要求简单表述为"良法善治"，即要求法律做到"三个善待"，即善待个人，善待社会，善待自然，以此实现人与人的和谐，人与社会的和谐，人与自然的和谐。[1]

如何强化雾霾治理区域合作的法治理念？首先，雾霾治理区域合作要保障有法可依、立法科学。雾霾治理很大程度上依靠科学技术的进步与发展，因此立法必须尊重这一规律。既要在涉及雾霾治理的所有领域、环节有完备的、相互衔接的法律体系覆盖，又要保证立法的质量。其次，对于已经颁布的法律必须严格实施，不能以发展经济为理由，牺牲生态环境。当前雾霾法治发展的问题很大程度上是有法不依、执法不严的问题，尤其是在区域合作方面，许多地方主体存在侥幸心理或"搭便车"的想法，合作决心不大，执法松散，由此使许多通过的区域合作的法律实施效果不尽人心。所以，强化雾霾治理区域合作的法治理念，关键是有法必依、严格执法的理念必须得到贯彻。再次，对于违反雾霾治理区域合作的行为，应通过司法渠道，进行公平、公正裁决，树立司法的权威，建立司法维护大气生态的最后一道有力屏障。最后，雾霾治理区域合作守法理念需要进一步普及。通过上述在立法、执法、司法等环节法治理念的推行以及法治宣传教育的推广，最终在全社会形成对法治的信仰，进而形成自觉遵守法律的习惯。

---

〔1〕 参见张文显：《和谐精神的导入与中国法治的转型——从以法而治到良法善治》，载《吉林大学社会科学学报》2010年第3期。

强化雾霾治理区域合作的法治理念，我国要解决的一个现实问题是法治理念发展的区域差异。作为一个幅员辽阔的东方大国，不同地区的法治理念发展也各具特色，构成了中国法治发展的差异性、多样性。法治理念的不平衡既表现为东、中、西部之间的法治水平差异，也表现为不同区域城市间均衡度不同。区域间法治理念的趋同有利于区域合作的发展，反之则会影响国家法治的平衡和统一。不同地区应根据本地区特点探索加快法治建设的着力点，在立法、执法、司法、守法等环节实现法治理念培育的"弯道超车"。[1] 随着20世纪初区域地理学的逐渐兴盛，区域法治研究也开始关注区域间法治理念发展的不平衡。区域法治研究的结果显示，推动区域法治理念均衡发展，重要的是处理好活力与秩序的关系。一方面，凝聚社会共识与力量，提升区域法治水平。如在地方立法时，最大限度调动区域社会主体创新发展的热忱，使区域社会活力竞相迸发。另一方面，通过制度安排与协同调整，整合区域法治资源，提升制度规范的执行力与公信力，确立起有利于区域社会协调平衡发展的法治秩序。[2] 显然，在法治创造的充满生机活力、安定、和谐、有序的区域共同体内生活，法治的意识、理念就不知不觉地养成。

二、低碳、环保、绿色理念的普及

雾霾与缺乏公共生态人文意识和生态道德良知密切相关。公民既是雾霾的"生产者"，又是雾霾的"消费者"，雾霾治理与公众利益息息相关。公众是大气治理中最广泛的行为主体，又是社会行为组织者、执行者、监督者，其大气环境意识的觉醒促进了雾

---

〔1〕 参见王敬波：《我国法治政府建设地区差异的定量分析》，载《法学研究》2017年第5期。

〔2〕 参见公丕祥：《勿忘区域法治研究》，载《人民日报》2016年6月6日，第20版。

霾治理的进程，需要在公众中普及低碳、环保、绿色理念。

（一）环保教育，从娃娃抓起

在世界观、人生观和价值观开始形成的幼儿园教育阶段，通过教材建设、课程安排、考核改革等多举措，让环保理念深植于下一代的精神中。针对当前青少年的环保教育的现状，有效培养青少年环保理念，可从如下几个方面着手：将环保理论教育与实践教育相结合；将中国传统思想文化中蕴含环境思想与革故鼎新相结合；实现人文素养与环保理念结合；家庭、学校、社会各方面联合培养学生“环保有我一个”的牢固信念。[1]

（二）广泛宣传，积极引导

对雾霾形成的原因、预防、治理、危害结果等知识，通过公益广告、媒体宣传、知识竞赛、文明评比等多种形式展开。在全社会形成“以铺张浪费为耻、以低碳环保为荣”的新风尚。同时，根据社会形势发展的需要，可开展专项活动治理。如在冬季，倡导使用公共交通、减少冬季个人的燃煤污染排放；在夏季，鼓励使用节能空调、减少汽车尾气污染；在春季，鼓励植树造林、防风固沙等。

（三）通过激励机制，规范行为

有效的激励机制可以明显地引导民众行为，促进观念的转变。如对新能源汽车的税收减免、财政补贴、指标单独配置等优惠措施，引导人们消费观念的转变，进而减少废气排放，保护大气环境。对绿色电器开发的产权激励，引导生产方式的转变。除了在绿色电器、新能源汽车等主要领域给予激励之外，政府应扩大激励的领域与行业范围，创新激励方式，通过购买技术、资助开

---

〔1〕 参见常悦：《“实现‘中国梦’，环保有我一个”——论中学生环保思想的培养》，载《环境与发展》2015 年第 6 期。

发、金融优惠、战略指导等措施，真正实现激励机制对绿色环保的实质性推动。

三、政绩考核理念的更新和合作意识的培育

随着全球绿色经济的潮流化发展，中央政府从顶层设计开始引导地方政府发展理念的转变。其中一个重要的举措即是政绩考核标准的变革。2016 年 12 月，国家先后出台《生态文明建设目标评价考核办法》《绿色发展指标体系》《生态文明建设考核目标体系》，通过考核办法引导地方政府更加重视生态文明建设。政绩考核理念的实质性转变则是一个艰难的过程。首先，需要决策层拿出巨大的决心，甚至短期内付出较大的代价，严格推行绿色考核。尤其是在经济发展遇到挫折时，坚持绿色发展，更显勇气和决心，理念则更能深入人心。其次，完善体现生态文明要求的领导干部政绩考核体系。摒弃经济挂帅的做法，树立科学的政绩观，建立一套涵盖绿色指标的科学、规范、可量化的干部绩效考核体系。[1] 最后，通过建立各部门共同参与的考核机制、实施与考核结果挂钩的奖励机制等措施，养成地方政府自觉践行绿色发展的习惯，从而形成内心对绿色发展的偏好与追求。

雾霾治理中的合作意识、理念培育，是破除区域合作中“分工不合作”的“本位主义”思想以及弥补“地方保护主义”“条块主义”的缝合剂、润滑剂。如何全方位培养区域合作意识？在中央层面，应逐步打破地方保护主义，建立统一开放市场。尽可能消除导致地方保护的制度和政策安排，同时给予地方政府在区域合作方面更大的自主权。通过简政放权，地方政府才能放开手脚，去探索多样化的合作模式。在地方层面，以“公共服务型政府”的

---

〔1〕 参见汪伟全：《论我国地方政府间合作存在问题及解决途径》，载《公共管理学报》2005 年第 3 期。

建设为目标,地方政府为了提供有保障的公共产品和高效的公共服务,应主动作为,寻求与其他地方政府和主体的合作。在社会层面,激发社会力量,参与合作治理。人类公共事务管理最佳手段为合作,而广泛、自愿的合作更是可以创造出个人无法创造的价值。从社会管理的角度看,合作治理是政府为了达成公共服务的目标,政府之间、政府与社会组织、普通公众广泛开展合作。合作治理作为中国社会管理的发展方向,更能有效地适用于雾霾治理。社会的参与,是区域合作中一个不可忽视的重要力量。社会合作意识的觉醒,会形成对整体合作的巨大推动。

四、树立注重大局、长远、可持续发展的意识

雾霾的本质是人类的消耗超出了生态环境的承载能力,最终导致人与自然的关系恶劣。面对雾霾等极端天气、自然灾害对人类的惩罚与报复,人类已经深刻意识到人类活动应当尊重自然规律,学会与大自然和谐共处。基于对工业文明的反思,早在 20 世纪 80 年代初,可持续发展(sustainable development)的概念被明确提出。1987 年以布伦特兰夫人为主席的世界环境与发展委员会(WCED)发表了报告《我们共同的未来》。这份报告正式使用了可持续发展概念,并对其作出了比较权威的阐述:能满足当代人的需要,又不对后代人满足其需要的能力构成危害的发展。2000 年中共十五届五中全会通过的《中共中央关于制定国民经济和社会发展第十个五年计划的建议》指出,实施可持续发展战略,是关系中华民族生存和发展的长远大计。2002 年中共十六大把“可持续发展能力不断增强”作为全面建成小康社会的目标之一,并在国家发展规划的宏观层面强调可持续发展。然而,可持续发展作为一个国家战略,目前主要停留在国家决策层面。只有通过具体的行动计划和措施体系,将可持续发展的理念渗透到社会生产生活中,才能转化为全社会共同遵守的行动准则,真正实现人类社

会的可持续发展。

可持续发展在现实中遭遇的矛盾主要表现在，随着雾霾治理的深入推进，如何在个人利益和集体利益、局部利益与整体利益、当前利益与长远利益之间进行选择。尤其是涉及区域合作时，三对利益冲突集中体现。以京津冀地区的节能减排为例，牵涉个人、企业、地方财政等复杂的利益取舍，如果不理顺关系，势必影响区域合作治理雾霾的效果。人类在雾霾治理面前，是命运共同体。人类命运共同体其实是文化的共同、文明的共同、信仰的遵守、爱心传承与道德修养的共同。因此，在区域管理的过程中，需要全社会进一步解放思想，以开阔的视野和博大的胸襟，摒弃自私自利的地方保护主义和狭隘的小集团、官本位思想，树立合作共赢、和谐发展的理念，从而展现鲜明的开放品格、人类价值和民生情怀。[1] 雾霾治理区域合作，每个人如果都能从自己做起、从小事做起、从身边做起，根治雾霾，共建美好家园，并不是遥不可及之事。

第二节　雾霾治理区域合作的立法完善

英美等发达国家雾霾治理经验表明，建立共同遵守的合作规则与制度，可以确保地方政府间合作走向规范化、常态化、法治化。党的十八届四中全会提出了依法治国的基本方略，特别指出大气污染治理的区域协同必须依靠法治保障，并逐步形成法治框架下的大气污染治理规约体系。针对我国当前雾霾法治治理区

〔1〕 参见易重华、李建华：《习近平生态文明思想中的人类命运共同体意识》，载《天中学刊》2019 年第 5 期。

域合作中存在的问题,实现雾霾法治治理区域合作的立法完善,必须做好立法衔接,包括雾霾治理区域合作的中央立法、地方立法与部门立法衔接,保持立法的一致性、系统性、完整性。

一、中央立法的完善

(一)《区域合作法》的制定

区域合作涉及中央与地方、平行政府之间的权力配置等重大问题。区域合作中权力界定与权力运行,均需要国家通过制定法进行明确。因此,近年来,面对区域合作的现实需求,制定区域合作法的呼声越来越强烈。甚至有学者给出了我国制定区域合作法的具体路径,即采用“综合立法—单行立法”相结合、“中央立法—地方立法”相结合的立法体例,对区域合作既有的规范进行制度化清理,先制定行政法规后制定法律,并以地方立法与之配套,以逐步构建起我国区域合作的法律体系。[1] 总之,无论以何种形式,中国特色社会主义法律体系必须对区域合作治理的兴起做出回应。建立了完善区域合作的法律规范体系后,雾霾治理的区域合作便有了成熟的基础。

除了中央层面直接制定区域合作法之外,还应当多措并举,通过修订《立法法》或立法授权实现:(1)建立大行政区域立法制度。全国人大常委会确立大行政区域立法制度。对实现国家战略所在地的大区域,如长三角、珠三角等区域,探索在中央指导或统筹下协作立法的模式。这种立法模式既能因地制宜,充分发挥地方立法的积极性、主动性,又具有快捷性、程序简单、能因时而变等优势。(2)强化全国人大常委会法工委对区域立法的协调或

---

〔1〕 参见杨治坤:《区域治理的基本法律规制:区域合作法》,载《东方法学》2019 年第 5 期。

矛盾解决。平行立法主体的地方立法通常会出现矛盾，且难以协调。通过全国人大常委会授权全国人大常委会法工委对区域立法进行协调，既可以提高地方立法效率，又可解决矛盾和冲突，克服地方保护主义的局限。(3)由全国人大常委会制定在全国适用的地方法规规章冲突解决规则。借鉴国际私法中的冲突解决规则理念，由全国人大常委会制定在全国适用的地方立法冲突解决规则，推动我国地方立法冲突的解决。[1] 有了上述制度支撑，雾霾治理区域合作的执法与司法，都将获得法治化运行的保障。区域合作障碍的清除，势必会推动雾霾治理合作的高效发展。

(二)细化雾霾治理区域合作的激励补偿制度

落实激励补偿的前提首先是明确雾霾治理中各主体，尤其是政府间的责任、权利、义务的分担。政府间责任分担是雾霾跨域合作治理有效执行的前提。责任分担的内容包括两个方面：一是明确雾霾治理区域共同承担责任；二是通过对不同参与者具体情况的分析，实现公平与合理的责任划分。在雾霾治理区域的整体责任之下，各区域必须通力合作，按照统一规划实施区域雾霾治理方案。区域内的个体对雾霾的“贡献度”、治污能力、雾霾治理的受益、损益等千差万别，因此，除了命令控制性法律规制外，我国应充分发挥市场机制和政府机制优势，优化激励工具，构建激励性法律规制机制。根据当前的研究成果，雾霾治理区域合作的激励工具主要包含以下几方面。

(1)在地方自主权保障下实现区域行政协议法治化。区域行政协议是地方政府为实现区域生态环境质量改善等目标而通过协商签订的合作协议，如 2008 年 12 月，苏、浙、沪共同签订的《长

---

[1] 参见罗建明：《长三角区域一体化国家战略下地方立法的思考》，载《人大研究》2019 年第 5 期。

江三角洲地区环境保护工作合作协议》;2017 年 3 月,广东与澳门签署的《2017 - 2020 年粤澳环保合作协议》。区域行政协议对强化地方政府联合防治内在动力具有激励作用,我国可通过明确区域行政协议的法律性质与效力、优化区域协议订立程序规制、畅通区域行政协议纠纷解决机制,在赋予地方政府一定自治权的基础上推进区域行政协议法治化。[1]

(2)实施财政、税收、金融、知识产权等差异化的政策激励。根据地方政府参与区域雾霾治理的情况,实施差异性的金融调控、财政支持、知识产权保护政策,激发地方政府参与大气污染区域联合防治的动力。金融法、财税法、知识产权法、银行法可通过财政奖励、税收优惠和减免、贷款扶持等渠道,切实保障参与雾霾联合防治的地方政府利益。

(3)激活市场激励。碳排放权交易将碳排放权作为一种商品进行交易,通过市场机制来解决减排问题。我国的碳排放权交易处于起步阶段,市场不成熟。要规范市场良好运行,最终达到减排目的,必须在制定统一高位的单行法基础上辅之必要的配套制度进而落实各主体的法律责任。[2] 同时,公平分配交易配额。为防止市场失灵,国家可以通过配额存储与借贷机制、价格上下限机制以及配额的回购、投放机制、安全阀机制和早期减排信用机制、增值税减免和碳泄漏补偿机制等,对市场进行适度干预。[3]

(4)落实区域生态补偿。雾霾治理,需要遵循公平合理的原

---

[1] 参见尹珊珊:《区域大气污染地方政府联合防治的激励性法律规制》,载《环境保护》2020 年第 5 期。

[2] 参见张富利、林书海:《我国碳排放权交易法律构造的疏失及完善》,载《生态经济》2019 年第 2 期。

[3] 参见刘明明:《论碳排放权交易市场失灵的国家干预机制》,载《法学论坛》2019 年第 4 期。

则，由受益地区对受损地区、开发地区对保护地区进行生态经济补偿。中央立法应当明确我国生态补偿的基本框架，包括参与主体、支付标准、补偿原则、支付模式、补偿范围等。健全大气污染治理的投融资机制、完善法律法规、技术体系、长效机制、效益评估机制等雾霾治理生态补偿的各项制度体系。具体到个案中，可赋予地方一定的自主权，探索建立多元化、市场化的大气污染治理生态补偿机制。[1]

（三）保障雾霾治理区域合作的社会参与

党的十七大提出了“党委领导、政府负责、社会协同、公众参与”的社会管理格局。党的十九大报告提出，解决突出环境问题，必须构建政府为主导、企业为主体、社会组织和公众共同参与的环境治理体系。对雾霾的区域合作治理，跨界的社会协同、公众参与，强调各社会主体之间的专业、分工、合作，形成雾霾治理的合力。

政社合作，是落实雾霾治理区域合作，推动环境正义的重要力量。那么，从立法层面如何保障雾霾治理区域合作的社会参与？(1)雾霾治理立法最大限度地吸收公众参与。切实保障在雾霾立法的准备阶段、制定阶段、审查阶段，能充分听取来自社会各阶层的声音。立法过程体现了参与主体的广泛性和意见的多元性，可有效预防在雾霾治理过程中的矛盾与冲突。(2)提升社会主体参与雾霾治理的能力。参与雾霾治理的社会主体主要有企业、社会组织、民众。企业生产是形成雾霾的最主要来源，国家通过立法鼓励企业节能减排、科技创新。如果企业生产具备了雾霾治理的社会责任感，坚持绿色生产的可持续发展道路，那么雾霾

---

〔1〕 参见汪惠青、单钰理：《生态补偿在我国大气污染治理中的应用及启示》，载《环境经济研究》2020 年第 2 期。

的事前预防和事后治理压力都会大幅度降低。社会组织是雾霾治理中的重要补充力量,公众通过参与环保类社会组织开展的生态环境及其活动,可以直接或间接地参与到雾霾治理之中。立法应强化对环保组织的培育、引导与合作,如加大对社会组织的经费支持、人才培养、政策支持,放松对社会组织的登记管理条件,赋予社会组织一定的自主权等,真正发挥社会组织在雾霾治理中的优势。民众生活在大气环境中,对雾霾有切切实实的感受与治理需求。立法在社会生活的每一个领域,都必须着力培育社会公众对雾霾问题的主体意识,只有社会公众认识到自身在雾霾治理中的价值与责任,才能积极主动地投身于治理工作之中。同时,通过教育与宣传,提升社会公众的参与技能与能力。[1] (3)立法进一步推动环境信息的公开。雾霾等环境信息的公开,既是社会参与的前提,也是公众环境知情权实现的保障。我国的《政府信息公开条例》《环境信息公开办法(试行)》运行至今,污染信息透明指数依旧停留在较低的水平。环境信息公开的立法层级、信息平台建设、法律责任的强调等立法内容,都应与时俱进,进行完善与更新,确保环境信息的流动畅通。(4)加快环境公益诉讼的法律体系建设。环境公益诉讼是社会参与雾霾治理的重要路径。我国环境公益诉讼在现实实施中遭遇了包括诉讼资格限制、举证困难、地方政府干预等种种障碍,使社会通过环境公益诉讼参与雾霾治理的效果受到影响。因此,应根据实施情况,修订环境公益诉讼法律,注重诉讼主体的明确、保障审制独立、成立专门的公益基金以支持公民诉讼等[2],畅通社会通过公益诉讼参与雾霾

---

〔1〕 参见周晓丽:《论社会公众参与生态环境治理的问题与对策》,载《中国行政管理》2019年第12期。

〔2〕 参见赵琦、朱常海:《社会参与及治理转型:美国环境运动的发展特点及其启示》,载《暨南学报(哲学社会科学版)》2020年第4期。

治理的渠道。

（四）明确雾霾治理区域合作各主体的法律责任

《民法典》第7编中的环境污染和生态破坏责任章为环境侵权责任提供民事法律依据，自此形成《民法典》环境侵权责任章与《环境保护法》《大气污染防治法》等环境法律对雾霾法律责任的共治。明确雾霾治理区域合作的责任追究机制，立法可从以下几个层面进行完善：(1)创设地方政府雾霾治理区域合作的具体追责机制。地方政府具有区域合作治理雾霾的责任、义务，违反了相应的责任与义务，就必然有后果与责任。为地方政府设定法律责任的具体方式可以选择以下三种：一是由地方政府自身直接承担特定种类的行政责任及民事责任；二是由地方政府直接负责的主管人员及其他直接责任人员承担法律责任；三是由地方政府直接负责的主管人员和其他直接责任人员承担行政协议中约定的法律责任。[1] (2)责任方式的合理设定。科学运用公私法结合的雾霾污染侵权救济规则，强化对雾霾私益救济的支持。关注雾霾污染侵权责任承担方式的特殊性，利用分配矩阵、医疗监测等新技术来帮助确定损害，贯彻完全赔偿原则，确定生态环境修复优先于恢复原状费用赔偿的原则。生态环境损害不是私益损害，不适用私益损害优先的规则。[2] (3)雾霾环境责任立法创新。运用现代环境责任理论指导整个雾霾环境责任立法，遵循"整体主义与风险预防"并行的双重责任原则，构建雾霾环境责任新体系。创新后的雾霾环境责任体系由原则性责任、专门性责任、评

〔1〕参见程雨燕：《地方政府应对气候变化区域合作的法治机制构建》，载《广东社会科学》2016年第2期。

〔2〕参见蔡唱：《民法典时代环境侵权的法律适用研究》，载《法商研究》2020年第4期。

价性责任、相关性责任等系列责任组成。[1] (4)整合《刑法》《民法典》《环境保护法》《大气污染防治法》等法律中关于大气污染刑事、行政、民事责任追究的规则,确保雾霾污染法律责任追究的公平、公正。雾霾治理的综合性决定了雾霾治理法律责任不可能是一种特定的法律责任,而是依附于传统法律而建构的一种综合性法律责任,包括环境民事责任、环境行政责任、环境刑事责任。[2] 三种法律责任层次分明、逐步递进、有机融合,形成相互衔接的雾霾责任体系,共同完成对雾霾治理区域合作的行为指引和后果评价。

二、地方立法的完善

雾霾治理区域合作的地方立法完善主要是根据区域发展的实际情况,充分利用地方立法权,探索针对中央立法行之有效的实施细则,或先行先试,开创新的区域合作新格局。

(一)用好地方立法权,探索区域协同立法

区域立法是一种全新的法治形态,是区域一体化和区域治理必然面对的首要问题。何为区域立法? 一般认为,区域立法是跨省市区域的立法,它既不是地方性的,也不是中央全国性,而是属于中央与地方之间的区域性立法。所以区域性立法不完全受地方立法的约束,也不完全受全国法律普遍性约束。[3] 大气、环境等公共事件对区域立法具有紧迫的需求。当前雾霾治理区域合作从区域立法协调发展到立法协同。立法协同是特定历史条件

---

[1] 参见王波、郜峰:《雾霾环境责任立法创新研究——基于现代环境责任的视角》,载《中国软科学》2015 年第 3 期。

[2] 参见张梓太:《环境法律责任研究》,商务印书馆 2004 年版,第 42 页。

[3] 参见陈光:《试析我国区域立法的含义及其意义》,载《安徽大学法律评论》2009 年第 1 期。

下，带有综合性、专业性、地区性的立法。面对雾霾的无界性，区域立法的功能在于统一区域立法目标、保持区域立法的一致性与协调性。(1)着力发挥好区域立法权的自主性和创新性。用好用足地方立法权乃国家所望，地方所需。虽然我国《宪法》《立法法》并未给区域协同立法提供直接的法律依据，但也并未阻止地方立法机关根据区域特色创新立法模式。因此，地方立法机关应主动作为，充分发挥区域立法对于区域发展的引领、推动作用。(2)探索多样化的区域立法形式。根据立法事项重要性、关联性的不同，尝试分散型、半紧密型、紧密型等立法协作形式。或区域内立法主体联合攻关共同起草法律文本，或委托某一主体牵头，或由地方立法机关独立立法，成果共享。[1] 可以综合立法，也可单项立法。立法包含实体法、程序法以及法律适用指引规则。以京津冀雾霾治理碳排放权交易立法协调为例，在实体法上，要从总量控制、交易规则、初始配额分配等方面来制订法律文件。在程序法上要确定信息公开与惩罚制度、核定审查制度、救济补偿制度等。[2] (3)建立区域立法协调机制。区域立法工作协同主要包括规划协同、起草协同、实施协同等方面。为有效完成上述工作，发展相对稳定的区域必须设立立法协调委员会，建立常态化、制度化的协调机制、沟通机制。(4)加强协同立法研究，营造协同立法氛围。区域立法作为一个新生事物，当前我国的理论准备相对不足。法治的建设，理论是基础和支撑。因此，在进行制度建设的同时，必须通过组建区域立法研究会、举办区域立法论坛、年会等形式，交流总结区域协作立法的经验、成果，形成浓厚的立法协

---

〔1〕 参见孟庆瑜：《论京津冀协同发展的立法保障》，载《学习与探索》2017 年第 10 期。

〔2〕 参见杨博文：《跨区域碳排放权交易立法协调机制研究》，载《生态与经济》2019 年第 2 期。

作研究氛围，促进区域协同立法的发展。

（二）加强地方雾霾法治治理区域合作的保障性立法

《环境保护法》《大气污染防治法》等法律文件对雾霾治理区域合作的规定大多比较抽象、原则性强，加之各地区经济发展程度、地理条件等方面的巨大差异，在雾霾治理领域仅有上位法规定难以适应不同地区实际情况。随着我国地方立法的开放，地方立法成为完善雾霾污染防治立法体系的必然选择。因此，必须根据区域雾霾治理的具体情况，制定实施细则，对国家立法进行细化、解释与补充，最终为雾霾法治治理区域合作提供保障性立法。实际上，经调查统计不难发现，自 2011 年后，有关雾霾治理地方立法呈现出了极高的活跃度，修订和通过地方性法规、行政规章次数显著增加。

当前，针对雾霾治理区域合作现实需求，地方立法重点需要解决的有：(1)根据中央立法的精神，通过地方性立法，建立雾霾治理区域合作的统一机制，包含监测机制、协作机制、预警机制、应急机制等。(2)落实监管和责任衔接制度。将区域合作的法律责任层层落实到每一个主体，对不履行相关责任和义务的，严格追究法律责任。[1] 地方立法在设计雾霾污染防治监管制度时，应当力求精准确定监管内容与监管范围，保障监管的可操作性。(3)加强重点领域的立法。以长三角为例，对于雾霾治理区域合作的立法，长三角将“协商统筹、责任共担、信息共享、联防联控”作为区域立法协作的总基调，重点关注以下内容：推进秸秆禁烧、节能减排、污染排放、产业准入和淘汰等方面环境标准的逐步对接；大气环境信息共享及污染预警应急联动；推动建立和完善以

---

〔1〕 参见卓成霞：《大气污染防治与政府协同治理研究》，载《东岳论丛》2016 年第 9 期。

流动源为重点的区域协同监管和以跨界大气污染为重点的联合执法机制；加强大气污染防治的科研合作。[1] 每个区域，针对雾霾治理，必须梳理出重点事项，进行针对性立法攻关。（4）根据地方经验与实践需要，在合法合理的范围内进行制度创设和改革先行。地方立法对于中央立法存在的空白，可以在不与上位法相抵触的基础上创设出地方特色、经验，进而影响中央立法。最典型的例子就是在四川省探索的台账制度，在2015年被《大气污染防治法》修订吸收，上升到国家法律层面。[2] 地方立法在扩大公众参与力度、强化生态补偿、保护公民环境权等方面，均可主动作为。

第三节　雾霾治理区域合作执法长效机制的构建

雾霾的治理功在当代，利在千秋，是一个需要几代人的努力才能完成的事业，任何国家和地区都必须全力以赴，不能存在侥幸、懈怠的心理。我国要在雾霾治理上有所突破，全国上下，从政府到民间，从中央到地方，必须解放思想、转变观念，以开阔的视野走上更为积极、主动、科学、灵活的府际协同治理路径。以国家的法制建设为契机，通过梳理现状，整合资源，以法治的手段建立雾霾治理的长效机制。雾霾治理府际协同法治治理长效机制既是应对环境问题的一种策略，也是人类生态文明发展的必然选择。

〔1〕参见毛新民：《上海立法协同引领长三角一体化的实践与经验》，载《地方立法研究》2019年第2期。

〔2〕参见郭粹：《地方大气污染防治立法技术分析》，载《沈阳工业大学学报（社会科学版）》2018年第6期。

一、明确与完善府际合作工作机制

（一）气候区域划分

我国传统的雾霾属地治理模式以行政区划为基础，采用“关门主义”的治理理念，这一模式基本宣告失败。以气候治理的规律为依据，应按照全国气候变化的典型特征，将全国划分成几大区域，实现区域内的联合治理。如实践中已经形成的较为成熟的京津冀大气污染防治合作模式、长三角区域环境保护合作机制、珠三角大气污染联合执法体系等气候治理大区域。对气候治理大区域的划分可随着气候变化的特征和治理的程度随时进行调整。有了气候区域的划分，随后的气候治理责任、目标将会更加明确。

（二）组织机构

发达国家为强化区域环境合作，基本都设立了专门的管理机构，并在法律上加以明确。在划分了气候区域后，成立大区域的气候变化治理机构便是区域合作的首要任务。实践中，已经有类似机构建立。如我国已经成立了6大区域环境督察中心，但这些机构职能单一，往往集中于事后纠纷的解决，平时的协调管理不足。学界和实务部门关于成立跨行政区域的大气污染管理机构的呼声由来已久，一致认为通过统一目标、统一规划、统一区划、统一标准、统一监测、统一行动和统一监控有助于实现气候变化和大气污染的有效控制。[1] 对于不同层级的合作治理机构，必须明确职责，充分发挥其在区域合作中的主导作用。

（三）联合治理机制

首先，是建立区域大气治理规划，明确执法标准。例如，根据区域实际情况，在不违背国家法定标准的前提下，制定区域内温

---

〔1〕 参见柴发合：《建议成立区域性大气污染管理部门》，载《环境》2008年第7期。

室气体排放标准;建立统一的空气质量监测体系,并及时实现信息共享。其次,规范执法程序和措施。通过日常的联席会议制度、信息交流制度、联络员制度等实现联合执法。同时,采取多种手段和措施,包括经济手段、技术手段、行政手段建立的约束机制、激励机制,促进区域内大气治理的改良与发展。最后,适时对区域内大气治理情况进行监督、检查,通过案件查处和联合专项检查,确保大气治理效果的稳定与长效。

(四)纠纷解决机制

跨区域雾霾治理涉及主体众多,利益关系复杂,时有发生纠纷。如合作中主体间关于责任分担、利益分享的纠纷,而纠纷的及时、公正解决是有效合作的保障。因此,必须畅通纠纷解决渠道,对区域内各级主体间产生的治理纠纷,应要求各主体在合理、理性的限度内相互协商。协商不成的,寻求区域大气治理机构的裁决。对于各大区域之间的纷争,由区域气候变化治理机构之间相互协商,协商不成的,由中央大气治理主管部门最终解决。

二、因地制宜地选择科学的治理工具与方案

在雾霾区域合作治理已经达成共识的情况下,需要审慎把握的是治理的工具与方案。虽然关于雾霾治理的各种理论与方案错综复杂、令人难以捉摸,但似乎仍未超脱两种工具——基于科斯交易成本理论的市场交易制度和基于庇古税原理的征税制度。具体到雾霾治理问题,是采用碳交易排放还是碳税作为治理工具,讨论如火如荼,但分歧依然很大。就区域合作雾霾治理而言,不应拘泥于某一种工具,而应根据各地大气治理的复杂性,选择灵活多样的治理工具。

从整体上来看,国内各区域对碳排放交易工具的使用已经积累了一定的经验。迄今为止,全国开展了北京、上海、广东等7个

省市碳排放权交易试点工作。借助于试点的授权空间,各区域可以在碳排放交易上相互合作交流,因地制宜,发展本地碳排放交易办法。如在碳排放交易市场具体规则建设上,北京已经完成《北京环境交易所碳排放权交易规则(试行)》,内容涵盖交易规则的设定、交易系统的设计以及相关的交易细则。随着试点经验的积累,2017 年 12 月 19 日,全国碳排放交易体系正式启动,全国统一碳市场建设就此拉开帷幕。以碳排放交易制度为龙头,必然会促进大气排放标准、知识产权激励机制、财政激励机制、低碳标识、采购与分配等配套制度的改革。从经济与财政的可能性、政治可行性、技术可行性和行政操作可行性四个方面考量,碳税存在诸多不可接受的要点,故而难以如碳排放交易制度一样很快得到认可。[1] 经过多年论证,中华人民共和国第十二届全国人民代表大会常务委员会第二十五次会议于 2016 年 12 月 25 日通过《环境保护税法》,并于 2018 年 1 月 1 日起施行。开征环境税,这是中国为了应对雾霾为代表的环境危机挑战和实现伟大民族复兴"中国梦"的必然选择。基于经济、环境、政策、国际气候政治等因素的考量,碳税并未纳入环境保护税。

各区域可借助《立法法》对税收立法权限的修订以及《环境保护税法》的实施,通过国家特别立法、地方立法等形式,充分利用环境税等手段,实现雾霾治理区域合作方案的突破与创新。

三、协同市场与社会力量,打造多元治理的网络治理格局

(一)公众参与

所有区域合作雾霾治理的法律、政策的作出、执行,都必须有

---

〔1〕 参见赵骏、吕成龙:《气候变化治理技术方案之中国路径》,载《现代法学》2013 年第 3 期。

各利益主体的广泛参与。正是因为各利益主体的广泛参与，才能减少官僚主义和行政低效率，同时增加政府管理的透明度，降低跨界治理的风险。[1] 公众雾霾治理意识的提高使其更加重视自己的环保表现，形成独立于政府之外的富有行动力的重大力量。公众除了以零散的方式个人参加外，还可以通过非政府组织、社区、企业、单位等其他各种形式参与。在发达国家，公众参与已成为雾霾治理的基本原则，并得到广泛落实。我国当前公民对气候治理的参与，仅仅停留在专家参与阶段，一般公民缺乏有效的参与路径与程序。如若建立起一般公民参与雾霾治理的畅通机制，政府在雾霾治理上的阻力与成本就会大幅度减少，从而实现雾霾治理中自觉的自我调节与自我管控。

（二）市场激励

在世界范围内，雾霾治理是公共事务管理的认识已趋于一致，公共事务的管理不可过于依赖政府的行政管理。政府的行政命令只能使企业和相关主体被动、消极的应付，缺乏内生的动力。美国作为世界较早的利用市场机制进行雾霾治理和污染控制的国家，创新性地使用了一系列的市场激励手段。主要包括正激励和负激励两种，前者是给守法者经济效益的预期，在不降低治理目标的前提下，给予市场主体更大的守法弹性，从而节省其守法成本。后者是给市场主体设置不守法的经济损失预期，从而降低违法行为发生的可能性。[2] 的确，市场在雾霾治理中具有无形的“魔力”，我国的雾霾治理应逐渐从“行政驱动型”转向“市场激励

---

〔1〕 See K. Pediaditi, *A Decision Support System for Assessing and Managing Environment Risk Cross Borders*, Earth Sci Inform, Vol. 4:3(2011).

〔2〕 参见胡苑、郑少华：《从威权管制到社会治理——关于修订〈大气污染防治法〉的几点思考》，载《现代法学》2010 年第 6 期。

型”,通过引入一系列的市场调节机制和手段,如绿色金融产品等,推动市场机制在雾霾治理中的运作。利用市场激励机制进行雾霾治理,是以后政策、法律制定的一个重要的选择,任何国家和区域如果忽略了市场在雾霾治理中的重要作用,雾霾治理效果都会大打折扣,甚至事倍功半。

(三)系统整合与倡导治理联盟

雾霾治理的系统性要求所有区域、所有单位、社会组织、个人在制定规则、实施规则时上下连成一个整体。在统筹安排、统一布局的前提下,各区域、各部门、各主体分工负责,承担雾霾治理的具体工作。基于共同信念而形成的协调一致的行动,在雾霾治理中更易见成效。倡导联盟是指由来自不同职位并具有以下特征的人组成,他们共享一个特定的信仰系统——一套基本的价值观、因果假设和对问题的感知,长期开展深层合作活动。[1] 治理联盟将形成巨大的资源优势,包括规则的执行、民意的信赖、信息的共享与畅通、财力的支持等,联盟之下,雾霾治理将会形成稳固、动态的法治机制,实现全社会雾霾治理的明显改善。

大气污染是全人类必须面对的一个公共问题,无论是国际层面,还是国内层面,区域合作与协同治理都是破题之解以及治理之良方。基于国内的体制安排和雾霾治理的现实状况,本着负责任的精神与态度,各区域主体必须转变观念,开阔视野,在法治的引领下,通力合作,共同完成雾霾治理这一功在当代、利在千秋的重大历史使命。

---

〔1〕 See Sabatier, P. A, *Theories of the Policy Process*, Westview Press, 2007, p. 195.

第四节　雾霾治理区域合作的司法保障

司法是维护社会正义的最后一道防线，是确保雾霾治理区域合作的重要法治保障。当前中国的司法改革已经全面启动，并取得系列成果。在现有改革基础上，针对雾霾治理区域合作，司法还应注重从以下三个方面的完善。

一、司法彻底去行政化、地方化

超越地方主义、去行政化是司法改革的两大重要目标。司法的行政化、地方化“顽疾”对审制独立、公正的影响根深蒂固，近年来的各项去行政化、地方化改革取得了一定成效，如探索与行政区分离的管辖制度、割断法院在人、财、物上对地方政府的依赖、法院审判组织改革等，但诸多改革主要停留在局部或某一个点，彻底的司法去行政化、地方化改革需要有系统性的规划和全局性的措施。雾霾治理区域合作的纠纷解决对审制独立、公正提出了更高的要求。去行政化、地方化是一场涉及多方利益的革命，改革起来阻力很大。

如若要真正实现司法的去行政化、地方化，除了尊重司法规律的顶层设计之外，地方还必须拿出敢作敢为的魄力和善作善为的智慧措施。根据当前的研究和改革实践，司法彻底去行政化、地方化的有效对策包括以下几方面。

（一）人财物从省级统管应逐步过渡到中央统管

2014 年 6 月中央深改组会议通过的《关于司法体制改革试点若干问题的框架意见》将司法机关人、财、物统一管理改革列为四项基本司法改革举措之一。随后最高人民法院、最高人民检察院先后出台具体意见，落实人、财、物省级统管。此项改革也被普遍认为是司法去行政化、地方化的重要抓手与突破口。省级统管虽然一定程度上缓解司法对地方行政的依赖，但依然存在省级地方利益，导致“省级保护主义”的盛行、高级法院对中级以及基层法院“垂直领导”等问题。[1] 因此，随着改革的深入，财物从省级统管应逐步过渡到中央统管。

（二）司法区重新规划

当前我国法院管辖的司法区与行政区一一对应，这就为司法的行政化、地方化埋下了“隐患”。事实上，我国的海事法院、铁路法院、军事法院等专门法院，从建立之初，就实现了司法区与行政区分离，确保了司法审判独立运行。如果能够在更大范围内实现司法区与行政区的分离，可以使法院摆脱地方行政机关的消极干扰，实现审制独立。如果全部司法区重新规划存在困难，至少在中级、高级法院的层面，可根据当地经济发展的程度、案件数量的多少，进行跨区域调整。

（三）深化法院内部管理改革，真正实现“让审理者裁判、由裁判者负责”

员额制改革是对法院系统内部的一次深刻变革，确保了法官的专门化、职业化、精英化。随后各地启动的法院内部机构扁平化改革、减少审委会直接干预案件、取消案件审批制、法官独立序列管理等措施，极大保障了法官独立裁判案件的权力。但实际上，各地法官改革的做法、进度不一，法官独立审判尚缺乏统一的制度保障，尤其是上下级法院之间“垂直领导”的行政运作方式，

---

[1] 参见陈瑞华：《司法改革的理论反思》，载《苏州大学学报（哲学社会科学版）》2016年第1期。

尚未受到实质触动。司法责任制是促进司法去行政化、地方化的重要措施，此外还必须有系列配套措施，如取消向上级法院请示汇报制度、建立科学考评机制等。法院内部管理必须始终尊重司法规律，还司法亲历性、裁判性等本来面目，让审理者裁判、由裁判者负责。[1]

二、加强大气司法的专门化建设

中国的环境司法专门化建设已经完成“应然性”的论证，正式迈入“实然性”推进阶段。结合当前环境司法专门化建设的成果，环境司法专门化应从环境审判机构、环境审判团队、环境审判程序的专门化着手进行。

1. 加强审判组织、审判团队的专业化建设。环境纠纷案件尤其是雾霾污染案件，专业要求高，审理难度大，需要法官具备民法、刑法、诉讼法、行政法、环境保护法、环境资源保护法等法学以及社会学、生态学等跨专业的知识。如雾霾成因的分析、损害结果的评估、责任的判定等，均具有较强的专业技术性。目前，全国范围内基本上组建了专门的法庭，但这些专门机构在名称、设立方式、组织形式、管理等方面存在较大差异，需要进行规范和统一。在专门的审判组织之下，按正规化、专业化标准遴选环境审判法官，并持续不断地对法官进行专业技能的培训。此外，挖掘民间资源，聘任环境专业人士为人民陪审员，参与环境案件审理。如根据2016年广东省高级人民法院发布的《关于加强环境资源审判服务保障生态文明和绿色发展的意见》规定，广东省高级人民法院建立了环境资源审判专家库以及环境保护案件专家陪审员和专家证人制度。上述举措对优化环境审判团队的知识结构、

---

〔1〕 参见谢佑平：《司法机关的去地方化和去行政化》，载《上海法治报》2014年4月30日，B06版。

提高法律审判水平和质量意义重大。

2. 深化环境司法的“三审合一”改革。环境司法的“三审合一”就是将环境刑事、民事、行政案件全部集中到专业审判组织统一审理。[1] 我国的海事、知识产权案件大多采用此种模式，而环境司法的“三审合一”仍然处于探索性的试点改革中。因为准备不足，一些地方的试点效果不尽如人意，甚至在某种程度上陷入了的“无案可审”的困境。[2] 针对此种现象，在推进实施环境司法的“三审合一”时，应精准把握环境司法“三审合一”的审判机理，实现三大诉讼程序有效衔接，最大限度发挥“三审合一”高效、专业解决环境纠纷的优势。

3. 推进审判程序专门化。结合环境司法规律、环境案件特殊性，创新环境案件立案、管辖、举证、审理、判决、执行等工作机制。如建立专家咨询委员会、设立环境保护公益专项资金、修复方案公开征求意见、第三方监督执行等。按照2018年11月第二次全国法院环境资源审判工作会议的精神，将生态文明思想贯彻到环境资源审判全过程。充分运用信息化手段，以智慧法院建设为契机，完善跨行政区划集中管辖、协调联动、多元纠纷解决，推动审判体制新发展。

三、进一步完善公益诉讼

雾霾治理的过程中，虽然多方参与，但是力量分散。对于雾霾污染形成的民事纠纷、行政纠纷，分散的监督力量难以形成合力，追究行为人的法律责任。环境公益诉讼则弥补了这一短板，当国家机关、企业、自然人、其他组织的违法行为导致大气污染，

---

〔1〕 参见郑学林：《中国环境资源审判的新发展》，载《人民法院报》2017年6月7日，第08版。

〔2〕 参见由然：《环保法庭为何无案可审？——法律经济学的分析和解释》，载《东岳论丛》2018年第2期。

人民检察院以及其他的自然人、法人、社会团体为维护公共利益可以向人民法院提起诉讼。2016 年山东省德州市中级人民法院宣判的首例雾霾公益诉讼案件，就具有标杆意义。但从近年来环境公益诉讼在实践中遭遇的诸多“尴尬”来看，如果要真正发挥公益诉讼对雾霾治理的司法保障作用，还需从以下几个方面进一步完善公益诉讼。

（一）进一步加强公益诉讼的理论研究，为公益诉讼提供理论支撑

在传统诉讼理论框架下，“原告必须与本案有直接利害关系”是当事人主体资格的基础。因此，我国《民事诉讼法》第 119 条关于起诉条件的第一项明确规定了“原告是与本案有直接利害关系的公民、法人和其他组织”。我国《行政诉讼法》第 25 条、第 49 条也强调了只有在具体行政法关系中，认为自己的合法权益被侵害的公民、法人或者其他组织，才有资格提起行政诉讼。虽然后来通过司法解释对此项规定进行突破，勉强为检察机关、公益组织、公民等主体提起公益诉讼提供法律依据，但诉讼理论对主体资格、诉权等重大理论问题的研究并未同步跟上。有学者已经尝试从环境权作为一种典型的公众共用物的角度展开研究，认为环境不仅指具体的物，更重要的是这个物所承载的环境生态功能。公众不是抽象的“全体人民”，而是具体的自然人、组织、团体，公众中的每一个人都对环境享有非排他性的公众共用物使用权，即环境权。[1] 显然，只有环境公益诉讼理论研究取得成果，才能真正理顺法律关系，为环境公益诉讼制度建设提供有力支持。

---

〔1〕 参见蔡守秋、张文松：《检察机关在突破环境民事公益诉讼难局中的法律困境与规则建构——基于公益诉讼改革试点方案的思考》，载《中国地质大学学报（社会科学版）》2016 年第 3 期。

（二）明确、统一、规范公益诉讼的诉讼标准

从律师金奎喜诉杭州市规划局一案、画家严学正诉椒江区文体局案、南京违章搭建紫金山观景台案等现有的公益诉讼案件来看，诉讼标准不统一，最终裁决结果差异较大。为确保环境公益诉讼的裁判统一，应统一、规范公益诉讼的诉讼标准。

对于环境民事公益诉讼：建立由司法行政部门统一管理的国家公益性的鉴定机构以及司法鉴定评估标准；建立环境公益鉴定人、专家辅助人制度等。[1] 此外，进一步明确案件受理与选择、诉讼类型划分、原告资格认定、生态修复、环境赔偿、停止侵害等方面的具体条件与标准。[2]

对于环境行政公益诉讼：明确规定行政公益诉讼的特殊诉讼时效；规定可延长的弹性履职期限；授予环保组织起诉资格；优化裁判形式，谨慎使用“确认违法”的判决形式；[3] 为避免司法机关对环境行政的过度干涉，规范诉前程序、控制司法审查程度与范围，形成环境公益诉讼与环境行政执法“互补”与“监督”关系。

从人民检察院提起公益诉讼的角度出发，应进一步提升对公益诉讼工作的重视程度，建设专业化的公益诉讼队伍，优化检察机关提起公益诉讼制度。

（三）支持民众、社会组织提起公益诉讼

环境侵权案件大多存在案件复杂、举证难度大、诉讼周期长、专业技术性强等特征，而普通的公民、社会组织作为原告去起诉，

---

〔1〕 参见汤维建：《统一鉴定机构和评估标准　解决环境公益诉讼鉴定难题》，载《检察日报》2020 年 7 月 20 日，第 7 版。

〔2〕 参见巩固：《2015 年中国环境民事公益诉讼的实证分析》，载《法学》2016 年第 9 期。

〔3〕 参见付颖琦、杨朝霞：《我国环境行政公益诉讼的问题和对策——基于 2019 年 127 份典型裁判文书的分析》，载《环境保护》2020 年第 14 期。

在专业能力、资金支持等方面处于绝对的弱势地位。在诉讼程序进行的过程中，在举证责任配置、胜诉奖励、诉讼费用分担上，应适当向原告倾斜。如将原告支付的合理数额的律师费和专家作证费等诉讼费用判令被告分担；从对被告的经济制裁或专门环境公益诉讼奖励基金中提取一定金额，弥补和奖励原告，鼓励更多的人维护社会公益。

附录　相关法律法规

中华人民共和国环境保护法

（1989 年 12 月 26 日第七届全国人民代表大会常务委员会第十一次会议通过　2014 年 4 月 24 日第十二届全国人民代表大会常务委员会第八次会议修订　自 2015 年 1 月 1 日起施行）

目　　录

第一章　总　　则

第一条　为保护和改善环境，防治污染和其他公害，保障公众健康，推进生态文明建设，促进经济社会可持续发展，制定本法。

第二条　本法所称环境，是指影响人类生存和发展的各种天然的和经过人工改造的自然因素的总体，包括大气、水、海洋、土地、矿藏、森林、草原、湿地、野生生物、自然遗迹、人文遗迹、自然保护区、风景名胜区、城市和乡村等。

第三条　本法适用于中华人民共和国领域和中华人民共和国管辖的其他海域。

第四条　保护环境是国家的基本国策。

国家采取有利于节约和循环利用资源、保护和改善环境、促进人与自然和谐的经济、技术政策和措施，使经济社会发展与环境保护相协调。

第五条　环境保护坚持保护优先、预防为主、综合治理、公众参与、损害担责的原则。

第六条　一切单位和个人都有保护环境的义务。

地方各级人民政府应当对本行政区域的环境质量负责。

企业事业单位和其他生产经营者应当防止、减少环境污染和生态破坏，对所造成的损害依法承担责任。

公民应当增强环境保护意识，采取低碳、节俭的生活方式，自觉履行环境保护义务。

第七条　国家支持环境保护科学技术研究、开发和应用，鼓励环境保护产业发展，促进环境保护信息化建设，提高环境保护科学技术水平。

第八条　各级人民政府应当加大保护和改善环境、防治污染和其他公害的财政投入，提高财政资金的使用效益。

第九条　各级人民政府应当加强环境保护宣传和普及工作，鼓励基层群众性自治组织、社会组织、环境保护志愿者开展环境保护法律法规和环境保护知识的宣传，营造保护环境的良好风气。

教育行政部门、学校应当将环境保护知识纳入学校教育内容，培养学生的环境保护意识。

新闻媒体应当开展环境保护法律法规和环境保护知识的宣传，对环境违法行为进行舆论监督。

第十条　国务院环境保护主管部门，对全国环境保护工作实施统一监督管理；县级以上地方人民政府环境保护主管部门，对本行政区域环境保护工作实施统一监督管理。

县级以上人民政府有关部门和军队环境保护部门，依照有关法律的规定对资源保护和污染防治等环境保护工作实施监督管理。

第十一条 对保护和改善环境有显著成绩的单位和个人，由人民政府给予奖励。

第十二条 每年6月5日为环境日。

第二章 监督管理

第十三条 县级以上人民政府应当将环境保护工作纳入国民经济和社会发展规划。

国务院环境保护主管部门会同有关部门，根据国民经济和社会发展规划编制国家环境保护规划，报国务院批准并公布实施。

县级以上地方人民政府环境保护主管部门会同有关部门，根据国家环境保护规划的要求，编制本行政区域的环境保护规划，报同级人民政府批准并公布实施。

环境保护规划的内容应当包括生态保护和污染防治的目标、任务、保障措施等，并与主体功能区规划、土地利用总体规划和城乡规划等相衔接。

第十四条 国务院有关部门和省、自治区、直辖市人民政府组织制定经济、技术政策，应当充分考虑对环境的影响，听取有关方面和专家的意见。

第十五条 国务院环境保护主管部门制定国家环境质量标准。

省、自治区、直辖市人民政府对国家环境质量标准中未作规定的项目，可以制定地方环境质量标准；对国家环境质量标准中已作规定的项目，可以制定严于国家环境质量标准的地方环境质量标准。地方环境质量标准应当报国务院环境保护主管部门备案。

国家鼓励开展环境基准研究。

第十六条 国务院环境保护主管部门根据国家环境质量标准和国家经济、技术条件，制定国家污染物排放标准。

省、自治区、直辖市人民政府对国家污染物排放标准中未作规定的项目，可以制定地方污染物排放标准；对国家污染物排放标准中已作规定的项目，可以制定严于国家污染物排放标准的地方污染物排放标准。地方污染物排放标准应当报国务院环境保护主管部门备案。

第十七条 国家建立、健全环境监测制度。国务院环境保护主管部门制定监测规范，会同有关部门组织监测网络，统一规划国家环境质量监测站（点）的设置，建立监测数据共享机制，加强对环境监测的管理。

有关行业、专业等各类环境质量监测站（点）的设置应当符合法律法规规定和监测规范的要求。

监测机构应当使用符合国家标准的监测设备，遵守监测规范。监测机构及其负责人对监测数据的真实性和准确性负责。

第十八条　省级以上人民政府应当组织有关部门或者委托专业机构，对环境状况进行调查、评价，建立环境资源承载能力监测预警机制。

第十九条　编制有关开发利用规划，建设对环境有影响的项目，应当依法进行环境影响评价。

未依法进行环境影响评价的开发利用规划，不得组织实施；未依法进行环境影响评价的建设项目，不得开工建设。

第二十条　国家建立跨行政区域的重点区域、流域环境污染和生态破坏联合防治协调机制，实行统一规划、统一标准、统一监测、统一的防治措施。

前款规定以外的跨行政区域的环境污染和生态破坏的防治，由上级人民政府协调解决，或者由有关地方人民政府协商解决。

第二十一条　国家采取财政、税收、价格、政府采购等方面的政策和措施，鼓励和支持环境保护技术装备、资源综合利用和环境服务等环境保护产业的发展。

第二十二条　企业事业单位和其他生产经营者，在污染物排放符合法定要求的基础上，进一步减少污染物排放的，人民政府应当依法采取财政、税收、价格、政府采购等方面的政策和措施予以鼓励和支持。

第二十三条　企业事业单位和其他生产经营者，为改善环境，依照有关规定转产、搬迁、关闭的，人民政府应当予以支持。

第二十四条　县级以上人民政府环境保护主管部门及其委托的环境监察机构和其他负有环境保护监督管理职责的部门，有权对排放污染物的企业事业单位和其他生产经营者进行现场检查。被检查者应当如实反映情况，提供必要的资料。实施现场检查的部门、机构及其工作人员应当为被检查者保守商业秘密。

第二十五条　企业事业单位和其他生产经营者违反法律法规规定排放污染物，造成或者可能造成严重污染的，县级以上人民政府环境保护主管部门和其他负有环境保护监督管理职责的部门,可以查封、扣押造成污染物排放的设施、设备。

第二十六条 国家实行环境保护目标责任制和考核评价制度。县级以上人民政府应当将环境保护目标完成情况纳入对本级人民政府负有环境保护监督管理职责的部门及其负责人和下级人民政府及其负责人的考核内容,作为对其考核评价的重要依据。考核结果应当向社会公开。

第二十七条 县级以上人民政府应当每年向本级人民代表大会或者人民代表大会常务委员会报告环境状况和环境保护目标完成情况,对发生的重大环境事件应当及时向本级人民代表大会常务委员会报告,依法接受监督。

第三章 保护和改善环境

第二十八条 地方各级人民政府应当根据环境保护目标和治理任务,采取有效措施,改善环境质量。

未达到国家环境质量标准的重点区域、流域的有关地方人民政府,应当制定限期达标规划,并采取措施按期达标。

第二十九条 国家在重点生态功能区、生态环境敏感区和脆弱区等区域划定生态保护红线,实行严格保护。

各级人民政府对具有代表性的各种类型的自然生态系统区域,珍稀、濒危的野生动植物自然分布区域,重要的水源涵养区域,具有重大科学文化价值的地质构造、著名溶洞和化石分布区、冰川、火山、温泉等自然遗迹,以及人文遗迹、古树名木,应当采取措施予以保护,严禁破坏。

第三十条 开发利用自然资源,应当合理开发,保护生物多样性,保障生态安全,依法制定有关生态保护和恢复治理方案并予以实施。

引进外来物种以及研究、开发和利用生物技术,应当采取措施,防止对生物多样性的破坏。

第三十一条 国家建立、健全生态保护补偿制度。

国家加大对生态保护地区的财政转移支付力度。有关地方人民政府应当落实生态保护补偿资金,确保其用于生态保护补偿。

国家指导受益地区和生态保护地区人民政府通过协商或者按照市场规则进行生态保护补偿。

第三十二条　国家加强对大气、水、土壤等的保护，建立和完善相应的调查、监测、评估和修复制度。

第三十三条　各级人民政府应当加强对农业环境的保护，促进农业环境保护新技术的使用，加强对农业污染源的监测预警，统筹有关部门采取措施，防治土壤污染和土地沙化、盐渍化、贫瘠化、石漠化、地面沉降以及防治植被破坏、水土流失、水体富营养化、水源枯竭、种源灭绝等生态失调现象，推广植物病虫害的综合防治。

县级、乡级人民政府应当提高农村环境保护公共服务水平，推动农村环境综合整治。

第三十四条　国务院和沿海地方各级人民政府应当加强对海洋环境的保护。向海洋排放污染物、倾倒废弃物，进行海岸工程和海洋工程建设，应当符合法律法规规定和有关标准，防止和减少对海洋环境的污染损害。

第三十五条　城乡建设应当结合当地自然环境的特点，保护植被、水域和自然景观，加强城市园林、绿地和风景名胜区的建设与管理。

第三十六条　国家鼓励和引导公民、法人和其他组织使用有利于保护环境的产品和再生产品，减少废弃物的产生。

国家机关和使用财政资金的其他组织应当优先采购和使用节能、节水、节材等有利于保护环境的产品、设备和设施。

第三十七条　地方各级人民政府应当采取措施，组织对生活废弃物的分类处置、回收利用。

第三十八条　公民应当遵守环境保护法律法规，配合实施环境保护措施，按照规定对生活废弃物进行分类放置，减少日常生活对环境造成的损害。

第三十九条　国家建立、健全环境与健康监测、调查和风险评估制度；鼓励和组织开展环境质量对公众健康影响的研究，采取措施预防和控制与环境污染有关的疾病。

第四章　防治污染和其他公害

第四十条　国家促进清洁生产和资源循环利用。

国务院有关部门和地方各级人民政府应当采取措施，推广清洁能源的生产和使用。

企业应当优先使用清洁能源,采用资源利用率高、污染物排放量少的工艺、设备以及废弃物综合利用技术和污染物无害化处理技术,减少污染物的产生。

第四十一条 建设项目中防治污染的设施,应当与主体工程同时设计、同时施工、同时投产使用。防治污染的设施应当符合经批准的环境影响评价文件的要求,不得擅自拆除或者闲置。

第四十二条 排放污染物的企业事业单位和其他生产经营者,应当采取措施,防治在生产建设或者其他活动中产生的废气、废水、废渣、医疗废物、粉尘、恶臭气体、放射性物质以及噪声、振动、光辐射、电磁辐射等对环境的污染和危害。

排放污染物的企业事业单位,应当建立环境保护责任制度,明确单位负责人和相关人员的责任。

重点排污单位应当按照国家有关规定和监测规范安装使用监测设备,保证监测设备正常运行,保存原始监测记录。

严禁通过暗管、渗井、渗坑、灌注或者篡改、伪造监测数据,或者不正常运行防治污染设施等逃避监管的方式违法排放污染物。

第四十三条 排放污染物的企业事业单位和其他生产经营者,应当按照国家有关规定缴纳排污费。排污费应当全部专项用于环境污染防治,任何单位和个人不得截留、挤占或者挪作他用。

依照法律规定征收环境保护税的,不再征收排污费。

第四十四条 国家实行重点污染物排放总量控制制度。重点污染物排放总量控制指标由国务院下达,省、自治区、直辖市人民政府分解落实。企业事业单位在执行国家和地方污染物排放标准的同时,应当遵守分解落实到本单位的重点污染物排放总量控制指标。

对超过国家重点污染物排放总量控制指标或者未完成国家确定的环境质量目标的地区,省级以上人民政府环境保护主管部门应当暂停审批其新增重点污染物排放总量的建设项目环境影响评价文件。

第四十五条 国家依照法律规定实行排污许可管理制度。

实行排污许可管理的企业事业单位和其他生产经营者应当按照排污许可证的要求排放污染物;未取得排污许可证的,不得排放污染物。

第四十六条 国家对严重污染环境的工艺、设备和产品实行淘汰制度。任何单位和个人不得生产、销售或者转移、使用严重污染环境的工艺、设备和产品。

禁止引进不符合我国环境保护规定的技术、设备、材料和产品。

第四十七条　各级人民政府及其有关部门和企业事业单位，应当依照《中华人民共和国突发事件应对法》的规定，做好突发环境事件的风险控制、应急准备、应急处置和事后恢复等工作。

县级以上人民政府应当建立环境污染公共监测预警机制，组织制定预警方案；环境受到污染，可能影响公众健康和环境安全时，依法及时公布预警信息，启动应急措施。

企业事业单位应当按照国家有关规定制定突发环境事件应急预案，报环境保护主管部门和有关部门备案。在发生或者可能发生突发环境事件时，企业事业单位应当立即采取措施处理，及时通报可能受到危害的单位和居民，并向环境保护主管部门和有关部门报告。

突发环境事件应急处置工作结束后，有关人民政府应当立即组织评估事件造成的环境影响和损失，并及时将评估结果向社会公布。

第四十八条　生产、储存、运输、销售、使用、处置化学物品和含有放射性物质的物品，应当遵守国家有关规定，防止污染环境。

第四十九条　各级人民政府及其农业等有关部门和机构应当指导农业生产经营者科学种植和养殖，科学合理施用农药、化肥等农业投入品，科学处置农用薄膜、农作物秸秆等农业废弃物，防止农业面源污染。

禁止将不符合农用标准和环境保护标准的固体废物、废水施入农田。施用农药、化肥等农业投入品及进行灌溉，应当采取措施，防止重金属和其他有毒有害物质污染环境。

畜禽养殖场、养殖小区、定点屠宰企业等的选址、建设和管理应当符合有关法律法规规定。从事畜禽养殖和屠宰的单位和个人应当采取措施，对畜禽粪便、尸体和污水等废弃物进行科学处置，防止污染环境。

县级人民政府负责组织农村生活废弃物的处置工作。

第五十条　各级人民政府应当在财政预算中安排资金，支持农村饮用水水源地保护、生活污水和其他废弃物处理、畜禽养殖和屠宰污染防治、土壤污染防治和农村工矿污染治理等环境保护工作。

第五十一条　各级人民政府应当统筹城乡建设污水处理设施及配套管网，固体废物的收集、运输和处置等环境卫生设施，危险废物集中处置设施、场所以及其他环境保护公共设施，并保障其正常运行。

第五十二条　国家鼓励投保环境污染责任保险。

第五章　信息公开和公众参与

第五十三条　公民、法人和其他组织依法享有获取环境信息、参与和监督环境保护的权利。

各级人民政府环境保护主管部门和其他负有环境保护监督管理职责的部门,应当依法公开环境信息、完善公众参与程序,为公民、法人和其他组织参与和监督环境保护提供便利。

第五十四条　国务院环境保护主管部门统一发布国家环境质量、重点污染源监测信息及其他重大环境信息。省级以上人民政府环境保护主管部门定期发布环境状况公报。

县级以上人民政府环境保护主管部门和其他负有环境保护监督管理职责的部门,应当依法公开环境质量、环境监测、突发环境事件以及环境行政许可、行政处罚、排污费的征收和使用情况等信息。

县级以上地方人民政府环境保护主管部门和其他负有环境保护监督管理职责的部门,应当将企业事业单位和其他生产经营者的环境违法信息记入社会诚信档案,及时向社会公布违法者名单。

第五十五条　重点排污单位应当如实向社会公开其主要污染物的名称、排放方式、排放浓度和总量、超标排放情况,以及防治污染设施的建设和运行情况,接受社会监督。

第五十六条　对依法应当编制环境影响报告书的建设项目,建设单位应当在编制时向可能受影响的公众说明情况,充分征求意见。

负责审批建设项目环境影响评价文件的部门在收到建设项目环境影响报告书后,除涉及国家秘密和商业秘密的事项外,应当全文公开;发现建设项目未充分征求公众意见的,应当责成建设单位征求公众意见。

第五十七条　公民、法人和其他组织发现任何单位和个人有污染环境和破坏生态行为的,有权向环境保护主管部门或者其他负有环境保护监督管理职责的部门举报。

公民、法人和其他组织发现地方各级人民政府、县级以上人民政府环境保护主管部门和其他负有环境保护监督管理职责的部门不依法履行职责的,有权向其上级机关或者监察机关举报。

接受举报的机关应当对举报人的相关信息予以保密,保护举报人的合法权益。

第五十八条 对污染环境、破坏生态，损害社会公共利益的行为，符合下列条件的社会组织可以向人民法院提起诉讼：

（一）依法在设区的市级以上人民政府民政部门登记；

（二）专门从事环境保护公益活动连续五年以上且无违法记录。

符合前款规定的社会组织向人民法院提起诉讼，人民法院应当依法受理。

提起诉讼的社会组织不得通过诉讼牟取经济利益。

第六章 法律责任

第五十九条 企业事业单位和其他生产经营者违法排放污染物，受到罚款处罚，被责令改正，拒不改正的，依法作出处罚决定的行政机关可以自责令改正之日的次日起，按照原处罚数额按日连续处罚。

前款规定的罚款处罚，依照有关法律法规按照防治污染设施的运行成本、违法行为造成的直接损失或者违法所得等因素确定的规定执行。

地方性法规可以根据环境保护的实际需要，增加第一款规定的按日连续处罚的违法行为的种类。

第六十条 企业事业单位和其他生产经营者超过污染物排放标准或者超过重点污染物排放总量控制指标排放污染物的，县级以上人民政府环境保护主管部门可以责令其采取限制生产、停产整治等措施；情节严重的，报经有批准权的人民政府批准，责令停业、关闭。

第六十一条 建设单位未依法提交建设项目环境影响评价文件或者环境影响评价文件未经批准，擅自开工建设的，由负有环境保护监督管理职责的部门责令停止建设，处以罚款，并可以责令恢复原状。

第六十二条 违反本法规定，重点排污单位不公开或者不如实公开环境信息的，由县级以上地方人民政府环境保护主管部门责令公开，处以罚款，并予以公告。

第六十三条 企业事业单位和其他生产经营者有下列行为之一，尚不构成犯罪的，除依照有关法律法规规定予以处罚外，由县级以上人民政府环境保护主管部门或者其他有关部门将案件移送公安机关，对其直接负责的主管人员和其他直接责任人员，处十日以上十五日以下拘留；情节较轻的，处五日以上十日以下拘留：

（一）建设项目未依法进行环境影响评价，被责令停止建设，拒不执行的；

（二）违反法律规定，未取得排污许可证排放污染物，被责令停止排污，拒不执行的；

（三）通过暗管、渗井、渗坑、灌注或者篡改、伪造监测数据，或者不正常运行防治污染设施等逃避监管的方式违法排放污染物的；

（四）生产、使用国家明令禁止生产、使用的农药，被责令改正，拒不改正的。

第六十四条 因污染环境和破坏生态造成损害的，应当依照《中华人民共和国侵权责任法》的有关规定承担侵权责任。

第六十五条 环境影响评价机构、环境监测机构以及从事环境监测设备和防治污染设施维护、运营的机构，在有关环境服务活动中弄虚作假，对造成的环境污染和生态破坏负有责任的，除依照有关法律法规规定予以处罚外，还应当与造成环境污染和生态破坏的其他责任者承担连带责任。

第六十六条 提起环境损害赔偿诉讼的时效期间为三年，从当事人知道或者应当知道其受到损害时起计算。

第六十七条 上级人民政府及其环境保护主管部门应当加强对下级人民政府及其有关部门环境保护工作的监督。发现有关工作人员有违法行为，依法应当给予处分的，应当向其任免机关或者监察机关提出处分建议。

依法应当给予行政处罚，而有关环境保护主管部门不给予行政处罚的，上级人民政府环境保护主管部门可以直接作出行政处罚的决定。

第六十八条 地方各级人民政府、县级以上人民政府环境保护主管部门和其他负有环境保护监督管理职责的部门有下列行为之一的，对直接负责的主管人员和其他直接责任人员给予记过、记大过或者降级处分；造成严重后果的，给予撤职或者开除处分，其主要负责人应当引咎辞职：

（一）不符合行政许可条件准予行政许可的；

（二）对环境违法行为进行包庇的；

（三）依法应当作出责令停业、关闭的决定而未作出的；

（四）对超标排放污染物、采用逃避监管的方式排放污染物、造成环境事故以及不落实生态保护措施造成生态破坏等行为，发现或者接到举报未及时查处的；

（五）违反本法规定，查封、扣押企业事业单位和其他生产经营者的设施、设备的；

（六）篡改、伪造或者指使篡改、伪造监测数据的；

（七）应当依法公开环境信息而未公开的；

（八）将征收的排污费截留、挤占或者挪作他用的；

（九）法律法规规定的其他违法行为。

第六十九条　违反本法规定，构成犯罪的，依法追究刑事责任。

第七章　附　　则

第七十条　本法自2015年1月1日起施行。

中华人民共和国大气污染防治法

（1987年9月5日第六届全国人民代表大会常务委员会第二十二次会议通过　根据1995年8月29日第八届全国人民代表大会常务委员会第十五次会议《关于修改〈中华人民共和国大气污染防治法〉的决定》第一次修正　2000年4月29日第九届全国人民代表大会常务委员会第十五次会议第一次修订　2015年8月29日第十二届全国人民代表大会常务委员会第十六次会议第二次修订　根据2018年10月26日第十三届全国人民代表大会常务委员会第六次会议《关于修改〈中华人民共和国野生动物保护法〉等十五部法律的决定》第二次修正）

目　　录

第一章　总　　则

第一条　为保护和改善环境，防治大气污染，保障公众健康，推进生态文明建设，促进经济社会可持续发展，制定本法。

第二条　防治大气污染，应当以改善大气环境质量为目标，坚持源头治理，规划先行，转变经济发展方式，优化产业结构和布局，调整能源结构。

防治大气污染，应当加强对燃煤、工业、机动车船、扬尘、农业等大气污染的综合防治，推行区域大气污染联合防治，对颗粒物、二氧化硫、氮氧化物、挥发性有机物、氨等大气污染物和温室气体实施协同控制。

第三条　县级以上人民政府应当将大气污染防治工作纳入国民经济和社会发展规划，加大对大气污染防治的财政投入。

地方各级人民政府应当对本行政区域的大气环境质量负责，制定规划，采取措施，控制或者逐步削减大气污染物的排放量，使大气环境质量达到规定标准并逐步改善。

第四条　国务院生态环境主管部门会同国务院有关部门，按照国务院的规定，对省、自治区、直辖市大气环境质量改善目标、大气污染防治重点任务完成情况进行考核。省、自治区、直辖市人民政府制定考核办法，对本行政区域内地方大气环境质量改善目标、大气污染防治重点任务完成情况实施考核。考核结果应当向社会公开。

第五条　县级以上人民政府生态环境主管部门对大气污染防治实施统一监督管理。

县级以上人民政府其他有关部门在各自职责范围内对大气污染防治实施监督管理。

第六条　国家鼓励和支持大气污染防治科学技术研究，开展对大气污染来源及其变化趋势的分析，推广先进适用的大气污染防治技术和装备，促进科技成果转化，发挥科学技术在大气污染防治中的支撑作用。

第七条　企业事业单位和其他生产经营者应当采取有效措施，防止、减少大气污染，对所造成的损害依法承担责任。

公民应当增强大气环境保护意识，采取低碳、节俭的生活方式，自觉履行大气环境保护义务。

第二章　大气污染防治标准和限期达标规划

第八条　国务院生态环境主管部门或者省、自治区、直辖市人民政府制定大气环境质量标准，应当以保障公众健康和保护生态环境为宗旨，与经济社会发展相适应，做到科学合理。

第九条　国务院生态环境主管部门或者省、自治区、直辖市人民政府制定大气污染物排放标准，应当以大气环境质量标准和国家经济、技术条件为依据。

第十条　制定大气环境质量标准、大气污染物排放标准，应当组织专家进行审查和论证，并征求有关部门、行业协会、企业事业单位和公众等方面的意见。

第十一条　省级以上人民政府生态环境主管部门应当在其网站上公布大气环境质量标准、大气污染物排放标准，供公众免费查阅、下载。

第十二条　大气环境质量标准、大气污染物排放标准的执行情况应当定期进行评估，根据评估结果对标准适时进行修订。

第十三条　制定燃煤、石油焦、生物质燃料、涂料等含挥发性有机物的产品、烟花爆竹以及锅炉等产品的质量标准，应当明确大气环境保护要求。

制定燃油质量标准，应当符合国家大气污染物控制要求，并与国家机动车船、非道路移动机械大气污染物排放标准相互衔接，同步实施。

前款所称非道路移动机械，是指装配有发动机的移动机械和可运输工业设备。

第十四条　未达到国家大气环境质量标准城市的人民政府应当及时编制大气环境质量限期达标规划，采取措施，按照国务院或者省级人民政府规定的期限达到大气环境质量标准。

编制城市大气环境质量限期达标规划，应当征求有关行业协会、企业事业单位、专家和公众等方面的意见。

第十五条 城市大气环境质量限期达标规划应当向社会公开。直辖市和设区的市的大气环境质量限期达标规划应当报国务院生态环境主管部门备案。

第十六条 城市人民政府每年在向本级人民代表大会或者其常务委员会报告环境状况和环境保护目标完成情况时，应当报告大气环境质量限期达标规划执行情况，并向社会公开。

第十七条 城市大气环境质量限期达标规划应当根据大气污染防治的要求和经济、技术条件适时进行评估、修订。

第三章 大气污染防治的监督管理

第十八条 企业事业单位和其他生产经营者建设对大气环境有影响的项目，应当依法进行环境影响评价、公开环境影响评价文件；向大气排放污染物的，应当符合大气污染物排放标准，遵守重点大气污染物排放总量控制要求。

第十九条 排放工业废气或者本法第七十八条规定名录中所列有毒有害大气污染物的企业事业单位、集中供热设施的燃煤热源生产运营单位以及其他依法实行排污许可管理的单位，应当取得排污许可证。排污许可的具体办法和实施步骤由国务院规定。

第二十条 企业事业单位和其他生产经营者向大气排放污染物的，应当依照法律法规和国务院生态环境主管部门的规定设置大气污染物排放口。

禁止通过偷排、篡改或者伪造监测数据、以逃避现场检查为目的的临时停产、非紧急情况下开启应急排放通道、不正常运行大气污染防治设施等逃避监管的方式排放大气污染物。

第二十一条 国家对重点大气污染物排放实行总量控制。

重点大气污染物排放总量控制目标，由国务院生态环境主管部门在征求国务院有关部门和各省、自治区、直辖市人民政府意见后，会同国务院经济综合主管部门报国务院批准并下达实施。

省、自治区、直辖市人民政府应当按照国务院下达的总量控制目标，控制或者削减本行政区域的重点大气污染物排放总量。

确定总量控制目标和分解总量控制指标的具体办法，由国务院生态环境境主管部门会同国务院有关部门规定。省、自治区、直辖市人民政府可以根据本行政区域大气污染防治的需要，对国家重点大气污染物之外的其他大气污染物排放实行总量控制。

国家逐步推行重点大气污染物排污权交易。

第二十二条　对超过国家重点大气污染物排放总量控制指标或者未完成国家下达的大气环境质量改善目标的地区，省级以上人民政府生态环境主管部门应当会同有关部门约谈该地区人民政府的主要负责人，并暂停审批该地区新增重点大气污染物排放总量的建设项目环境影响评价文件。约谈情况应当向社会公开。

第二十三条　国务院生态环境主管部门负责制定大气环境质量和大气污染源的监测和评价规范，组织建设与管理全国大气环境质量和大气污染源监测网，组织开展大气环境质量和大气污染源监测，统一发布全国大气环境质量状况信息。

县级以上地方人民政府生态环境主管部门负责组织建设与管理本行政区域大气环境质量和大气污染源监测网，开展大气环境质量和大气污染源监测，统一发布本行政区域大气环境质量状况信息。

第二十四条　企业事业单位和其他生产经营者应当按照国家有关规定和监测规范，对其排放的工业废气和本法第七十八条规定名录中所列有毒有害大气污染物进行监测，并保存原始监测记录。其中，重点排污单位应当安装、使用大气污染物排放自动监测设备，与生态环境主管部门的监控设备联网，保证监测设备正常运行并依法公开排放信息。监测的具体办法和重点排污单位的条件由国务院生态环境主管部门规定。

重点排污单位名录由设区的市级以上地方人民政府生态环境主管部门按照国务院生态环境主管部门的规定，根据本行政区域的大气环境承载力、重点大气污染物排放总量控制指标的要求以及排污单位排放大气污染物的种类、数量和浓度等因素，商有关部门确定，并向社会公布。

第二十五条　重点排污单位应当对自动监测数据的真实性和准确性负责。生态环境主管部门发现重点排污单位的大气污染物排放自动监测设备传输数据异常，应当及时进行调查。

第二十六条　禁止侵占、损毁或者擅自移动、改变大气环境质量监测设施和大气污染物排放自动监测设备。

第二十七条　国家对严重污染大气环境的工艺、设备和产品实行淘汰制度。

国务院经济综合主管部门会同国务院有关部门确定严重污染大气环境的工艺、设备和产品淘汰期限,并纳入国家综合性产业政策目录。

生产者、进口者、销售者或者使用者应当在规定期限内停止生产、进口、销售或者使用列入前款规定目录中的设备和产品。工艺的采用者应当在规定期限内停止采用列入前款规定目录中的工艺。

被淘汰的设备和产品,不得转让给他人使用。

第二十八条 国务院生态环境主管部门会同有关部门,建立和完善大气污染损害评估制度。

第二十九条 生态环境主管部门及其环境执法机构和其他负有大气环境保护监督管理职责的部门,有权通过现场检查监测、自动监测、遥感监测、远红外摄像等方式,对排放大气污染物的企业事业单位和其他生产经营者进行监督检查。被检查者应当如实反映情况,提供必要的资料。实施检查的部门、机构及其工作人员应当为被检查者保守商业秘密。

第三十条 企业事业单位和其他生产经营者违反法律法规规定排放大气污染物,造成或者可能造成严重大气污染,或者有关证据可能灭失或者被隐匿的,县级以上人民政府生态环境主管部门和其他负有大气环境保护监督管理职责的部门,可以对有关设施、设备、物品采取查封、扣押等行政强制措施。

第三十一条 生态环境主管部门和其他负有大气环境保护监督管理职责的部门应当公布举报电话、电子邮箱等,方便公众举报。

生态环境主管部门和其他负有大气环境保护监督管理职责的部门接到举报的,应当及时处理并对举报人的相关信息予以保密;对实名举报的,应当反馈处理结果等情况,查证属实的,处理结果依法向社会公开,并对举报人给予奖励。

举报人举报所在单位的,该单位不得以解除、变更劳动合同或者其他方式对举报人进行打击报复。

第四章 大气污染防治措施

第一节 燃煤和其他能源污染防治

第三十二条 国务院有关部门和地方各级人民政府应当采取措施,调整能源结构，推广清洁能源的生产和使用；优化煤炭使用方式，推广煤炭清洁高效利用，逐步降低煤炭在一次能源消费中的比重，减少煤炭生产、使用、转化过程中的大气污染物排放。

第三十三条　国家推行煤炭洗选加工，降低煤炭的硫分和灰分，限制高硫分、高灰分煤炭的开采。新建煤矿应当同步建设配套的煤炭洗选设施，使煤炭的硫分、灰分含量达到规定标准；已建成的煤矿除所采煤炭属于低硫分、低灰分或者根据已达标排放的燃煤电厂要求不需要洗选的以外，应当限期建成配套的煤炭洗选设施。

禁止开采含放射性和砷等有毒有害物质超过规定标准的煤炭。

第三十四条　国家采取有利于煤炭清洁高效利用的经济、技术政策和措施，鼓励和支持洁净煤技术的开发和推广。

国家鼓励煤矿企业等采用合理、可行的技术措施，对煤层气进行开采利用，对煤矸石进行综合利用。从事煤层气开采利用的，煤层气排放应当符合有关标准规范。

第三十五条　国家禁止进口、销售和燃用不符合质量标准的煤炭，鼓励燃用优质煤炭。

单位存放煤炭、煤矸石、煤渣、煤灰等物料，应当采取防燃措施，防止大气污染。

第三十六条　地方各级人民政府应当采取措施，加强民用散煤的管理，禁止销售不符合民用散煤质量标准的煤炭，鼓励居民燃用优质煤炭和洁净型煤，推广节能环保型炉灶。

第三十七条　石油炼制企业应当按照燃油质量标准生产燃油。

禁止进口、销售和燃用不符合质量标准的石油焦。

第三十八条　城市人民政府可以划定并公布高污染燃料禁燃区，并根据大气环境质量改善要求，逐步扩大高污染燃料禁燃区范围。高污染燃料的目录由国务院生态环境主管部门确定。

在禁燃区内，禁止销售、燃用高污染燃料；禁止新建、扩建燃用高污染燃料的设施，已建成的，应当在城市人民政府规定的期限内改用天然气、页岩气、液化石油气、电或者其他清洁能源。

第三十九条　城市建设应当统筹规划，在燃煤供热地区，推进热电联产和集中供热。在集中供热管网覆盖地区，禁止新建、扩建分散燃煤供热锅炉；已建成的不能达标排放的燃煤供热锅炉，应当在城市人民政府规定的期限内拆除。

第四十条 县级以上人民政府市场监督管理部门应当会同生态环境主管部门对锅炉生产、进口、销售和使用环节执行环境保护标准或者要求的情况进行监督检查;不符合环境保护标准或者要求的,不得生产、进口、销售和使用。

第四十一条 燃煤电厂和其他燃煤单位应当采用清洁生产工艺,配套建设除尘、脱硫、脱硝等装置,或者采取技术改造等其他控制大气污染物排放的措施。

国家鼓励燃煤单位采用先进的除尘、脱硫、脱硝、脱汞等大气污染物协同控制的技术和装置,减少大气污染物的排放。

第四十二条 电力调度应当优先安排清洁能源发电上网。

第二节 工业污染防治

第四十三条 钢铁、建材、有色金属、石油、化工等企业生产过程中排放粉尘、硫化物和氮氧化物的,应当采用清洁生产工艺,配套建设除尘、脱硫、脱硝等装置,或者采取技术改造等其他控制大气污染物排放的措施。

第四十四条 生产、进口、销售和使用含挥发性有机物的原材料和产品的,其挥发性有机物含量应当符合质量标准或者要求。

国家鼓励生产、进口、销售和使用低毒、低挥发性有机溶剂。

第四十五条 产生含挥发性有机物废气的生产和服务活动,应当在密闭空间或者设备中进行,并按照规定安装、使用污染防治设施;无法密闭的,应当采取措施减少废气排放。

第四十六条 工业涂装企业应当使用低挥发性有机物含量的涂料,并建立台账,记录生产原料、辅料的使用量、废弃量、去向以及挥发性有机物含量。台账保存期限不得少于三年。

第四十七条 石油、化工以及其他生产和使用有机溶剂的企业,应当采取措施对管道、设备进行日常维护、维修,减少物料泄漏,对泄漏的物料应当及时收集处理。

储油储气库、加油加气站、原油成品油码头、原油成品油运输船舶和油罐车、气罐车等,应当按照国家有关规定安装油气回收装置并保持正常使用。

第四十八条　钢铁、建材、有色金属、石油、化工、制药、矿产开采等企业,应当加强精细化管理,采取集中收集处理等措施,严格控制粉尘和气态污染物的排放。

工业生产企业应当采取密闭、围挡、遮盖、清扫、洒水等措施,减少内部物料的堆存、传输、装卸等环节产生的粉尘和气态污染物的排放。

第四十九条　工业生产、垃圾填埋或者其他活动产生的可燃性气体应当回收利用,不具备回收利用条件的,应当进行污染防治处理。

可燃性气体回收利用装置不能正常作业的,应当及时修复或者更新。在回收利用装置不能正常作业期间确需排放可燃性气体的,应当将排放的可燃性气体充分燃烧或者采取其他控制大气污染物排放的措施,并向当地生态环境主管部门报告,按照要求限期修复或者更新。

第三节　机动车船等污染防治

第五十条　国家倡导低碳、环保出行,根据城市规划合理控制燃油机动车保有量,大力发展城市公共交通,提高公共交通出行比例。

国家采取财政、税收、政府采购等措施推广应用节能环保型和新能源机动车船、非道路移动机械,限制高油耗、高排放机动车船、非道路移动机械的发展,减少化石能源的消耗。

省、自治区、直辖市人民政府可以在条件具备的地区,提前执行国家机动车大气污染物排放标准中相应阶段排放限值,并报国务院生态环境主管部门备案。

城市人民政府应当加强并改善城市交通管理,优化道路设置,保障人行道和非机动车道的连续、畅通。

第五十一条　机动车船、非道路移动机械不得超过标准排放大气污染物。

禁止生产、进口或者销售大气污染物排放超过标准的机动车船、非道路移动机械。

第五十二条　机动车、非道路移动机械生产企业应当对新生产的机动车和非道路移动机械进行排放检验。经检验合格的,方可出厂销售。检验信息应当向社会公开。

省级以上人民政府生态环境主管部门可以通过现场检查、抽样检测等方式，加强对新生产、销售机动车和非道路移动机械大气污染物排放状况的监督检查。工业、市场监督管理等有关部门予以配合。

第五十三条 在用机动车应当按照国家或者地方的有关规定，由机动车排放检验机构定期对其进行排放检验。经检验合格的，方可上道路行驶。未经检验合格的，公安机关交通管理部门不得核发安全技术检验合格标志。

县级以上地方人民政府生态环境主管部门可以在机动车集中停放地、维修地对在用机动车的大气污染物排放状况进行监督抽测；在不影响正常通行的情况下，可以通过遥感监测等技术手段对在道路上行驶的机动车的大气污染物排放状况进行监督抽测，公安机关交通管理部门予以配合。

第五十四条 机动车排放检验机构应当依法通过计量认证，使用经依法检定合格的机动车排放检验设备，按照国务院生态环境主管部门制定的规范，对机动车进行排放检验，并与生态环境主管部门联网，实现检验数据实时共享。机动车排放检验机构及其负责人对检验数据的真实性和准确性负责。

生态环境主管部门和认证认可监督管理部门应当对机动车排放检验机构的排放检验情况进行监督检查。

第五十五条 机动车生产、进口企业应当向社会公布其生产、进口机动车车型的排放检验信息、污染控制技术信息和有关维修技术信息。

机动车维修单位应当按照防治大气污染的要求和国家有关技术规范对在用机动车进行维修，使其达到规定的排放标准。交通运输、生态环境主管部门应当依法加强监督管理。

禁止机动车所有人以临时更换机动车污染控制装置等弄虚作假的方式通过机动车排放检验。禁止机动车维修单位提供该类维修服务。禁止破坏机动车车载排放诊断系统。

第五十六条 生态环境主管部门应当会同交通运输、住房城乡建设、农业行政、水行政等有关部门对非道路移动机械的大气污染物排放状况进行监督检查，排放不合格的，不得使用。

第五十七条 国家倡导环保驾驶，鼓励燃油机动车驾驶人在不影响道路通行且需停车三分钟以上的情况下熄灭发动机，减少大气污染物的排放。

第五十八条 国家建立机动车和非道路移动机械环境保护召回制度。

生产、进口企业获知机动车、非道路移动机械排放大气污染物超过标准，属于设计、生产缺陷或者不符合规定的环境保护耐久性要求的，应当召回;未召回的,由国务院市场监督管理部门会同国务院生态环境主管部门责令其召回。

第五十九条　在用重型柴油车、非道路移动机械未安装污染控制装置或者污染控制装置不符合要求,不能达标排放的,应当加装或者更换符合要求的污染控制装置。

第六十条　在用机动车排放大气污染物超过标准的,应当进行维修;经维修或者采用污染控制技术后,大气污染物排放仍不符合国家在用机动车排放标准的,应当强制报废。其所有人应当将机动车交售给报废机动车回收拆解企业,由报废机动车回收拆解企业按照国家有关规定进行登记、拆解、销毁等处理。

国家鼓励和支持高排放机动车船、非道路移动机械提前报废。

第六十一条　城市人民政府可以根据大气环境质量状况,划定并公布禁止使用高排放非道路移动机械的区域。

第六十二条　船舶检验机构对船舶发动机及有关设备进行排放检验。经检验符合国家排放标准的,船舶方可运营。

第六十三条　内河和江海直达船舶应当使用符合标准的普通柴油。远洋船舶靠港后应当使用符合大气污染物控制要求的船舶用燃油。

新建码头应当规划、设计和建设岸基供电设施;已建成的码头应当逐步实施岸基供电设施改造。船舶靠港后应当优先使用岸电。

第六十四条　国务院交通运输主管部门可以在沿海海域划定船舶大气污染物排放控制区,进入排放控制区的船舶应当符合船舶相关排放要求。

第六十五条　禁止生产、进口、销售不符合标准的机动车船、非道路移动机械用燃料;禁止向汽车和摩托车销售普通柴油以及其他非机动车用燃料;禁止向非道路移动机械、内河和江海直达船舶销售渣油和重油。

第六十六条　发动机油、氮氧化物还原剂、燃料和润滑油添加剂以及其他添加剂的有害物质含量和其他大气环境保护指标,应当符合有关标准的要求,不得损害机动车船污染控制装置效果和耐久性,不得增加新的大气污染物排放。

第六十七条　国家积极推进民用航空器的大气污染防治,鼓励在设计、生产、使用过程中采取有效措施减少大气污染物排放。

民用航空器应当符合国家规定的适航标准中的有关发动机排出物要求。

第四节　扬尘污染防治

第六十八条　地方各级人民政府应当加强对建设施工和运输的管理，保持道路清洁，控制料堆和渣土堆放，扩大绿地、水面、湿地和地面铺装面积，防治扬尘污染。

住房城乡建设、市容环境卫生、交通运输、国土资源等有关部门，应当根据本级人民政府确定的职责，做好扬尘污染防治工作。

第六十九条　建设单位应当将防治扬尘污染的费用列入工程造价，并在施工承包合同中明确施工单位扬尘污染防治责任。施工单位应当制定具体的施工扬尘污染防治实施方案。

从事房屋建筑、市政基础设施建设、河道整治以及建筑物拆除等施工单位，应当向负责监督管理扬尘污染防治的主管部门备案。

施工单位应当在施工工地设置硬质围挡，并采取覆盖、分段作业、择时施工、洒水抑尘、冲洗地面和车辆等有效防尘降尘措施。建筑土方、工程渣土、建筑垃圾应当及时清运；在场地内堆存的，应当采用密闭式防尘网遮盖。工程渣土、建筑垃圾应当进行资源化处理。

施工单位应当在施工工地公示扬尘污染防治措施、负责人、扬尘监督管理主管部门等信息。

暂时不能开工的建设用地，建设单位应当对裸露地面进行覆盖；超过三个月的，应当进行绿化、铺装或者遮盖。

第七十条　运输煤炭、垃圾、渣土、砂石、土方、灰浆等散装、流体物料的车辆应当采取密闭或者其他措施防止物料遗撒造成扬尘污染，并按照规定路线行驶。

装卸物料应当采取密闭或者喷淋等方式防治扬尘污染。

城市人民政府应当加强道路、广场、停车场和其他公共场所的清扫保洁管理，推行清洁动力机械化清扫等低尘作业方式，防治扬尘污染。

第七十一条　市政河道以及河道沿线、公共用地的裸露地面以及其他城镇裸露地面，有关部门应当按照规划组织实施绿化或者透水铺装。

第七十二条　贮存煤炭、煤矸石、煤渣、煤灰、水泥、石灰、石膏、砂土等易产生扬尘的物料应当密闭；不能密闭的，应当设置不低于堆放物高度的严密围挡，并采取有效覆盖措施防治扬尘污染。

码头、矿山、填埋场和消纳场应当实施分区作业，并采取有效措施防治扬尘污染。

第五节　农业和其他污染防治

第七十三条　地方各级人民政府应当推动转变农业生产方式，发展农业循环经济，加大对废弃物综合处理的支持力度，加强对农业生产经营活动排放大气污染物的控制。

第七十四条　农业生产经营者应当改进施肥方式，科学合理施用化肥并按照国家有关规定使用农药，减少氨、挥发性有机物等大气污染物的排放。

禁止在人口集中地区对树木、花草喷洒剧毒、高毒农药。

第七十五条　畜禽养殖场、养殖小区应当及时对污水、畜禽粪便和尸体等进行收集、贮存、清运和无害化处理，防止排放恶臭气体。

第七十六条　各级人民政府及其农业行政等有关部门应当鼓励和支持采用先进适用技术，对秸秆、落叶等进行肥料化、饲料化、能源化、工业原料化、食用菌基料化等综合利用，加大对秸秆还田、收集一体化农业机械的财政补贴力度。

县级人民政府应当组织建立秸秆收集、贮存、运输和综合利用服务体系，采用财政补贴等措施支持农村集体经济组织、农民专业合作经济组织、企业等开展秸秆收集、贮存、运输和综合利用服务。

第七十七条　省、自治区、直辖市人民政府应当划定区域，禁止露天焚烧秸秆、落叶等产生烟尘污染的物质。

第七十八条　国务院生态环境主管部门应当会同国务院卫生行政部门，根据大气污染物对公众健康和生态环境的危害和影响程度，公布有毒有害大气污染物名录，实行风险管理。

排放前款规定名录中所列有毒有害大气污染物的企业事业单位，应当按照国家有关规定建设环境风险预警体系，对排放口和周边环境进行定期监测，评估环境风险，排查环境安全隐患，并采取有效措施防范环境风险。

第七十九条　向大气排放持久性有机污染物的企业事业单位和其他生产经营者以及废弃物焚烧设施的运营单位，应当按照国家有关规定，采取有利于减少持久性有机污染物排放的技术方法和工艺，配备有效的净化装置，实现达标排放。

第八十条 企业事业单位和其他生产经营者在生产经营活动中产生恶臭气体的,应当科学选址,设置合理的防护距离,并安装净化装置或者采取其他措施,防止排放恶臭气体。

第八十一条 排放油烟的餐饮服务业经营者应当安装油烟净化设施并保持正常使用,或者采取其他油烟净化措施,使油烟达标排放,并防止对附近居民的正常生活环境造成污染。

禁止在居民住宅楼、未配套设立专用烟道的商住综合楼以及商住综合楼内与居住层相邻的商业楼层内新建、改建、扩建产生油烟、异味、废气的餐饮服务项目。

任何单位和个人不得在当地人民政府禁止的区域内露天烧烤食品或者为露天烧烤食品提供场地。

第八十二条 禁止在人口集中地区和其他依法需要特殊保护的区域内焚烧沥青、油毡、橡胶、塑料、皮革、垃圾以及其他产生有毒有害烟尘和恶臭气体的物质。

禁止生产、销售和燃放不符合质量标准的烟花爆竹。任何单位和个人不得在城市人民政府禁止的时段和区域内燃放烟花爆竹。

第八十三条 国家鼓励和倡导文明、绿色祭祀。

火葬场应当设置除尘等污染防治设施并保持正常使用,防止影响周边环境。

第八十四条 从事服装干洗和机动车维修等服务活动的经营者,应当按照国家有关标准或者要求设置异味和废气处理装置等污染防治设施并保持正常使用,防止影响周边环境。

第八十五条 国家鼓励、支持消耗臭氧层物质替代品的生产和使用,逐步减少直至停止消耗臭氧层物质的生产和使用。

国家对消耗臭氧层物质的生产、使用、进出口实行总量控制和配额管理。具体办法由国务院规定。

第五章 重点区域大气污染联合防治

第八十六条 国家建立重点区域大气污染联防联控机制,统筹协调重点区域内大气污染防治工作。国务院生态环境主管部门根据主体功能区划、区域大气环境质量状况和大气污染传输扩散规律,划定国家大气污染防治重点区域，报国务院批准。

重点区域内有关省、自治区、直辖市人民政府应当确定牵头的地方人民政府，定期召开联席会议，按照统一规划、统一标准、统一监测、统一的防治措施的要求，开展大气污染联合防治，落实大气污染防治目标责任。国务院生态环境主管部门应当加强指导、督促。

省、自治区、直辖市可以参照第一款规定划定本行政区域的大气污染防治重点区域。

第八十七条 国务院生态环境主管部门会同国务院有关部门、国家大气污染防治重点区域内有关省、自治区、直辖市人民政府，根据重点区域经济社会发展和大气环境承载力，制定重点区域大气污染联合防治行动计划，明确控制目标，优化区域经济布局，统筹交通管理，发展清洁能源，提出重点防治任务和措施，促进重点区域大气环境质量改善。

第八十八条 国务院经济综合主管部门会同国务院生态环境主管部门，结合国家大气污染防治重点区域产业发展实际和大气环境质量状况，进一步提高环境保护、能耗、安全、质量等要求。

重点区域内有关省、自治区、直辖市人民政府应当实施更严格的机动车大气污染物排放标准，统一在用机动车检验方法和排放限值，并配套供应合格的车用燃油。

第八十九条 编制可能对国家大气污染防治重点区域的大气环境造成严重污染的有关工业园区、开发区、区域产业和发展等规划，应当依法进行环境影响评价。规划编制机关应当与重点区域内有关省、自治区、直辖市人民政府或者有关部门会商。

重点区域内有关省、自治区、直辖市建设可能对相邻省、自治区、直辖市大气环境质量产生重大影响的项目，应当及时通报有关信息，进行会商。

会商意见及其采纳情况作为环境影响评价文件审查或者审批的重要依据。

第九十条 国家大气污染防治重点区域内新建、改建、扩建用煤项目的，应当实行煤炭的等量或者减量替代。

第九十一条 国务院生态环境主管部门应当组织建立国家大气污染防治重点区域的大气环境质量监测、大气污染源监测等相关信息共享机制，利用监测、模拟以及卫星、航测、遥感等新技术分析重点区域内大气污染来源及其变化趋势，并向社会公开。

第九十二条 国务院生态环境主管部门和国家大气污染防治重点区域内有关省、自治区、直辖市人民政府可以组织有关部门开展联合执法、跨区域执法、交叉执法。

第六章 重污染天气应对

第九十三条 国家建立重污染天气监测预警体系。

国务院生态环境主管部门会同国务院气象主管机构等有关部门、国家大气污染防治重点区域内有关省、自治区、直辖市人民政府，建立重点区域重污染天气监测预警机制，统一预警分级标准。可能发生区域重污染天气的，应当及时向重点区域内有关省、自治区、直辖市人民政府通报。

省、自治区、直辖市、设区的市人民政府生态环境主管部门会同气象主管机构等有关部门建立本行政区域重污染天气监测预警机制。

第九十四条 县级以上地方人民政府应当将重污染天气应对纳入突发事件应急管理体系。

省、自治区、直辖市、设区的市人民政府以及可能发生重污染天气的县级人民政府，应当制定重污染天气应急预案，向上一级人民政府生态环境主管部门备案，并向社会公布。

第九十五条 省、自治区、直辖市、设区的市人民政府生态环境主管部门应当会同气象主管机构建立会商机制，进行大气环境质量预报。可能发生重污染天气的，应当及时向本级人民政府报告。省、自治区、直辖市、设区的市人民政府依据重污染天气预报信息，进行综合研判，确定预警等级并及时发出预警。预警等级根据情况变化及时调整。任何单位和个人不得擅自向社会发布重污染天气预报预警信息。

预警信息发布后，人民政府及其有关部门应当通过电视、广播、网络、短信等途径告知公众采取健康防护措施，指导公众出行和调整其他相关社会活动。

第九十六条 县级以上地方人民政府应当依据重污染天气的预警等级，及时启动应急预案，根据应急需要可以采取责令有关企业停产或者限产、限制部分机动车行驶、禁止燃放烟花爆竹、停止工地土石方作业和建筑物拆除施工、停止露天烧烤、停止幼儿园和学校组织的户外活动、组织开展人工影响天气作业等应急措施。

应急响应结束后，人民政府应当及时开展应急预案实施情况的评估，适时修改完善应急预案。

第九十七条　发生造成大气污染的突发环境事件，人民政府及其有关部门和相关企业事业单位，应当依照《中华人民共和国突发事件应对法》、《中华人民共和国环境保护法》的规定，做好应急处置工作。生态环境主管部门应当及时对突发环境事件产生的大气污染物进行监测，并向社会公布监测信息。

第七章　法律责任

第九十八条　违反本法规定，以拒绝进入现场等方式拒不接受生态环境主管部门及其环境执法机构或者其他负有大气环境保护监督管理职责的部门的监督检查，或者在接受监督检查时弄虚作假的，由县级以上人民政府生态环境主管部门或者其他负有大气环境保护监督管理职责的部门责令改正，处二万元以上二十万元以下的罚款；构成违反治安管理行为的，由公安机关依法予以处罚。

第九十九条　违反本法规定，有下列行为之一的，由县级以上人民政府生态环境主管部门责令改正或者限制生产、停产整治，并处十万元以上一百万元以下的罚款；情节严重的，报经有批准权的人民政府批准，责令停业、关闭：

（一）未依法取得排污许可证排放大气污染物的；

（二）超过大气污染物排放标准或者超过重点大气污染物排放总量控制指标排放大气污染物的；

（三）通过逃避监管的方式排放大气污染物的。

第一百条　违反本法规定，有下列行为之一的，由县级以上人民政府生态环境主管部门责令改正，处二万元以上二十万元以下的罚款；拒不改正的，责令停产整治：

（一）侵占、损毁或者擅自移动、改变大气环境质量监测设施或者大气污染物排放自动监测设备的；

（二）未按照规定对所排放的工业废气和有毒有害大气污染物进行监测并保存原始监测记录的；

（三）未按照规定安装、使用大气污染物排放自动监测设备或者未按照规定与生态环境主管部门的监控设备联网，并保证监测设备正常运行的；

（四）重点排污单位不公开或者不如实公开自动监测数据的；

（五）未按照规定设置大气污染物排放口的。

第一百零一条 违反本法规定，生产、进口、销售或者使用国家综合性产业政策目录中禁止的设备和产品，采用国家综合性产业政策目录中禁止的工艺，或者将淘汰的设备和产品转让给他人使用的，由县级以上人民政府经济综合主管部门、海关按照职责责令改正，没收违法所得，并处货值金额一倍以上三倍以下的罚款；拒不改正的，报经有批准权的人民政府批准，责令停业、关闭。进口行为构成走私的，由海关依法予以处罚。

第一百零二条 违反本法规定，煤矿未按照规定建设配套煤炭洗选设施的，由县级以上人民政府能源主管部门责令改正，处十万元以上一百万元以下的罚款；拒不改正的，报经有批准权的人民政府批准，责令停业、关闭。

违反本法规定，开采含放射性和砷等有毒有害物质超过规定标准的煤炭的，由县级以上人民政府按照国务院规定的权限责令停业、关闭。

第一百零三条 违反本法规定，有下列行为之一的，由县级以上地方人民政府市场监督管理部门责令改正，没收原材料、产品和违法所得，并处货值金额一倍以上三倍以下的罚款：

（一）销售不符合质量标准的煤炭、石油焦的；

（二）生产、销售挥发性有机物含量不符合质量标准或者要求的原材料和产品的；

（三）生产、销售不符合标准的机动车船和非道路移动机械用燃料、发动机油、氮氧化物还原剂、燃料和润滑油添加剂以及其他添加剂的；

（四）在禁燃区内销售高污染燃料的。

第一百零四条 违反本法规定，有下列行为之一的，由海关责令改正，没收原材料、产品和违法所得，并处货值金额一倍以上三倍以下的罚款；构成走私的，由海关依法予以处罚：

（一）进口不符合质量标准的煤炭、石油焦的；

（二）进口挥发性有机物含量不符合质量标准或者要求的原材料和产品的；

（三）进口不符合标准的机动车船和非道路移动机械用燃料、发动机油、氮氧化物还原剂、燃料和润滑油添加剂以及其他添加剂的。

第一百零五条 违反本法规定，单位燃用不符合质量标准的煤炭、石油焦的,由县级以上人民政府生态环境主管部门责令改正,处货值金额一倍以上三倍以下的罚款。

第一百零六条 违反本法规定,使用不符合标准或者要求的船舶用燃油的,由海事管理机构、渔业主管部门按照职责处一万元以上十万元以下的罚款。

第一百零七条 违反本法规定,在禁燃区内新建、扩建燃用高污染燃料的设施,或者未按照规定停止燃用高污染燃料,或者在城市集中供热管网覆盖地区新建、扩建分散燃煤供热锅炉,或者未按照规定拆除已建成的不能达标排放的燃煤供热锅炉的,由县级以上地方人民政府生态环境主管部门没收燃用高污染燃料的设施,组织拆除燃煤供热锅炉,并处二万元以上二十万元以下的罚款。

违反本法规定,生产、进口、销售或者使用不符合规定标准或者要求的锅炉,由县级以上人民政府市场监督管理、生态环境主管部门责令改正,没收违法所得,并处二万元以上二十万元以下的罚款。

第一百零八条 违反本法规定,有下列行为之一的,由县级以上人民政府生态环境主管部门责令改正,处二万元以上二十万元以下的罚款;拒不改正的,责令停产整治:

(一)产生含挥发性有机物废气的生产和服务活动,未在密闭空间或者设备中进行,未按照规定安装、使用污染防治设施,或者未采取减少废气排放措施的;

(二)工业涂装企业未使用低挥发性有机物含量涂料或者未建立、保存台账的;

(三)石油、化工以及其他生产和使用有机溶剂的企业,未采取措施对管道、设备进行日常维护、维修,减少物料泄漏或者对泄漏的物料未及时收集处理的;

(四)储油储气库、加油加气站和油罐车、气罐车等,未按照国家有关规定安装并正常使用油气回收装置的;

(五)钢铁、建材、有色金属、石油、化工、制药、矿产开采等企业,未采取集中收集处理、密闭、围挡、遮盖、清扫、洒水等措施,控制、减少粉尘和气态污染物排放的;

(六)工业生产、垃圾填埋或者其他活动中产生的可燃性气体未回收利用,不具备回收利用条件未进行防治污染处理,或者可燃性气体回收利用装置不能正常作业，未及时修复或者更新的。

第一百零九条 违反本法规定，生产超过污染物排放标准的机动车、非道路移动机械的，由省级以上人民政府生态环境主管部门责令改正，没收违法所得，并处货值金额一倍以上三倍以下的罚款，没收销毁无法达到污染物排放标准的机动车、非道路移动机械；拒不改正的，责令停产整治，并由国务院机动车生产主管部门责令停止生产该车型。

违反本法规定，机动车、非道路移动机械生产企业对发动机、污染控制装置弄虚作假、以次充好，冒充排放检验合格产品出厂销售的，由省级以上人民政府生态环境主管部门责令停产整治，没收违法所得，并处货值金额一倍以上三倍以下的罚款，没收销毁无法达到污染物排放标准的机动车、非道路移动机械，并由国务院机动车生产主管部门责令停止生产该车型。

第一百一十条 违反本法规定，进口、销售超过污染物排放标准的机动车、非道路移动机械的，由县级以上人民政府市场监督管理部门、海关按照职责没收违法所得，并处货值金额一倍以上三倍以下的罚款，没收销毁无法达到污染物排放标准的机动车、非道路移动机械；进口行为构成走私的，由海关依法予以处罚。

违反本法规定，销售的机动车、非道路移动机械不符合污染物排放标准的，销售者应当负责修理、更换、退货；给购买者造成损失的，销售者应当赔偿损失。

第一百一十一条 违反本法规定，机动车生产、进口企业未按照规定向社会公布其生产、进口机动车车型的排放检验信息或者污染控制技术信息的，由省级以上人民政府生态环境主管部门责令改正，处五万元以上五十万元以下的罚款。

违反本法规定，机动车生产、进口企业未按照规定向社会公布其生产、进口机动车车型的有关维修技术信息的，由省级以上人民政府交通运输主管部门责令改正，处五万元以上五十万元以下的罚款。

第一百一十二条 违反本法规定，伪造机动车、非道路移动机械排放检验结果或者出具虚假排放检验报告的，由县级以上人民政府生态环境主管部门没收违法所得，并处十万元以上五十万元以下的罚款；情节严重的，由负责资质认定的部门取消其检验资格。

违反本法规定，伪造船舶排放检验结果或者出具虚假排放检验报告的，由海事管理机构依法予以处罚。

违反本法规定，以临时更换机动车污染控制装置等弄虚作假的方式通过机动车排放检验或者破坏机动车车载排放诊断系统的，由县级以上人民政府生态环境主管部门责令改正，对机动车所有人处五千元的罚款；对机动车维修单位处每辆机动车五千元的罚款。

第一百一十三条 违反本法规定，机动车驾驶人驾驶排放检验不合格的机动车上道路行驶的，由公安机关交通管理部门依法予以处罚。

第一百一十四条 违反本法规定，使用排放不合格的非道路移动机械，或者在用重型柴油车、非道路移动机械未按照规定加装、更换污染控制装置的，由县级以上人民政府生态环境等主管部门按照职责责令改正，处五千元的罚款。

违反本法规定，在禁止使用高排放非道路移动机械的区域使用高排放非道路移动机械的，由城市人民政府生态环境等主管部门依法予以处罚。

第一百一十五条 违反本法规定，施工单位有下列行为之一的，由县级以上人民政府住房城乡建设等主管部门按照职责责令改正，处一万元以上十万元以下的罚款；拒不改正的，责令停工整治：

（一）施工工地未设置硬质围挡，或者未采取覆盖、分段作业、择时施工、洒水抑尘、冲洗地面和车辆等有效防尘降尘措施的；

（二）建筑土方、工程渣土、建筑垃圾未及时清运，或者未采用密闭式防尘网遮盖的。

违反本法规定，建设单位未对暂时不能开工的建设用地的裸露地面进行覆盖，或者未对超过三个月不能开工的建设用地的裸露地面进行绿化、铺装或者遮盖的，由县级以上人民政府住房城乡建设等主管部门依照前款规定予以处罚。

第一百一十六条 违反本法规定，运输煤炭、垃圾、渣土、砂石、土方、灰浆等散装、流体物料的车辆，未采取密闭或者其他措施防止物料遗撒的，由县级以上地方人民政府确定的监督管理部门责令改正，处二千元以上二万元以下的罚款；拒不改正的，车辆不得上道路行驶。

第一百一十七条 违反本法规定，有下列行为之一的，由县级以上人民政府生态环境等主管部门按照职责责令改正，处一万元以上十万元以下的罚款；拒不改正的，责令停工整治或者停业整治：

（一）未密闭煤炭、煤矸石、煤渣、煤灰、水泥、石灰、石膏、砂土等易产生扬尘的物料的；

（二）对不能密闭的易产生扬尘的物料，未设置不低于堆放物高度的严密围挡，或者未采取有效覆盖措施防治扬尘污染的；

（三）装卸物料未采取密闭或者喷淋等方式控制扬尘排放的；

（四）存放煤炭、煤矸石、煤渣、煤灰等物料，未采取防燃措施的；

（五）码头、矿山、填埋场和消纳场未采取有效措施防治扬尘污染的；

（六）排放有毒有害大气污染物名录中所列有毒有害大气污染物的企业事业单位，未按照规定建设环境风险预警体系或者对排放口和周边环境进行定期监测、排查环境安全隐患并采取有效措施防范环境风险的；

（七）向大气排放持久性有机污染物的企业事业单位和其他生产经营者以及废弃物焚烧设施的运营单位，未按照国家有关规定采取有利于减少持久性有机污染物排放的技术方法和工艺，配备净化装置的；

（八）未采取措施防止排放恶臭气体的。

第一百一十八条 违反本法规定，排放油烟的餐饮服务业经营者未安装油烟净化设施、不正常使用油烟净化设施或者未采取其他油烟净化措施，超过排放标准排放油烟的，由县级以上地方人民政府确定的监督管理部门责令改正，处五千元以上五万元以下的罚款；拒不改正的，责令停业整治。

违反本法规定，在居民住宅楼、未配套设立专用烟道的商住综合楼、商住综合楼内与居住层相邻的商业楼层内新建、改建、扩建产生油烟、异味、废气的餐饮服务项目的，由县级以上地方人民政府确定的监督管理部门责令改正；拒不改正的，予以关闭，并处一万元以上十万元以下的罚款。

违反本法规定，在当地人民政府禁止的时段和区域内露天烧烤食品或者为露天烧烤食品提供场地的，由县级以上地方人民政府确定的监督管理部门责令改正，没收烧烤工具和违法所得，并处五百元以上二万元以下的罚款。

第一百一十九条 违反本法规定，在人口集中地区对树木、花草喷洒剧毒、高毒农药，或者露天焚烧秸秆、落叶等产生烟尘污染的物质的，由县级以上地方人民政府确定的监督管理部门责令改正，并可以处五百元以上二千元以下的罚款。

违反本法规定，在人口集中地区和其他依法需要特殊保护的区域内，焚烧沥青、油毡、橡胶、塑料、皮革、垃圾以及其他产生有毒有害烟尘和恶臭气体的物质的，由县级人民政府确定的监督管理部门责令改正，对单位处一万元以上十万元以下的罚款，对个人处五百元以上二千元以下的罚款。

违反本法规定，在城市人民政府禁止的时段和区域内燃放烟花爆竹的，由县级以上地方人民政府确定的监督管理部门依法予以处罚。

第一百二十条　违反本法规定，从事服装干洗和机动车维修等服务活动，未设置异味和废气处理装置等污染防治设施并保持正常使用，影响周边环境的，由县级以上地方人民政府生态环境主管部门责令改正，处二千元以上二万元以下的罚款；拒不改正的，责令停业整治。

第一百二十一条　违反本法规定，擅自向社会发布重污染天气预报预警信息，构成违反治安管理行为的，由公安机关依法予以处罚。

违反本法规定，拒不执行停止工地土石方作业或者建筑物拆除施工等重污染天气应急措施的，由县级以上地方人民政府确定的监督管理部门处一万元以上十万元以下的罚款。

第一百二十二条　违反本法规定，造成大气污染事故的，由县级以上人民政府生态环境主管部门依照本条第二款的规定处以罚款；对直接负责的主管人员和其他直接责任人员可以处上一年度从本企业事业单位取得收入百分之五十以下的罚款。

对造成一般或者较大大气污染事故的，按照污染事故造成直接损失的一倍以上三倍以下计算罚款；对造成重大或者特大大气污染事故的，按照污染事故造成的直接损失的三倍以上五倍以下计算罚款。

第一百二十三条　违反本法规定，企业事业单位和其他生产经营者有下列行为之一，受到罚款处罚，被责令改正，拒不改正的，依法作出处罚决定的行政机关可以自责令改正之日的次日起，按照原处罚数额按日连续处罚：

（一）未依法取得排污许可证排放大气污染物的；

（二）超过大气污染物排放标准或者超过重点大气污染物排放总量控制指标排放大气污染物的；

（三）通过逃避监管的方式排放大气污染物的；

（四）建筑施工或者贮存易产生扬尘的物料未采取有效措施防治扬尘污染的。

第一百二十四条　违反本法规定，对举报人以解除、变更劳动合同或者其他方式打击报复的，应当依照有关法律的规定承担责任。

第一百二十五条　排放大气污染物造成损害的，应当依法承担侵权责任。

第一百二十六条　地方各级人民政府、县级以上人民政府生态环境主管部门和其他负有大气环境保护监督管理职责的部门及其工作人员滥用职权、玩忽职守、徇私舞弊、弄虚作假的,依法给予处分。

第一百二十七条 违反本法规定,构成犯罪的,依法追究刑事责任。

第八章 附 则

第一百二十八条 海洋工程的大气污染防治,依照《中华人民共和国海洋环境保护法》的有关规定执行。

第一百二十九条 本法自2016年1月1日起施行。

中华人民共和国环境影响评价法

(2002年10月28日第九届全国人民代表大会常务委员会第三十次会议通过 根据2016年7月2日第十二届全国人民代表大会常务委员会第二十一次会议《关于修改〈中华人民共和国节约能源法〉等六部法律的决定》第一次修正 根据2018年12月29日第十三届全国人民代表大会常务委员会第七次会议《关于修改〈中华人民共和国劳动法〉等七部法律的决定》第二次修正)

目 录

第一章 总 则

第一条 为了实施可持续发展战略,预防因规划和建设项目实施后对环境造成不良影响,促进经济、社会和环境的协调发展,制定本法。

第二条 本法所称环境影响评价,是指对规划和建设项目实施后可能造成的环境影响进行分析、预测和评估，提出预防或者减轻不良环境影响的对策和措施，进行跟踪监测的方法与制度。

第三条　编制本法第九条所规定的范围内的规划，在中华人民共和国领域和中华人民共和国管辖的其他海域内建设对环境有影响的项目，应当依照本法进行环境影响评价。

第四条　环境影响评价必须客观、公开、公正，综合考虑规划或者建设项目实施后对各种环境因素及其所构成的生态系统可能造成的影响，为决策提供科学依据。

第五条　国家鼓励有关单位、专家和公众以适当方式参与环境影响评价。

第六条　国家加强环境影响评价的基础数据库和评价指标体系建设，鼓励和支持对环境影响评价的方法、技术规范进行科学研究，建立必要的环境影响评价信息共享制度，提高环境影响评价的科学性。

国务院生态环境主管部门应当会同国务院有关部门，组织建立和完善环境影响评价的基础数据库和评价指标体系。

第二章　规划的环境影响评价

第七条　国务院有关部门、设区的市级以上地方人民政府及其有关部门，对其组织编制的土地利用的有关规划，区域、流域、海域的建设、开发利用规划，应当在规划编制过程中组织进行环境影响评价，编写该规划有关环境影响的篇章或者说明。

规划有关环境影响的篇章或者说明，应当对规划实施后可能造成的环境影响作出分析、预测和评估，提出预防或者减轻不良环境影响的对策和措施，作为规划草案的组成部分一并报送规划审批机关。

未编写有关环境影响的篇章或者说明的规划草案，审批机关不予审批。

第八条　国务院有关部门、设区的市级以上地方人民政府及其有关部门，对其组织编制的工业、农业、畜牧业、林业、能源、水利、交通、城市建设、旅游、自然资源开发的有关专项规划（以下简称专项规划），应当在该专项规划草案上报审批前，组织进行环境影响评价，并向审批该专项规划的机关提出环境影响报告书。

前款所列专项规划中的指导性规划，按照本法第七条的规定进行环境影响评价。

第九条 依照本法第七条、第八条的规定进行环境影响评价的规划的具体范围，由国务院生态环境主管部门会同国务院有关部门规定，报国务院批准。

第十条 专项规划的环境影响报告书应当包括下列内容：

（一）实施该规划对环境可能造成影响的分析、预测和评估；

（二）预防或者减轻不良环境影响的对策和措施；

（三）环境影响评价的结论。

第十一条 专项规划的编制机关对可能造成不良环境影响并直接涉及公众环境权益的规划，应当在该规划草案报送审批前，举行论证会、听证会，或者采取其他形式，征求有关单位、专家和公众对环境影响报告书草案的意见。但是，国家规定需要保密的情形除外。

编制机关应当认真考虑有关单位、专家和公众对环境影响报告书草案的意见，并应当在报送审查的环境影响报告书中附具对意见采纳或者不采纳的说明。

第十二条 专项规划的编制机关在报批规划草案时，应当将环境影响报告书一并附送审批机关审查；未附送环境影响报告书的，审批机关不予审批。

第十三条 设区的市级以上人民政府在审批专项规划草案，作出决策前，应当先由人民政府指定的生态环境主管部门或者其他部门召集有关部门代表和专家组成审查小组，对环境影响报告书进行审查。审查小组应当提出书面审查意见。

参加前款规定的审查小组的专家，应当从按照国务院生态环境主管部门的规定设立的专家库内的相关专业的专家名单中，以随机抽取的方式确定。

由省级以上人民政府有关部门负责审批的专项规划，其环境影响报告书的审查办法，由国务院生态环境主管部门会同国务院有关部门制定。

第十四条 审查小组提出修改意见的，专项规划的编制机关应当根据环境影响报告书结论和审查意见对规划草案进行修改完善，并对环境影响报告书结论和审查意见的采纳情况作出说明；不采纳的，应当说明理由。

设区的市级以上人民政府或者省级以上人民政府有关部门在审批专项规划草案时，应当将环境影响报告书结论以及审查意见作为决策的重要依据。

在审批中未采纳环境影响报告书结论以及审查意见的，应当作出说明，并存档备查。

第十五条　对环境有重大影响的规划实施后，编制机关应当及时组织环境影响的跟踪评价，并将评价结果报告审批机关；发现有明显不良环境影响的，应当及时提出改进措施。

第三章　建设项目的环境影响评价

第十六条　国家根据建设项目对环境的影响程度，对建设项目的环境影响评价实行分类管理。

建设单位应当按照下列规定组织编制环境影响报告书、环境影响报告表或者填报环境影响登记表（以下统称环境影响评价文件）：

（一）可能造成重大环境影响的，应当编制环境影响报告书，对产生的环境影响进行全面评价；

（二）可能造成轻度环境影响的，应当编制环境影响报告表，对产生的环境影响进行分析或者专项评价；

（三）对环境影响很小、不需要进行环境影响评价的，应当填报环境影响登记表。

建设项目的环境影响评价分类管理名录，由国务院生态环境主管部门制定并公布。

第十七条　建设项目的环境影响报告书应当包括下列内容：

（一）建设项目概况；

（二）建设项目周围环境现状；

（三）建设项目对环境可能造成影响的分析、预测和评估；

（四）建设项目环境保护措施及其技术、经济论证；

（五）建设项目对环境影响的经济损益分析；

（六）对建设项目实施环境监测的建议；

（七）环境影响评价的结论。

环境影响报告表和环境影响登记表的内容和格式，由国务院生态环境主管部门制定。

第十八条　建设项目的环境影响评价，应当避免与规划的环境影响评价相重复。

作为一项整体建设项目的规划，按照建设项目进行环境影响评价，不进行规划的环境影响评价。

已经进行了环境影响评价的规划包含具体建设项目的，规划的环境影响评价结论应当作为建设项目环境影响评价的重要依据，建设项目环境影响评价的内容应当根据规划的环境影响评价审查意见予以简化。

第十九条 建设单位可以委托技术单位对其建设项目开展环境影响评价，编制建设项目环境影响报告书、环境影响报告表；建设单位具备环境影响评价技术能力的，可以自行对其建设项目开展环境影响评价，编制建设项目环境影响报告书、环境影响报告表。

编制建设项目环境影响报告书、环境影响报告表应当遵守国家有关环境影响评价标准、技术规范等规定。

国务院生态环境主管部门应当制定建设项目环境影响报告书、环境影响报告表编制的能力建设指南和监管办法。

接受委托为建设单位编制建设项目环境影响报告书、环境影响报告表的技术单位，不得与负责审批建设项目环境影响报告书、环境影响报告表的生态环境主管部门或者其他有关审批部门存在任何利益关系。

第二十条 建设单位应当对建设项目环境影响报告书、环境影响报告表的内容和结论负责，接受委托编制建设项目环境影响报告书、环境影响报告表的技术单位对其编制的建设项目环境影响报告书、环境影响报告表承担相应责任。

设区的市级以上人民政府生态环境主管部门应当加强对建设项目环境影响报告书、环境影响报告表编制单位的监督管理和质量考核。

负责审批建设项目环境影响报告书、环境影响报告表的生态环境主管部门应当将编制单位、编制主持人和主要编制人员的相关违法信息记入社会诚信档案，并纳入全国信用信息共享平台和国家企业信用信息公示系统向社会公布。

任何单位和个人不得为建设单位指定编制建设项目环境影响报告书、环境影响报告表的技术单位。

第二十一条 除国家规定需要保密的情形外，对环境可能造成重大影响、应当编制环境影响报告书的建设项目，建设单位应当在报批建设项目环境影响报告书前，举行论证会、听证会，或者采取其他形式，征求有关单位、专家和公众的意见。

建设单位报批的环境影响报告书应当附具对有关单位、专家和公众的意见采纳或者不采纳的说明。

第二十二条 建设项目的环境影响报告书、报告表，由建设单位按照国务院的规定报有审批权的生态环境主管部门审批。

海洋工程建设项目的海洋环境影响报告书的审批，依照《中华人民共和国海洋环境保护法》的规定办理。

审批部门应当自收到环境影响报告书之日起六十日内，收到环境影响报告表之日起三十日内，分别作出审批决定并书面通知建设单位。

国家对环境影响登记表实行备案管理。

审核、审批建设项目环境影响报告书、报告表以及备案环境影响登记表，不得收取任何费用。

第二十三条 国务院生态环境主管部门负责审批下列建设项目的环境影响评价文件：

（一）核设施、绝密工程等特殊性质的建设项目；

（二）跨省、自治区、直辖市行政区域的建设项目；

（三）由国务院审批的或者由国务院授权有关部门审批的建设项目。

前款规定以外的建设项目的环境影响评价文件的审批权限，由省、自治区、直辖市人民政府规定。

建设项目可能造成跨行政区域的不良环境影响，有关生态环境主管部门对该项目的环境影响评价结论有争议的，其环境影响评价文件由共同的上一级生态环境主管部门审批。

第二十四条 建设项目的环境影响评价文件经批准后，建设项目的性质、规模、地点、采用的生产工艺或者防治污染、防止生态破坏的措施发生重大变动的，建设单位应当重新报批建设项目的环境影响评价文件。

建设项目的环境影响评价文件自批准之日起超过五年，方决定该项目开工建设的，其环境影响评价文件应当报原审批部门重新审核；原审批部门应当自收到建设项目环境影响评价文件之日起十日内，将审核意见书面通知建设单位。

第二十五条 建设项目的环境影响评价文件未依法经审批部门审查或者审查后未予批准的，建设单位不得开工建设。

第二十六条 建设项目建设过程中，建设单位应当同时实施环境影响报告书、环境影响报告表以及环境影响评价文件审批部门审批意见中提出的环境保护对策措施。

第二十七条 在项目建设、运行过程中产生不符合经审批的环境影响评价文件的情形的，建设单位应当组织环境影响的后评价，采取改进措施，并报原环境影响评价文件审批部门和建设项目审批部门备案；原环境影响评价文件审批部门也可以责成建设单位进行环境影响的后评价，采取改进措施。

第二十八条 生态环境主管部门应当对建设项目投入生产或者使用后所产生的环境影响进行跟踪检查，对造成严重环境污染或者生态破坏的，应当查清原因、查明责任。对属于建设项目环境影响报告书、环境影响报告表存在基础资料明显不实，内容存在重大缺陷、遗漏或者虚假，环境影响评价结论不正确或者不合理等严重质量问题的，依照本法第三十二条的规定追究建设单位及其相关责任人员和接受委托编制建设项目环境影响报告书、环境影响报告表的技术单位及其相关人员的法律责任；属于审批部门工作人员失职、渎职，对依法不应批准的建设项目环境影响报告书、环境影响报告表予以批准的，依照本法第三十四条的规定追究其法律责任。

第四章　法 律 责 任

第二十九条 规划编制机关违反本法规定，未组织环境影响评价，或者组织环境影响评价时弄虚作假或者有失职行为，造成环境影响评价严重失实的，对直接负责的主管人员和其他直接责任人员，由上级机关或者监察机关依法给予行政处分。

第三十条 规划审批机关对依法应当编写有关环境影响的篇章或者说明而未编写的规划草案，依法应当附送环境影响报告书而未附送的专项规划草案，违法予以批准的，对直接负责的主管人员和其他直接责任人员，由上级机关或者监察机关依法给予行政处分。

第三十一条 建设单位未依法报批建设项目环境影响报告书、报告表，或者未依照本法第二十四条的规定重新报批或者报请重新审核环境影响报告书、报告表，擅自开工建设的，由县级以上生态环境主管部门责令停止建设，根据违法情节和危害后果，处建设项目总投资额百分之一以上百分之五以下的罚款，并可以责令恢复原状；对建设单位直接负责的主管人员和其他直接责任人员,依法给予行政处分。

建设项目环境影响报告书、报告表未经批准或者未经原审批部门重新审核同意,建设单位擅自开工建设的,依照前款的规定处罚、处分。

建设单位未依法备案建设项目环境影响登记表的,由县级以上生态环境主管部门责令备案,处五万元以下的罚款。

海洋工程建设项目的建设单位有本条所列违法行为的,依照《中华人民共和国海洋环境保护法》的规定处罚。

第三十二条 建设项目环境影响报告书、环境影响报告表存在基础资料明显不实,内容存在重大缺陷、遗漏或者虚假,环境影响评价结论不正确或者不合理等严重质量问题的,由设区的市级以上人民政府生态环境主管部门对建设单位处五十万元以上二百万元以下的罚款,并对建设单位的法定代表人、主要负责人、直接负责的主管人员和其他直接责任人员,处五万元以上二十万元以下的罚款。

接受委托编制建设项目环境影响报告书、环境影响报告表的技术单位违反国家有关环境影响评价标准和技术规范等规定,致使其编制的建设项目环境影响报告书、环境影响报告表存在基础资料明显不实,内容存在重大缺陷、遗漏或者虚假,环境影响评价结论不正确或者不合理等严重质量问题的,由设区的市级以上人民政府生态环境主管部门对技术单位处所收费用三倍以上五倍以下的罚款;情节严重的,禁止从事环境影响报告书、环境影响报告表编制工作;有违法所得的,没收违法所得。

编制单位有本条第一款、第二款规定的违法行为的,编制主持人和主要编制人员五年内禁止从事环境影响报告书、环境影响报告表编制工作;构成犯罪的,依法追究刑事责任,并终身禁止从事环境影响报告书、环境影响报告表编制工作。

第三十三条 负责审核、审批、备案建设项目环境影响评价文件的部门在审批、备案中收取费用的,由其上级机关或者监察机关责令退还;情节严重的,对直接负责的主管人员和其他直接责任人员依法给予行政处分。

第三十四条 生态环境主管部门或者其他部门的工作人员徇私舞弊,滥用职权,玩忽职守,违法批准建设项目环境影响评价文件的,依法给予行政处分;构成犯罪的,依法追究刑事责任。

第五章 附 则

第三十五条 省、自治区、直辖市人民政府可以根据本地的实际情况,要求对本辖区的县级人民政府编制的规划进行环境影响评价。具体办法由省、自治区、直辖市参照本法第二章的规定制定。

第三十六条 军事设施建设项目的环境影响评价办法,由中央军事委员会依照本法的原则制定。

第三十七条 本法自2003年9月1日起施行。

图书在版编目(CIP)数据

雾霾治理区域合作机制法治化研究 / 杨帆, 林果丰著. -- 北京 : 法律出版社, 2021
ISBN 978-7-5197-5618-5

Ⅰ. ①雾… Ⅱ. ①杨… ②林… Ⅲ. ①空气污染－污染防治－区域环境管理－环境保护法－研究－中国 Ⅳ. ①D922.683.4

中国版本图书馆 CIP 数据核字(2021)第092376号

雾霾治理区域合作机制法治化研究
WUMAI ZHILI QUYU HEZUO JIZHI FAZHIHUA YANJIU

杨 帆 林果丰 著

责任编辑 郑怡萍
装帧设计 凌点工作室

出版发行 法律出版社
编辑统筹 法律教育出版分社
责任校对 周合芝 周诗湄
责任印制 胡晓雅
经 销 新华书店

开本 A5
印张 8.875 **字数** 218千
版本 2021年6月第1版
印次 2021年6月第1次印刷
印刷 北京虎彩文化传播有限公司

地址:北京市丰台区莲花池西里7号(100073)
网址:www.lawpress.com.cn
投稿邮箱:info@lawpress.com.cn
举报盗版邮箱:jbwq@lawpress.com.cn
销售电话:010-83938349
客服电话:010-83938350
咨询电话:010-63939796

书号:ISBN 978-7-5197-5618-5 **定价**:38.00元
凡购买本社图书,如有印装错误,我社负责退换。电话:010-83938349